# 学本课堂：
# 课堂转型新样态

金　忠　冉孟烈　张　军◎主编

东北师范大学出版社

长　春

**图书在版编目（CIP）数据**

学本课堂 ：课堂转型新样态 / 金忠，冉孟烈，张军主编. − 长春 ： 东北师范大学出版社，2024.6.

ISBN 978-7-5771-1578-8

Ⅰ. G632.421

中国国家版本馆 CIP 数据核字第 20248PR217 号

□责任编辑：逯　伟　□封面设计：品诚文化
□责任校对：冀爱莉　□责任印制：许　冰

东北师范大学出版社出版发行

长春净月经济开发区金宝街 118 号（邮政编码：130117）

电话：0431—85690289

网址：http：∥www.nenup.com

东北师范大学出版社激光照排中心制版

四川科德彩色数码科技有限公司印装

成都市郫都区成都现代工业港北片区港北二路 551 号（邮政编码：611743）

2024 年 6 月第 1 版　　2024 年 6 月第 1 版第 1 次印刷

幅面尺寸：170mm×240mm　印张：18　字数：276 千

定价：68.00 元

# 编委会

# 序言

PREAMBLE

中小学课堂教学改革是一个常谈常新的话题。一切中小学教学关键性问题的解决都在课堂：知识的传递、文化的传承在课堂；思想的传播、素养的形成在课堂；班级文化的形成、师生关系的构建在课堂。从某种意义上说，抓住课堂，就抓住了课改的关键，持续推进课堂教学改革就是学校推进课改的"落地工程"。

2019年6月19日，国务院办公厅发布的《关于新时代推进普通高中育人方式改革的指导意见》（国办发〔2019〕29号）在"深化课堂教学改革"中提出，"积极探索基于情境、问题导向的互动式、启发式、探究式、体验式等课堂教学"，为课堂教学改革指明了方向。传统的以讲授为主的课堂教学形态必须改革，我们要积极探索情境教学、问题导向、任务驱动等教学策略的新课堂模式，要积极构建互动式、启发式、探究式、体验式等新形态的课堂。然而，中小学课堂也是一座"顽固的堡垒"，要改变一线教师长期形成的"以讲授为主"的传统课堂模式，其难度是课改设计者和推进者难以预料的，守旧而不改者有之，想改而无行动者有之，表演式改革者有之，敷衍了事返回旧态者有之，患得患失者有之，勇于变革负重前行者也有之，因此，课改也是攻克"堡垒"的过程，是一场教育内部的"自我革命"。

作为新时代的中小学教育工作者，我们应当以时代的责任感、使命感和"舍我其谁"的勇气，走在课堂教学改革的前列，"闯"出一条荆棘伴随鲜花的道路，成就教育事业的新辉煌。要实现以上目标，考量多年的教育实践，我觉得中小学教育工作者只有基于"三个学会"来反思我们的教学实践，才能真正实现课堂教学改革"开好头、起好步"：一是学会反思课堂教学中存在的问题，二是学会回应社会需求高质量课堂教学的呼唤，三是"洗心革面"，找到适合自己的课改路径和方法。

课改首先要有勇气和自信。从课堂教学改革切入，推进中小学育人方式改革不是讨论改不改的问题，而是改什么，如何改，怎样改出特色、改出成效的问题。课改如同学习游泳。当今的孩子学习游泳，往往都是通过专业教练专业指导学会的；回想我们儿时学习游泳，都是直接往河湖里猛扎，在求生与嬉戏中"天然"学会的。在持续推进中小学课堂教学改革实践中，本书编委就是在反复追问"三个学会"中不断凝练出"学本课堂"创新成果的。这些成果既有专业引领、学术引领的高度，也有"求生"与"天然"的生猛劲头，值得读者玩味和借鉴。

本书编委不是从"小打小改"的经验出发，而是认真梳理课改思路，力求从课改成功中悟出"成功之道"，如："多方考量：探寻学本课堂的生长基因"（第一章），"深度叩问：解析学本课堂的内在机理"（第二章），以及更高站位，科学提炼，课改技术路径实现突破性成果——"精心设计：建构学本课堂的行动框架"（第三章），"渐次推进：铺就学本课堂的行动路径"（第四章）。课改，最难下的是"决心"，最难做到的是"坚持"，编委们持之以恒的收益是"创新管理：释放学本课堂的育人魅力"（第五章）。五个章节，结构严谨，案例源于教学一线，内容一气呵成，读之可以领略课改探索之路上的风景。

课堂教学改革从哪里出发呢？从本书的编撰中我们不难领悟到，无论是从顶层设计到项目落地，还是从优质资源引进到集团运作孵化，或是从传承发展到创新突破，最经济实惠、风险最小的路径和方法就是从问题出发，从弱科问题出发，从弱班或弱的平台班级问题出发，从备课、教研、课堂教学诸要素中问题最多的或制约发展的瓶颈性问题出发，着力探索课堂教学改革的路径和方法。首先，寻找"真问题"。用真问题的寻找探索教学问题诊断的科学方法，用真问题的寻找转变教育思想，用真问题的寻找构建教师合作团队。其次，设计解决问题的工具：运用适合的理论工具，设计科学的路径方法，提炼有效的教学模式。从问题出发，它的好处是能够量力而行。若资源多、科研力量强，可以合作解决较大层面的问题；如果资源较小、科研力量较弱，就先解决较小层面的问题。从小切口入手是可以解决一些真实问题的，不是贪大就好。

课堂教学改革的目标何在呢？其目标定位应为构建"学为中心，成长为本"的课堂新生态；变革以"教"为主的传统课堂教学模式，构建"学为中心"的课堂教学模式，使学生"真实"的学习在课堂发生；使学生成为课堂学习的主人，承担学习的主体责任，学会自主学习，增强学习的主动性、积极性；使学生在学习中养成良好的品质，实现自主发展、自主成长。在"学为中心，成长为本"的课堂生态中，最理想的状态是每一个"个体"都得到发展，实现教学的班本化，进而实现学生的个性化发展。课堂教学的新追求是以素养为导向，满足未来社会对人才的需求，为学生未来的发展打好基础，真正构建高质量发展的基础教育特色课堂，实现人才成长模式的转变。

校本化课堂教学改革路径何在？校本化课堂教学改革的路径是"创新"。无论是学习借鉴还是成果推广，都必须通过创新落地。经过多年的教育教学实践，笔者总结了成功推进课改的案例，主要有以下五条路径与读者分享。

一是厘清内涵，优选技术路径。推进课堂教学改革，我们不缺基础理论，缺乏的是理论指导下的"一校一策"（或"一班一策""一科一策""一师一策"等）技术路径。即找准"我"的问题，优选"我"的策略，促进"我"的变革。

二是大胆探索，百花齐放。大的方向决定了，各学科层面有效的教学模式和方法就应交给教研组、备课组、其他学术团体去探讨，使课堂教学改革呈现百花齐放的态势。

三是共建共享，丰富教育资源。倡导学科内部共建共享、校际共建共享、不同学术团体之间共建共享，丰富教育资源，满足不同发展需求。

四是探讨价值，分享成功经验。加强课改成果的价值探讨，共享成功经验，引领课改之路"走深走实"。

五是优胜劣汰，凝练教育品牌。在课改中形成新的竞争机制，使优秀的成果凝练固化下来，逐渐形成项目品牌。课堂教学改革效益的最大化是品牌建设，即用品牌来呈现课堂教学新样态。

本书编委追踪所在区域二十多年的课堂教学改革，结合新课改新要求，进行前瞻性谋划，凝练成本学术专著。本书编委以坚定的课改信念、艰苦的实践探索、坚实的课改步子，回应"深化课堂教学改革"的政策要求，优化了"学为中心，成长为本"的学本课堂理论体系、实操体系、评价体系，深度探索了"三学一场"课堂教学理论，从学理上明确了学生"学"的认知逻辑，强化了学生"学"的主体地位和主体责任。提炼出"学为中心"的"疑·学·导·评·悟"五环节课堂教学，推进了课堂教学模式的重构。如今，课堂教学从"教为中心"向"学为中心"转变，新的课堂样态逐渐呈现。

本书是配合新高考改革，从问题出发，基于"学为中心，成长为本"的课堂生态构建阶段性目标要求，运用理论创新、方法创新、实践创新的典型案例。本书编委的不懈探索在一定程度上满足了社会对教育高质量发展的需求，从课堂教学改革的角度促进了教师群体的专业发展，助力了学校高质量发展。

本书的探索为同类学校的发展抛出了一个"他山之石"。新高考背景下的课堂教学改革，以素养为导向的课堂新样态，高中人才成长模式的变革，路在何方？请教育同人一起用行动来回答吧！

本书由《四川教育》杂志社副主编王建强指导，由成都市温江区第二中学校教师编撰完成。

值此文稿初成之时，谨向参与指导的专家、领导，参与编撰的领衔人，主编、参编人员，提供学术论文、经验、案例的教师等，表示衷心的感谢！

温江二中教育研究中心主任　唐应树
2024 年 3 月

# 目 录
CONTENTS

目

录

# 第一章
## 多方考量：探寻学本课堂的生长基因

　　教育一直被人类社会界定为教育者向受教育者施加影响的活动，传统教育理念将这一影响过程单一地理解为从上至下的灌输，这样的理念及其催生的教育模式已经无法适应日新月异的现代化社会。时代的发展要求我们改变固守的"教的世界"，推动教育走向"学的世界"，向民主化、人文化、多元化发展。无论信息化技术还是学习型组织理论，都在以不可抗拒的力量推动着"教的世界"向"学的世界"变革。如何建构"学的世界"？最核心的环节是建设学习型学校，关键点是建构学习型课堂。只有建构起学习型课堂，才能建构"学的世界"的新教育体系。

# 第一节　现实诊断，破解课堂教学的发展困惑

在新时代新课程背景下，课堂教学改革正如火如荼地进行着，从"教为中心"发展到"学为中心"，当前的课堂样态已经发生了较大转变，教育开始由关注教师的"教"变为关注学生的"学"。但课堂教学依旧普遍存在学习效率低、学生素养培养层次不高的弊病，最终导致积极投身于教育改革的人员没有得到积极的正向反馈。关于课堂改革之路该走向何处，还需要我们继续进行探索。

总体说来，当前的主要争论是课堂定位问题，课堂改革大多还在解决从"以教为本"到"以生为本"的问题，"以学为本"的课堂理念并未得到普遍的认同和贯彻，还存在以下问题。

## 一、以教定学，罔顾"学本"

由于不少教师有传统教育情结，或追求所谓"教学效率"，当前的课堂依旧存在较多的"灌输式教学"问题。"灌输式教学"亦称"注入式教学"，指不顾学生学习认识过程客观规律和他们的理解能力以及知识水平，把现成的知识结论灌输给学生，主观地决定教学进程，并强迫学生呆读死记的教育方式，是一种典型的"以教定学"模式。这样的教学模式和思想倾向严重阻碍着学生和教师的长远发展。

### （一）省时低效的灌输

课堂教学有效性的缺失具体表现为在课堂教学过程中，教师未能充分发挥教学效能，学生未能充分吸收和掌握知识，导致教学效果不佳，缺乏有效性。

今天的课堂上，仍能见到不少教师滔滔不绝地讲满四十分钟，不留给学生充分的主动学习时间的情形。它实质上是一种封闭、单向、机械的教学模

式，具有重讲解、轻互动，重知识、轻能力，重结果、轻过程，重群体、轻个体，重课堂、轻实践等诸多特征，没有真正注重教学实效。其实，课堂教学有没有效率不在于教师有没有完成教学内容或教授是否认真，而在于学生有没有学到知识或学生学得好不好。如果学生不想学或者学习收获甚微，即使教师教得辛苦也是无效教学。同样，学生表面学习了却没有得到应有的发展，也是无效学习。

必须承认，"灌输式教学"对于多数教师来说，是一种省时省力的教学方式，但我们不能想当然地认为这样的教学方式就一定能促进学生高效率地学习。问题常常在于：教师实行"灌输式教学"时并没有注意关注学生实实在在的学习过程，教师完成了自己的教学任务，达到了预先设定的教学目标，唯独缺少对学生的关注。

建构主义学习理论指出，任何学习都必须依靠已有经验。以教定学的"灌输式教学"往往使学生体会不到那些对于专家来说显而易见的知识全貌，其主要原因是在学生的头脑中，被灌输的新经验无法与已经掌握的旧知识产生实质性联系，而教师努力的结果无非是在学生头脑中硬生生地植入一些无意义的符号。

艾宾浩斯提出的"遗忘曲线"启示我们，对于无意义的符号，人脑在处理时只会短暂地将其放入记忆里，但快速的遗忘几乎是必然发生的。因此我们常常看到，学生最终遗忘的内容和误解的内容远远超出了被要求掌握的内容，最终又必须由教师重复教学。

要避开省时低效的教学陷阱，教师就必须放低"教"的姿态，真实而清晰地看到"学"的意义，尊重学情，师生共学，聚焦学习过程本身。只有这样，才能催生有意义的教学。

（二）压抑的学习场域

"学习场"是教学要素及其相互关系的总和，其中包含教学环境、教学方式、师生相互关系等众多因素，是具有内在统一性的整体。存在于这个整体之中的所有的人、事物与事件的关系，都作为整体的一分子而发挥作用。"学习场"具有能动性，而这种能动性，能使每一名学生、每一名教师超越具体要素的局限，生成崭新的认知。

正如勒温在学习场理论中提出的，人有心理需求，当心理需求和心理事实发生联系，会产生一定的引拒值：人的需要被满足，会产生正引拒值，有吸引力；反之，则会产生负引拒值。而"以教定学"的课堂模式对师生心理需求的回应非常单一。

从教师角度来说，"以教定学"的教学模式满足了教师执行教学计划、完成既定工作任务的需求，但是，这常常导致两个问题出现：一是教师的心理成就感不强，只是作为计划执行者存在，没有革新，缺乏生成，缺乏真正的课堂成就感；二是产生心理压力，教师常常会担心计划无法按时完成，对课堂环节的设定往往都有固定的程序，定好了时间，确定了模式，学生一旦有偏离教学计划的表现便急于纠正，会产生身心俱疲的感觉。

从学生角度来说，自己成了教师完成教学任务的配角，自我评价标准单一，生怕想错了问题，说错了答案。这时的学习场域就变得压抑枯燥，无法催生有意义的、创新的课堂闪光点。没有机智的生成，没有个性的张扬，更没有丰富多元的情感、态度、价值观，在这样的课堂教学中，教师过多地关注自己的"教"，忽视了学生的"学"。

随着新课程教育改革在我国的不断深入推进，学生的主体地位已越来越凸显，它要求学生在教师的引导下，自主、自由地参与课堂学习活动，从而养成积极主动参与教学的良好习惯。因此，当前存在于大多数课堂的被动式教学已不能满足现代教育的发展要求，我们必须寻找出能够发挥学生主体作用的教学策略，营造开放轻松的学习场域，从而唤起学生的主体意识，培养学生的主动精神。

## （三）创造性的缺失

课堂学习过程中创新性缺失表现为学生机械地学习，缺少理解，缺少变通，缺少融会贯通式的学习。学生只学习书本知识，忽视了对生活实践中的知识的学习，死记硬背居多，创新思维的训练较少。课堂教学过程中创新味不够、创意性不足、创造性不强。课堂教学内容陈旧、方法单一，无法激发学生的学习兴趣和动力。部分教师认为最理想的课堂教学就是按照自己的思路或者教案计划进行，学生思想与教师教案脱节时，教师就会不由分说地将学生拉回正轨，教学过程看似天衣无缝，实则平淡无奇、毫无创新。

以下几个方面的原因造成了学生创造性的缺失：一是教师创新意识缺乏。一些教师由于长期从事教学工作，已经形成了固定的教学思维和模式，缺乏创新意识，无法根据时代变化和学生需求进行创新。二是教师创新手段不足。一些教师虽然有创新意识，但由于缺乏必要的技术手段和教学资源，无法实现创新。三是应试教育压力过大。在应试教育背景下，教师往往更注重学生的考试成绩，而忽略了创新教育的重要性，导致课堂教学缺乏创新性。一些学生由于长期在传统的教育模式下学习，缺乏创新思维和创新能力，无法在课堂学习中发挥创新作用。

## 二、聚焦偏差，脱离学本

课堂到底应该聚焦什么？这个问题经历了长期的探索过程。从"以教为本"到"以学为本"，体现的正是课堂聚焦点逐渐清晰准确的过程。"以学为本"中的"学"是学生还是学习，是一个有必要澄清的问题。"以学习为本"的观念明显更符合课程教学的本义。课程的定义虽有百余种，但《简明国际教育百科全书：课程》将其界定为"学习进程"。从这个意义上讲，如果课程不以学习为本，那本身就不是课程。然而，现实生活中存在的许多课程，疏离了学习的本义，漠视甚至阻碍着学生的学习。

### （一）脱离学习本质

当前教育领域普遍达成一个共识——"以教师为主导，以学生为主体"，这样的教学思想注重发挥学生的主体作用，破除了长期以来的教学弊病。但是，聚焦学生就能解决所有的问题吗？聚焦学生的做法并不一定回到了学习的本质任务——学习上来，"见生不见学"的课堂还大范围地存在。

学习是一个获取知识、技能和经验的过程，通常包括认知、记忆、思考、实践和应用等方面，课堂聚焦学生不一定就聚焦了学习。

首先，当前课堂上学生的学习行为普遍具有"盲目性"，在一些学校，所谓"以学生为本"成了混乱、低效课堂的遮掩。课堂应该是学堂，是促进学生知识增长的场所，我们尊重学生，以学生为主体，不是要阻碍学习的发生。以学生为主体只是课堂的手段，而非课堂的最终目的。将学习的主体权利交还给学生，学生在心理上有了学习主人翁意识，但其学习过程依旧是盲目的，缺乏指引的，在这样的状态下，真实的学习不一定会发生。我们常见到这样的课堂：学生各抒己见，小组积极探讨，但课堂教学并未解决什么有价值的问题，课堂参与者也并未获得实质性的成长。

其次，当前课堂难以形成目标一致的学习共同体。学习共同体指的是学习过程中所有的参与者形成的心理相容、方向一致的合作团体。当前的课堂要么过于强调教师的"教"，为了追求所谓的课堂效果，教学衍生出形形色色的牵引、灌输和宰制。如在一些公开教学中，经常会出现这样的情景——教师刚一提问，学生就对答如流，这样的课堂看似精彩，实则缺少深度，因为学生并没有自己的思考，只是在重复教师的意图和书本上的东西。这种关注学生群体的做法是形式主义的，导致学生在课堂上无心向学，只顾展示自己的个人能力，将一些表现性目标看成课堂教学的根本。

学习应该是一个从未知到已知的过程，它应该聚焦于有价值的课堂问题，为了解决这些问题，所有的参与者应该形成一个学习共同体。学本课堂模式正是聚焦"参与者的学习"的教学模式，它根据学习目标和学习者发展需要，由学习者自主设计，通过交流对话、合作探究来解决问题、建构知识、发展情感、提高能力，实现学习目标，并促进学习者更好地成长。

## （二）忽视师生共同成长

良好的课堂生态应该是促进师生共同进步，传统的教学模式忽视了师生真实成长的过程，它以教为中心，核心任务指向完成既定的教学目标，忽略了课堂的生成性和创新性，难以让师生完成自我建构和自我评价。

值得注意的是，当前多数课堂同样忽略了教师的成长过程。建构主义、人本主义等教育思想指导我们"眼中有人，心中有生"，但是教师的终身学习与成长也是一个有价值的关注点。有人觉得，教师在角色上是教书者，其核心职能是讲授知识，这种定位忽视了教师本身的学习、发展以及教学过程中的成功体验。叶澜教授指出，教师的成长大致要经历五个阶段，从非关注到虚拟关注，从虚拟关注到生存关注再到任务关注，直到自我更新关注，反映的是教师在教育思想和教学行为上的不断转变。中国古典教育思想也重视师生共同成长，《学记》中提出了教学相长的思想："学然后知不足，教然后知困。知不足，然后能自反也；知困，然后能自强也。故曰：教学相长也。"韩愈也提出了"师不必贤于弟子""术业有专攻"等思想。

想要促进师生共同成长，就必须以参与者的学习为本，形成师生共备、师生共学、师生共研的教学生态。在课堂教学中，要将教师同样放在学习者的位置，教师不再是知识权威、课堂主导，而是和学生一起提出问题、分析问题、解决问题的学习参与者。只有这样，学习共同体才能得以构建，教育过程才能促进教师的专业成长和学生的进步，学校才能形成良好的教育生态循环。

# 第二节　学本至上，提升教育质量的深情呼唤

学本课堂的内涵并非变革教学形式，它是基于时代背景和现实需求提出来的一种教育理念。时代发展，教育为先，我们不能让教育教学滞后于现实背景。教育首先具有永恒性和相对独立性，它始终如一地服务于师生的共同发展；教育也具有历史性与时代性，它会根据时代发展不断自我革新，保持自身的生命活力。学本课堂正是顺应时代变革的，在现实背景下值得借鉴的促进师生共同发展的教学模式。

## 一、社会发展呼唤学本课堂

### （一）智能时代的发展需要学本课堂

随着互联网技术和人工智能技术的快速发展，全球已经形成了一个互联互通的共享、交互、创新的"地球村"，使得当今时代具有易变性、不确定性、复杂性和模糊性等特征。这些特征正在不断地改变着人类的学习、工作和生活方式。

为了适应这个时代的变化和发展，教育必须不断优化和完善，教育的目的观、价值观、人才观、评价观、人才素质结构观和学习方式等更需要继承

和创新，以促进学习者的发展和社会的可持续发展。在这个过程中，培养学生以下关键能力对于适应当下和未来社会发展均有着重要意义：（1）计算思维能力。在数字化时代，计算机技术无处不在，掌握计算思维以及用计算思维理解和应用各种技术，是时代要求。（2）设计思维能力，即能够以创新思维的方式解决问题，提高学习和工作效率。（3）认知负荷管理能力。在信息过载的今天，学生应学会有效地管理和降低认知负荷，以提高学习和工作效率。（4）新媒体素养。随着新媒体的快速发展，具备新媒体素养能够更好地适应数字化时代的需求。（5）跨学科能力。在知识高度交叉融合的今天，具备跨学科能力更有利于解决复杂问题。（6）意义建构，即能够根据自身经验和知识体系对信息进行解读和意义建构，攫取各种信息中对自己有利的部分。（7）社交智能，在人际交往越来越重要的今天，优秀的社交智能有利于建立良好的人际关系和创造和谐的团队。（8）新颖与适应性思维，即能够适应新的环境和情况，并能够提出新颖的解决方案。（9）虚拟协作能力。在远程协作越来越普遍的今天，具备虚拟协作能力能够提高工作效率和团队协作能力。

学本课堂注重任务的建构性，学习参与者面对的不再是一本固定的教材，而是丰富多彩的信息材料，他们必须运用这些繁杂的信息材料建构起有意义的知识体系。信息无限，但学习者身心精力有限，学本课堂超越了编者中心和文本中心的局限，引导参与者直面信息，筛选信息，分析信息，而这正是对信息智能时代最好的回应。

### （二）新的教学理念的发展需要学本课堂

随着时代的进步和社会的发展，人们对教育的期望和需求也在不断变化。在这个过程中，教学理念也在不断发展和变革。从传统的以教师为中心的教学理念变为以学习为中心的教学理念，反映了教育观念的改革和更新。

在传统的教学模式下，教师是知识的传授者，学生是知识的接受者。这种"以教师为中心"的教学理念强调教师的主导作用，忽视了学生的主体作用。在这种教学模式下，学生的学习积极性不高，缺乏主动探索和思考的能力，不利于其全面发展。

随着人们对教育认识的不断深入，传统的教学理念逐渐被淘汰，"以学习为中心"的教学理念逐渐兴起。在这一理念的指导下，学生不再是知识的被动接受者，而是学习的主体，应积极参与学习建构过程。教师则转变为学习的引导者和辅助者，帮助学生发现问题、解决问题。这种教学理念的转变，极大地提高了学生的学习积极性和创造性，成为教育改革的重要方向。

以学习为中心的教学理念注重学生的主体性和参与性，鼓励学生主动探索和思考，旨在培养学生的创新能力和解决问题的能力。这种理念下的教学方式多样，包括项目式学习、探究式学习、合作式学习等，能够激发学生的学习兴趣和动力，提高学习效率。作为课堂教学形式的一种，学本课堂更能体现以学习为中心的优越性。

当然，以学习为中心的教学理念并不是完全否定教师的作用。相反，教师的作用更加重要。它要求教师从传统的知识传授者转变为学习的引导者和辅助者，要求教师具备更良好的教学素质和能力，包括组织能力、沟通能力、创新能力、预设问题能力等。同时，教师必须不断学习和更新教育观念和教学方法，更好地适应时代和社会的发展。

### （三）实现个性化学习需要学本课堂

个性化学习是一种关注学生个体差异，根据学生的兴趣、能力和学习需求，量身定制教学目标和教学方法的新型学习方式。它强调学生的主体性和个性化需求，旨在培养学生的创新精神和实践能力，是当前教育改革的重要方式之一。而学本课堂是一种新型课堂教学模式，强调以学习为中心，关注学生的个性化需求和发展潜力，有助于实现个性化学习的理想目标。

在学本课堂教学过程中，教师必须积极适应新的角色和要求，从单纯的知识传授者转变为学生的指导者和学习伙伴，帮助学生实现自主学习和全面发展。同时，学校和教育部门也必须提供相应的支持和保障措施，包括培训教师、提供学习资源、建立信息化平台等，以促进学本课堂的发展和个性化学习的实现。

社会发展呼唤学本课堂的兴起与发展。在教育改革的大背景下，"以学为本"的教学理念已成为教育发展的重要方向。学本课堂通过关注学生的个性化需求和发展潜力，培养他们的自主学习和终身学习能力，为实现高素质人才培养目标奠定了坚实基础。

## 二、新兴技术推动课堂变革

### （一）科技发展促进教育的现代化

随着科学技术的迅速发展，互联网、大数据、人工智能、虚拟现实等新技术的应用，正在深刻地改变着人们的生活方式和学习方式。这些技术的大规模应用，使得教育方式也发生了深刻的变革。传统的课堂教学方式已经无法满足现代社会的需求，学生需要更加多样化和个性化的学习方式。

科技的发展为教育带来了更加丰富多彩的学习资源。学生可以通过互联网获取丰富的学习资料和资源，不再受限于传统的教材和课堂教学。他们可以通过网络学习课内外知识，拓宽自己的学习领域。智能手机、平板电脑等移动设备的普及，也使得学习变得更加方便和灵活。学生可以在任何时间、任何地点进行学习，不再受到时间和空间的限制。

科技的发展还为教育带来了全新的学习资源。在线教育平台的兴起，使得学生可以选择更加适合自己的学习课程和学习方式。在提高学业成绩、培养兴趣爱好、提升职业技能等方面，学生都可以利用线上教育平台找到适合自己的课程和学习资源。这种个性化的学习方式，更加符合学生的需求，有助于提高学习效率。

学本课堂聚焦的是参与者的学习过程，在这一过程中，学习资源越丰富、教学方式越高效，就越有利于学习目标的达成。因此，新兴的技术手段在学本课堂中能获得生长的土壤，更能正面促进教育的变革。

### （二）科技发展促进教育的个性化

每个学生都有自己独特的学习习惯、学习兴趣和学习能力。传统的教育方式往往以集体教学为主，无法满足学生的个性化需求，而科技的发展可以提供更加个性化的教育方案。通过大数据分析和人工智能技术，教师可以为每个学生提供个性化的学习方案和辅导服务，使得每个学生都能够在最适合自己的学习环境中成长。学生在科技高速发展的背景下，所接触的信息面更为广阔，自然就更容易产生独立的思考，更有自我表达的冲动。

学本课堂为学生建构了作为课程规划者、课程资源开发者、课程实施者和课程评价者的角色，鼓励学生作为学习研究者，有意识地自主审视、探究、评价并改进学习方式，进而增强学习胜任力与效能感，逐渐走上自我赋权增能之路。

### （三）科技发展促进教育的国际化

在信息化时代背景下，教育必须更多地与国际接轨，培养具有全球视野和国际竞争力的人才。而科技正是这样一种催化剂，它可以为教育提供更广阔的国际视野。通过科技，学生可以更加便捷地获取国内外的学习资源和信息，更加直观地了解国内外的教育环境和学术成果，这将有助于提高学生的国际化素养和竞争能力。

### （四）科技发展促进教育资源的共享和整合

虽然科技的发展为教育带来了丰富的学习资源，但这些资源往往存在共享性、整合性不足的问题。我们必须构建更加开放、共享的教育资源体系，通过技术手段实现不同资源之间的共享和整合，促使学生更加方便地获取多样化的学习资源。

整合后的教育资源恰好可以在学本课堂教学中充分应用，丰富的整合资源有助于师生开阔视野，进行有广度、有深度的思考，生成有价值的问题，推动课堂教学的改革。

## 三、教师成长需要变革课堂

### （一）促进教师个人发展的需要

终身学习理念具有实现个人成长发展和促进社会经济发展的双重价值。通过培养学习者的学习力来提升其终身学习素养，促进个体成长和社会经济发展成为当下教育的重要任务。以学习者为中心的学本课堂教学通过建构各类学习共同体、开发利用学习资源、对学习过程进行反思内化，从"人与社会""人与工具""人与自我"三个维度促进学习者形成个性化的学习习惯，从而提升学习者的终身学习素养。此外，学本课堂中的师生是不断发展的学习者，学本课堂教学不仅要关注学生的学习和成长，也要促进教师的学习和发展。

教师是教育事业的核心力量，教师的专业成长直接关系着教育质量和学生的发展。然而，在传统的教学模式中，教师往往只关注知识的传授，忽略了学生个性化需求和能力的培养。为了适应时代的发展和教育的需求，课堂教学必须变革，要从以教师为中心的教学课堂转向以学习为中心的学本课堂，关注学生的全面发展。

### （二）改进传统教学模式的局限性

在传统的教学模式中，教师往往只关注知识的传授，却忽略了学生的学习过程和学习能力的培养，既不能有效促进教师专业成长，也不能提高学生的学习效率、学习能力。

在传统的教学模式中，教师往往只是单向地传授知识，缺少个性化、针对性的措施，无法满足不同学生的学习需求，导致一些学生无法找到适合自己的学习方式和进度，缺乏学习主动性和积极性，从而影响了学习效果。实践性活动的缺乏，则导致学生无法将所学知识应用到实际生活中，无法真正掌握所学知识。而且，缺少对学生创新能力的培养，学生难以独立思考和解决问题，难以适应不断变化的社会需求。现代技术应用能力的缺乏，则导致教学效率低下，无法充分利用现代技术的优势来提高学习质量。

传统教学模式制约了教师的专业成长和教育质量的有效提高。为了更好地适应现代教育的需求，教师应该积极探索学本课堂的方法和手段，注重学生的个性化需求和能力培养，提高教学的互动性和实践性，更好地激发学生的学习兴趣和动力，提高教学质量。

### （三）形成助力教师成长的课堂

随着教育改革的不断深入，学校教育越来越重视学生的主体地位，传统的教学模式已经无法满足新时期学校教育发展的需求，以学习为中心的学本课堂理念逐渐成为主流。在这种理念下，课堂教学必须变革，以适应时代的发展和教育的需求。

在学本课堂教学活动中，教师不但应关注学生对知识的接受程度、掌握程度，更要关注学生在学习过程中与他人的交流是否充分，是否培养了师生之间、生生之间的沟通交流意识、沟通交流能力，是否提高了师生之间的认同度，还要关注学生能否辩证地看待学术问题，知自己之不足，知他人之优势，能否相互借鉴，提高自己的认知水平。在具体的学本课堂教学过程中，教师必须"察言观色"，利用学生的积极反馈，适时调整自己的教学方法和教学策略，使之与学生当下的思维相匹配，使学生处于一种积极的思考状态。这种积极的思考状态，能促使学生进行深层次的思考，促进其与同伴进行积极的交流，以建构知识，培养思维，激发兴趣，提高学习效率。

### （四）践行终身学习理念的需要

终身学习是现代公民必须具备的学习能力。联合国教科文组织通过一项研究指出，信息通信技术的发展带来了人类知识更新速度的加快。18 世纪时，知识的更新周期为 80～90 年，19 世纪到 20 世纪初，缩短为 30 年，20 世纪六七十年代，一般学科知识更新周期为 5～10 年，而到了 20 世纪八九十年代，许多学科知识的更新周期缩短为 5 年，进入 21 世纪后，许多学科知识的更新周期已缩短至 2～3 年。

国际 21 世纪教育委员会向联合国教科文组织提交的报告中指出："终身学习是 21 世纪人的通行证。"学习是人类认识自然和社会、不断完善和发展自我的必由之路。终身学习是我们在不断前进中的关键要素。无论一个人、一个团体，还是一个民族、一个社会，只有不断学习，才能获得新知，增长才干，跟上时代。党的二十大报告强调指出，要"形成全民学习、终身学习的学习型社会，促进人的全面发展"，这就从广度和深度上对学习提出了新的要求。

时代变革、教育发展，要求教师树立终身学习理念，践行终身学习行动，及时学习理论知识，提高学习能力、自我发展能力和适应能力，以适应知识更新的速度，更好地指导学生进行有效学习。教师终身学习不仅是为了适应新的教育理念，更是为了自己内在的成长。通过学习，教师可以发现自己的局限和不足，进而弥补这些不足，促进自我成长。而且，教师个人的成长也会促进学生对学习的重视，进而更加主动地充实知识和技能。

实践无止境，学习也无止境。古人云：吾生而有涯，而知也无涯。在新时代背景下，学本课堂的实施者应该实现终身学习能力与个人成长的共同发展，把学习从单纯的求知变为生活方式，努力做到活到老、学到老。

### 四、素养夯实依靠学本课堂

（一）学本课堂旨在提升综合素养

2014 年教育部印发《关于全面深化课程改革落实立德树人根本任务的意见》，提出："教育部将组织研究提出各学段学生发展核心素养体系，明确学生应具备的适应终身发展和社会发展需要的必备品格和关键能力。"中国学生发展核心素养以培养"全面发展的人"为核心，分为文化基础、自主发展、社会参与三个方面，综合表现为人文底蕴、科学精神、学会学习、健康生活、责任担当、实践创新等六大素养，各素养之间相互联系、相互补充、相互促进，在不同情境中整体发挥作用。

中国学生发展核心素养以科学性、时代性和民族性为基本原则，以培养"全面发展的人"为核心，学本课堂鼓励学习者进行个性化思考，倡导自我评价，直接指向提升学习参与者的核心素养，培养"全面发展的人"。

（二）学本课堂更注重培养学生的人文底蕴

人文是一个动态的概念，"人文"一词最早出现在《周易》中："文明以止，人文也。"《辞海》对人文的定义是"人文指社会的各种文化现象"。《易·贲》中对于人文的重要性早有阐述："观乎天文，以察时变，观乎人文，以化成天下。"刘庆昌在《人文底蕴：文明人的基本标识》中对于人文给出了这样的定义："人文是人类创造的文化，它既可以以知识和思想的形式呈现，也可以凝结在一切人造的物件和人为的事件之中。"

人文底蕴是指学生在学习、理解、运用人文领域知识和技能等方面所形成的基本能力、情感态度和价值取向。培养学生的人文底蕴，应重点从人文积淀、人文情怀和审美情趣这三个基本要点入手。

1. 增强学生的人文积淀

人文积淀主要是指具有古今中外人文领域基本知识和成果的积累，能理解和掌握人文思想中所蕴含的认识方法和实践方法。

在学本课堂教学中，增强学生的人文积淀，可在教学内容选取、教学内容编排和课程设置上侧重于人文领域的知识和成果。同时，引导学生加强人文知识、主题的课外阅读，以及举办相关主题活动。

在教学过程中，教师应该结合学生兴趣爱好、阅读习惯、知识偏好等因材施教，开展个性化引导、指导，组织适宜的主题活动，以丰富学生人文知识和成果积累。同时，教师应以自身的言传身教对提升学生的人文素养产生影响，激发学生对人文知识的关注兴趣。

2. 厚植学生的人文情怀

人文情怀主要指具有以人为本的意识，尊重、维护人的尊严和价值，能关切人的生存、发展和幸福。

学本课堂教学首要强调的就是"以人为本"，着重培养学生以人为本的观念、意识，尊重、维护人的尊严和价值。在学本课堂教学中，教师应始终把人作为核心，关心人的生存、人的价值、人的尊严、人的发展等。学本课堂设置的"生命教育""安全教育"等课程，就是利用发生在身边的事例来教育学生尊重、维护人的尊严和价值，厚植学生的人文情怀。

近年来，不断曝光的校园霸凌事件正是人文情怀缺失的表现。学本课堂中的德育课程，注重通过加强人文情怀教育，增强学生自我保护意识，引导学生尊重、维护自己及他人的尊严和价值。在学本课堂的德育活动中，教师应结合实际案例，组织学生开展主题班会活动，探讨防范校园暴力行为的方法，帮助学生提高自我保护能力，引导学生尊重、维护人的尊严和价值。

生存、发展和幸福是人类所关注的永恒话题。面对日益严重的环境污染、食品安全、生态破坏等危害人的生存、发展和幸福的问题，在学本课堂教学中，教师可以基于有价值的社会问题，根据教学内容，结合新闻热点，引导学生思考解决问题的方法和对策，树立环境保护意识，关切人的生存、发展和幸福。通过日常生活中的节约用水、用电习惯和环保生活方式等途径，潜移默化地影响学生采取适合人类生存、发展、幸福的方式去生活和创造价值，厚植人文情怀。

3. 培养、提升学生的审美情趣

审美情趣是指具有艺术知识、技能与方法的积累，能理解和尊重文化艺术的多样性，具有发现、感知、欣赏、评价美的意识和基本能力，具有健康的审美价值取向，具有艺术表达和创意表现的兴趣和意识，能在生活中拓展美和升华美。

学本课堂教学中的艺术课程侧重于培养学生积累艺术知识、技能和方法，通过艺术知识的学习和实践，掌握、积累更多的艺术技能和方法。在学本课堂教学中，教师应培养、提升学生的审美情趣，引导学生理解和尊重文化艺术的多样性，以包容的心态去了解不同的文化艺术，从对不同文化艺术的感受中提升审美情趣。

学本课堂教学有利于培养学生艺术表达和创意表现的兴趣和意识。法国著名雕塑家罗丹曾经说过："世界上并不缺少美，而是缺少发现美的眼睛。"我们的生活中并非没有美，而是需要我们拓展和升华。要引导学生发现生活中的美，就要培养学生对艺术表达和创意表现的兴趣和意识。在学本课堂教学实践中，应通过开设多门选修课，让学生在具体的活动课程中去提升自己的审美情趣，根据主题进行艺术表达和创意表现，发现、拓展、升华生活中的美。

（三）学本课堂更注重培养学生的科学精神

科学精神主要是指学生在学习、理解、运用科学知识和技能等方面所形成的价值标准、思维方式和行为表现，具体包括理性思维、批判质疑、勇于探究等基本要点，这三者紧密联系，不可分割。如下图所示：

图1　核心素养中科学精神的基本要点

理性思维主要表现为：崇尚真知，能理解和掌握基本的科学原理和方法，尊重事实和证据，有实证意识和严谨的求知态度；逻辑清晰，能运用科学的思维方式认识事物、解决问题、指导行为；等等。理性是科学精神的本质和特征。理性的科学精神就是认为客观世界是有规律、有秩序的，而且这种规律和秩序是可以被认识的。同时，人类对于客观规律和秩序的认识必须经过严密的逻辑论证，以概念、判断、推理等形式来表达。

批判质疑主要表现为：具有问题意识，能独立思考、独立判断；思维缜密，能多角度、辩证地分析问题，做出选择和决定；等等。批判质疑不仅是科学精神的重要组成部分，也是学生与生俱来但需要不断发掘而不是打压的重要品质。批判质疑的科学精神一旦被恰当激发，将有利于学生提高认知水平，提升创新能力。在追求真理的路上我们还差些什么？我们缺乏的是独立思考、怀疑批判的精神，以及不畏强权、为真理而献身的精神。

勇于探究主要表现为：具有好奇心和想象力，具体是指能不畏困难，有坚持不懈的探索精神；能大胆尝试，积极寻求有效的问题解决方法；等等。无论是百年之前杜威的"做中学"，还是今天的"探究""科学实践"，都是让学生在真实的情境中动起来，在实践探究的活动中形成坚持不懈的探索精神，并尝试自主解决问题。

学本课堂的学科教学具有系统性，不仅包括对知识的传授，还包括方法教学、思维教学和文化价值教学。也正因为如此，学本课堂教学才能将科学精神的培育落到实处。

### （四）学本课堂让学生学会学习

"学本课堂"，顾名思义就是指以学习者学习为本的课堂。这里的学习者不单纯指学生，而是指教师、学生以及其他直接参与者。也就是说，在学本课堂教学中，没有纯粹的教师，教师身份将发生本质性变化，教师是大同学。具体而言，学本课堂教学就是教师和学生协同合作，共同围绕核心问题开展自主性的探究学习，在单位时间内解决问题，实现教学目标，促进教师和学生共同成长。在师生关系方面，有别于教本课堂，学本课堂中的师生关系不是上对下的长幼关系、授受关系，而是真正意义上的民主、平等、和谐的发展关系。师生为了共同的目标而相互合作、相互帮助，追求的是一种真正意义上的学习。师生共同创建小组合作团队学习机制，创建人文、自由、开放、多元、热烈的学习氛围，实现真实、自由、自主的阳光学习。学本课堂教学的最终目的是让每位学习者的生命得到精彩绽放。

学本课堂注重学生学习能力的培养，尤其是学生结构化预习能力、自主学习能力、合作探究能力、问题发现生成能力、问题解决能力的培养。在学本课堂教学中，教师搭建了解放学生、让学生成长为问题解决的主人的平台，将学习的权利还给学生，将学习方法教给学生。

学本课堂注重展示对话学习方法，创建"说的课堂"，通过生生对话、师生对话来解决问题，建构知识，培养能力，发展情感，在单位时间内完成学习任务。这种以说为主线的对话课堂有利于激活每名学生的思维潜能，培养学生的学科思辨能力，给每名学生搭建思维绽放的平台，最终使每名学生都做到能言善辩，具有较强的语言表达能力。

学本课堂注重小组合作团队学习机制建设，在角色上进行了大胆创新，致力于使每名学生都成为合作学习的主人。这种机制创新，超越了个体接受式教学范式，走向了团队发现和团队成功的学习路径，为小组和班级全体成员的合作成功搭建了良好的学习平台。

（五）学本课堂让学生学会责任担当

人是一种群居动物，这就注定了团队精神、合作意识是培养学生责任担当意识中必不可少的要素。例如在课堂教学中，教师应最大限度地发挥小组合作学习的作用，指导学生通过小组合作探究的方式学习新知识，引导学生明确自己在小组内的职责和责任，与小组成员互帮互助，做到为自己负责，更为他人、团体负责，以此来培养学生的集体荣誉感和对团队的责任担当意识。

1. 学本课堂引导学生对自我学习负责

当前，有一部分学生没有对自己学习负责的意识，他们不想学习，不爱学习，不认真听讲，不愿意按时完成作业，甚至逃课，远离学习。这些都折射出当代部分学生缺乏自我学习责任担当意识。学习是中小学生最重要的基本任务。培养学生的责任担当意识，首先要培养学生对自己的学习负责的意识，引导学生在自己的学习上有担当。学本课堂教学引导学生积极参与教学过程，让学生在参与过程中渐渐明白，学习是他们自己的事情，他们要在学习上有自己的主见和想法，并且要对自己的学习质量负责。与此同时，学本课堂教学还强调培养学生独立完成学习任务的能力，以此强化学生的主动学习意识和责任担当意识。

2. 学本课堂引导学生对团队发展负责

学生除了要对自己负责，还要心中有他人，对身边的人负责。简单来说，教育教学中要培养学生关爱他人、为他人着想的责任担当意识。在学本课堂教学中，有学习能力突出的同学，有合作意识很强的同学，有引领小组合作学习的同学，这些榜样的力量，能够强有力地引导和带动其他同学，激励其他同学向他们学习，以此来培养全体学生的责任担当意识。

3. 学本课堂引导学生承担社会责任

要培养学生的社会责任意识，首先要引导学生正确认识和了解我们的国家，其次要培养学生的民族自豪感、国家认同感、国家归属感，引导学生学会爱国、爱社会、爱同胞。这样，学生的社会责任担当意识便会油然而生。在这方面，学本课堂将社会责任担当意识的培养与学生的实际生活紧密联系起来，着力开展"国情教育""榜样学习"等思想教育，树立学生的公民意识和社会责任担当意识，激励学生为祖国的伟大复兴而顽强拼搏。

### （六）学本课堂引导学生学会实践创新

学本课堂教学形式多样，更重要的是能将学生的学习积极性和兴趣充分调动起来，让学生能够积极思考，自觉主动参与课堂教学活动实践。例如，可以通过案例分析、小组讨论、实践操作等方式，充分结合学生已有社会生活认知和社会实践情感体验，让学生在实际情境中运用所学知识解决问题。同时，可以引导学生进行自主学习和合作学习，学生通过自主、合作学习有助于打开知识创新思维格局，激发学习积极性和主动性，提高学习效率。

学本课堂以学习者学习为本。具体来说，就是在教学中要高度尊重学生、相信学生，把主要依靠教师的"教"转变为主要依靠学生的"学"。教师成为"平等教学中的首席"，其作用和价值在于积极调动学生的学习积极性，最大限度地激发学生潜能，让学生自主活动，在获取知识的过程中解决问题。学本课堂教学的精髓在于发掘学生的天性和潜能，以课堂教学为载体，一切从学生实际出发，重视激活学生的思维意识和创新能力。

1. 学本课堂突出学生主体地位

学本课堂理念认为，教育的终端是学生，学生学习任何东西，最终都要通过自己内化，知识的获得最终依靠的是学生自己。学本课堂理念突出的特点是以学生的学习为本，不但高度尊重学生，而且充分相信学生，全面依靠学生，把学习的主动权交给学生，希望把学生的学习潜能激发出来。学本课堂教学改变了传统教学中教师讲学生听的局面，充分发挥了学生的主体作用。而在传统的以教师为主的师本课堂上，教师口若悬河讲个不停，学生坐在教室里表情木然，"思绪万千"。即便有教师在课堂上设计了"小组合作"环节，也不过是走走形式，无法真正把课堂交给学生，学生主体地位无从落实。学本课堂教学充分发挥学生的主体作用，学生成了课堂的真正主人，教师仅仅是学生自主学习的指导者和引领者。教师应适时抛出有价值的问题，为学生在课堂上留出充足的时间和空间，引导其进行成果展示、自主交流、互相质疑，在合作、交流、质疑中主动学习，获取知识，从而提高解决问题的能力和实践能力。

2. 学本课堂注重学生对学习资源的再次加工

学本课堂支持学生对教材、学习资料再次加工，即在尊重教材的基础上，要求学生利用网络、利用现代教育资源，积极审视教材，挖掘教材之外的教学资源，科学地处理学习内容，在这个活动过程中发展个人的思维，提高创新能力。

## 第三节　方向探寻，叩问学本课堂的生长空间

### 一、理论生长点：学本课堂的思想引领

#### （一）人本主义理论

以学科为中心的课堂和以知识为中心的教学往往导致学生学习兴趣较低，缺乏参与学习的积极性，难以实现教学目标。学本课堂教学改革者充分吸收人本主义理论者提出的"以人为本的教育价值观""学校人性化""从实践中学习"等观点，从教育观念转变、课程建设和实施、学习环境营造等角度进行了一系列改革尝试。

1. 强调学生的主体地位和人的自我价值的实现

人本主义理论认为，学生是学习的主体，应该积极参与学习过程。教育应该尊重学生的主体地位，给予学生自主权和选择权。每个人都有潜在的能力去实现自己的目标和价值，教育应该为每个学生提供机会，让他们充分发挥自己的潜能。

2. 倡导意义学习和人的全面发展

人本主义理论认为，学习应该与学生的个人经验和需求相结合，让学生在学习过程中获得意义和满足感。教育应该引导学生发现学习的意义，激发他们的学习兴趣。此外，课堂教学应注重学生的全面发展，包括知识、技能、情感、价值观等多个方面，通过设计多元化的学习任务，提供丰富的学习资源和支持、鼓励学生参与社会实践等方式，促进学生的全面发展。

3. 重视情感和情绪价值

人本主义理论认为，情感和情绪是人类行为的重要驱动力，对学习有着重要的影响。教育应该关注学生的情感和情绪体验，按照学习者的个性心理需要创造安全、自由和支持性的学习环境，建立良好的师生、生生关系，营造积极的学习氛围，促进学生的学习。

## （二）建构主义理论

建构主义理论认为，知识不是被动接受或复制的，而是学习者主动参与建构的。学习者应在已有知识的基础上，通过与外部环境的交互作用，逐步构建新的知识体系和理解阈值。建构主义理论强调学习者之间的合作和互动，认为：学习是一个社会互动的过程。学习者通过与他人的交流和合作，不断调整和修正自己的理解和知识结构；学习是一种文化参与的过程，学习者在特定的文化背景中，通过与他人的交流和互动，逐步形成新的知识和理解；情境是学习的重要因素，学习者在真实的情境中，通过解决问题和实践应用，能够更好地理解和掌握知识。基于上述观点，建构主义学习理论认为学习应具备五个基本特征：第一，学习的目的是获得知识的意义，学习目标形成于学习过程的内部，由学习者自己设定。第二，学习者建构自己的知识体系和理解阈值的过程是不断思考，对各种信息进行加工转换，形成假设、推论和检验，从而实现知识的意义建构的过程。第三，学习者要不断监视和判断自己的进展，采用各种增进理解和帮助思考的策略。第四，学习具有强烈的社会性，需要充分沟通、合作和支持。第五，学习应发生于真实的学习任务之中，强调多样的、情景性的信息与有利于学习的建构工具。

### （三）认知学习理论

布鲁纳和奥苏贝尔是认知结构学习理论的主要代表人物，主要理论成果为布鲁纳的"认知—发现说"和奥苏贝尔的"认知同化学习理论"。认知学习理论首先强调学习过程，其认为，在教学过程中，学生是一个积极的探究者，教师的作用是创设一种学生能够独立探究的情境，而不是提供现成的知识。其次，强调内在动机。其鼓励学生向自己的能力提出挑战，形成能力动机。最后，强调信息提取。提取信息的关键在于如何组织和整理信息。认知学习理论认为，学生的学习主要取决于他们认知结构中已有的有关概念，意义学习是通过新信息与学生认知结构中的已有概念相互作用才得以发生的，相互作用导致了新旧知识的同化。

认知学习理论强调学习者在学习过程中的主动性和积极参与性，认为学习者通过积极主动地组织和解析信息来获取知识。学习者的认知结构（如思维、知觉、记忆等）在学习过程中起着关键作用，学习者的认知结构会影响他们对新信息的理解和记忆，以及与原有知识的整合。学习者有效运用认知策略来规划学习过程、监控学习进度、调整学习策略，从而提高学习效果。

### （四）多元智能学习理论

哈佛大学认知心理学教授加德纳博士于 1983 年提出了多元智能理论。他认为人类的智能是多元的，每个人都拥有八种不同智能，包括语言智能、数理逻辑智能、空间智能、身体运动智能、音乐智能、人际交往智能、自我认知智能和自然观察智能。人的各种智能有强有弱，这种差异导致人们在学习进度、学习方法、学习效果等方面有所不同。

多元智能理论强调解决实际问题能力和创新能力，即要考虑人的个体差异，强调发挥人的优势智能，发现人的智能强项。这与学本课堂教学改革的理念一致，学本课堂教学指向学习者能够全面发展，养成主动学习的习惯，思辨、批判地收集和过滤新知识，重点强调培养学习者的迁移应用、批判与实践创新能力。

教师在设计和评价学习任务时，可以从多元智能理论出发，充分考虑学生的个体差异，利用他们所具有的不同智能，设定差异性的学习目标，以多样性的学习任务促进学生全面发展，以层次性兼顾个体智能差异，以个性化满足特定学情需求，以开放性鼓励综合运用知识。在学习评价时则应以多元主体促进学生自我认知能力提高，以多维视角推动学生多种智能共同发展，以多样工具积极强化学习效果。

### （五）主要学习理论对学市课堂教学改革的影响

"以学习为本，以发展为本"是学本课堂教学改革的核心理念，它强调注重学生的学习过程和学习成果，关注学生的全面发展，培养学生的创新精神和实践能力。人本主义理论、认知学习理论、建构主义学习理论和多元智能理论等为学本课堂教学功能的发挥提供了理论依据，用这些理论来透视学本课堂教学改革，有着积极的启发意义和借鉴价值。

#### 1. 创设真实的学习情境，满足学生的学习需求

在以学习为中心的学本课堂教学中，教师应该根据教学目的的需要，创设出某种认知情境、情感气氛适度的挑战性学习任务，驱使学生全员、全过程参与。这样一来，学生既能从行为上直接参与，又能从情感、心理、思维上参与。只有在情与情的相融、心与心的相碰、教与学的相长互促中，学生的主体意识才有形成的"土壤"和生长的"养分"，学生才能充分发挥主体性，使课堂教学焕发出生命活力，促进学生更好地成长。

#### 2. 注重教学内容与学生认知结构的统一

学本课堂教学强调新知识信息与学生现有认知结构的统一，进而改进已有的认知结构，产生新的认知结构。因此，在学习新知识之前，教师应了解学生原有知识（特别是和新知识有关联的旧知识）的掌握情况，积极进行巩固、复习和补缺，确保为新的学习做好准备，奠定基础。

首先，在开始新知识教学之前，教师应当简要介绍本单元的知识结构，并指出新知识和哪些旧知识有内在联系，在学生已有的知识和需要知道的知识之间搭建起一座桥梁，帮助他们更好地理解和掌握新知识。

其次，教师要对学生认知结构中的已有知识进行分析、比较和综合，明

确新知识和旧知识之间的联系和区别。这样既可以促进学生在旧知识的基础上学习新知识，也可以避免产生混淆和误解，从而更好地促进学生的学习和发展。

最后，教师应当遵循学生的认知发展规律，明确学习最本质、统领性最强的大观念，逐步分化，呈现与人类自然习得认知内容顺序一致的教学内容，与认知结构中表征、组织和存贮知识的方式相吻合，帮助学生更好地掌握知识和技能。

### 3. 注重教学方法的针对性和实效性，教会学生如何学习

教无定法，教学有法，贵在得法。"学"是教学改革的出发点和归宿。在实际教学中，教师应根据学科性质、教材内容和学生的知识状况以及学习条件等多种因素来确定相应的教学方法，从而使学生在理解的基础上进行有意义的学习。

学习过程是有目的、有计划、有一定策略的，也是在已有知识经验的影响下的认知过程。在教学过程中，学生对自己的学习活动、学习方法有明确的认知，可以增强其对学习的兴趣并激发自觉性。学生应根据自己的学习情况进行自我观察、自我体验、自我监控，从而及时调整学习方式，减少学习的盲目性，提高学习效率。教师应有意识地对学生进行学习教育，包括学习动机的培养、学习习惯的训练、学习方法的指导，更应指导学生掌握学习规律和学习策略，让学生学会学习。

### 4. 培养学生的自主学习能力和合作学习能力

培养学生的自主学习能力和合作学习能力，可以提高学生的学习效率、团队协作能力、社会适应能力和创新思维能力，促进他们终身学习和全面发展。在学本课堂教学中，教师可以通过提供丰富的学习资源、营造积极的学习氛围、设定开放式的任务、组织小组讨论、提供反馈和指导等方式鼓励学生进行自主学习和合作学习。

自主学习能够使学生独立地、有针对性地解决问题，合作学习则能促进学生在交流和讨论中深化理解，弥补个人理解的不足，还可以提高团队协作能力。自主学习和合作学习都鼓励学生对知识进行深入的思考和理解。这种思考和理解的过程可以激发学生的创新思维，有助于培养他们的创新能力和

批判性思维。通过自主学习和合作学习，学生可以更好地适应不同的学习环境和任务要求，可以独立地获取和整理信息，也可以在团队中分享和接受他人的观点，从而更好地适应社会对人才的需求，能够在离开学校后继续自我学习和自我提升。

5. 营造良好的学习环境

当学习者处于一个支持性、鼓励性的学习环境中时，可以提高其学习兴趣和动力，可以鼓励其通过思考、质疑、推理等高级思维活动来构建知识，从而培养其创新思维和问题解决能力，还可以帮助其将知识应用于实际问题中，提高知识迁移和应用能力。因此，学本课堂教学改革注重加强课程内容与学习者生活以及现代社会和科技发展的联系，从课程资源、班级文化、学习共同体建设、信息技术支持、及时反馈优化等方面为学习者创造良好的条件，使其有良好的时间、空间开展学习活动。

6. 采用多样化的教学和评价方式，注重学生的个性发展和全面发展

每个学生都有自己独特的生活经验和智力优势，因此，教师应根据学生的学习风格和能力，设计适当的教学方案，通过提供多元化的学习内容和方式，帮助学生发现和发展潜能，满足个性化学习的需求。应通过教师评价、学生自评、同学互评等多种方式对学生的知识技能、过程方法、情感态度等多个方面进行科学全面的评价和持续反馈优化，关注学生的进步和成长。

## 二、政策支撑点：学本课堂的行动方向

### （一）党的教育方针指明方向

党的十八大召开以来，《中共中央关于全面深化改革若干重大问题的决定》强调大力推进教育治理体系和治理能力现代化，加快形成有利于创新人才培养的教育体制机制。教育部在 2014 年印发的《关于全面深化课程改革落实立德树人根本任务的意见》中首次提出了"核心素养"的概念，并将其摆在了深化课程改革、落实立德树人目标的基础地位，成为我国中小学新课程标准制定的核心依据。2016 年 9 月，教育部委托的课题组公布了《中国学生发展核心素养》。2018 年 1 月，在教育部颁布的普通高中新课程方案和课程标

准中，首次提出了"学科核心素养"的概念，更加强调教育者对学习者个人能力、协作组织、创新实践等方面的培养。

党的二十大报告指出，"从总体上看，我国大中小学的课程教学方式仍然没有走出学科本位、灌输为主的传统的工业化时代教育方式"。我国在建设学习型社会和创新型国家的过程中，必将迎接新一轮的学习革命，而"自主学习""个性化学习""认知诊断""审辩式思维""教育增值"正是其中的关键词。终身教育和学习型社会建设给课堂教学改革与发展提出了新的要求。构建学习型社会，必须建立适应和促进学习型社会发展的学习型教育体系；建立学习型教育体系，则必须构建学习型课堂体系。只有培养出学习型学生、学习型教师、学习型家长以及学习型其他社会成员，才有可能建构起学习型社会。

### （二）追求更高的人才培养目标

《国家中长期教育改革和发展规划纲要（2010—2020年）》（以下简称《纲要》）指出，我国教育还不完全适应国家经济社会发展和人民群众接受良好教育的要求。针对教育观念相对落后，教学方法比较陈旧，中小学生课业负担过重，素质教育推进困难，学生适应社会和就业创业能力不强，创新型、实用型、复合型人才紧缺等现状，党和国家要求教育部门更新人才培养观念，改革人才培养体制，提高人才培养水平。《纲要》要求，教育工作者首先要树立全面发展观念，努力造就德智体美全面发展的高素质人才；树立人人成才观念，面向全体学生，促进学生成长成才；树立多样化人才观念，尊重个人选择，鼓励个性发展，不拘一格培养人才；树立终身学习观念，为持续发展奠定基础。其次，要适应国家和社会发展需要，遵循教育规律和人才成长规律，深化教育教学改革，创新教育教学方法，探索多种培养方式，注重学思结合，注重知行统一，注重因材施教，创新人才培养模式。最后，改革教育质量评价和人才评价制度。根据培养目标和人才理念，建立科学、多样的评价标准，开展由政府、学校、家长及社会各方面参与的教育质量评价活动。

此外，《纲要》还提出了2020年基本实现学习型社会的目标，党的十八大报告也提出了"完善终身教育体系，建设学习型社会"的号召。终身教育和学习型社会建设给课堂教学改革与发展提供了良好的机遇和空间，也对课堂教学改革提出了新的要求。

### （三）顺应课程改革的需要

2001 年，教育部颁发的《基础教育课程改革纲要（试行）》标志着第八次基础教育课程改革的实施。此次改革提出了"为了中华民族的复兴，为了每一位学生的发展"的教育理念，从规划、设计、实施、评价等各个方面对课程进行了系统化改革。该纲要明确提出，"改变课程实施过于强调接受学习、死记硬背、机械训练的现状，倡导学生主动参与、乐于探究、勤于动手，培养学生搜集和处理信息的能力、获取新知识的能力、分析和解决问题的能力以及交流与合作的能力"。"教师在教学过程中应与学生积极互动、共同发展，要处理好传授知识与培养能力的关系，注重培养学生的独立性和自主性，引导学生质疑、调查、探究，在实践中学习，促进学生在教师指导下主动地、富有个性地学习。教师应尊重学生的人格，关注个体差异，满足不同学生的学习需要，创设能引导学生主动参与的教育环境，激发学生的学习积极性，培养学生掌握和运用知识的态度和能力，使每个学生都能得到充分的发展"。这对课程实施及教师教学都提出了较高的要求。

2019 年，中共中央、国务院印发《中国教育现代化 2035》，表明国家教育更加注重全面发展，更加注重面向人人，更加注重终身学习，更加注重因材施教，更加注重知行合一，更加注重融合发展。同年，国务院办公厅在《关于新时代推进普通高中育人方式改革的指导意见》中指出，深化课堂教学改革。按照教学计划循序渐进开展教学，提高课堂教学效率，培养学生学习能力，促进学生系统掌握各学科基础知识、基本技能、基本方法，培养适应终身发展和社会发展需要的正确价值观念、必备品格和关键能力。积极探索基于情境、问题导向的互动式、启发式、探究式、体验式等课堂教学。

新课程的实施和高考改革对教学改革产生了深远的影响：新课程更加注重学生的主体地位，强调学生在学习过程中的主动性和参与性，要求教师不断学习和更新知识结构，掌握新的教学技能和方法；推动教学内容、教学方法、学习方式、教学评价的变革，以满足学生不同发展的需要。

### 三、研究参照点：学本课堂的研究态势

（一）学市课堂的提出

从教育面向现代化到走向教育现代化，再到加快教育现代化，我国基础教育改革不断深入进行，改革涉及课程设置、教学方法和评价体系构建等多个方面，其核心目标是培养学生的核心素养，包括知识、技能、情感、态度和价值观等多个方面，培养学生在真实生活情境中运用知识的能力。

在改革推进过程中，以叶澜和郭思乐、龚雄飞、韩立福等教授为代表的专家学者提出要"降低课堂教学重心，把课堂还给学生"的观念，主张从师本教育转向生本教育，把发挥学生的积极性作为当前解决教育问题的最有效和最重要的策略，逐步提出"以学习者学习为本"为理念的学本课堂教学，追求"一切为了促进学习者和谐成长、全面发展"的学本教育目标。以江苏洋思中学和山东杜郎口中学为代表的一些基层学校对传统的讲授中心课堂进行了根本性的调整，显现出明显的以学为本特色。专家和基层学校从理论和实践层面的研究使我国的课堂教学逐渐形成了"以学习为中心"的课堂教学理念，课堂教学改革正在经历重要转向。

（二）"学为中心"的转变

在传统课堂教学中，教师往往是知识的传授者和主导者，学生则是被动接受者和服从者。这种教学模式在一定程度上限制了学生的主观能动性，不利于培养学生的创新能力和实践能力。现代教育理念认为，教育的本质是服务学生的发展，因此课堂教学应当更加关注学生的学习发展，从"教为中心"转向"学为中心"。

"学为中心"的课堂教学将学生置于教学活动的中心，强调学生的主体地位和教师的主导作用。在学本课堂教学中，教师是学生学习的支持者、引导者和合作者，学生是主动的学习者、探索者，注重培养学生的学习兴趣和自主学习能力，鼓励学生通过自主探究、合作学习等方式获取知识。这种教学模式还强调教学过程的生成性和开放性，鼓励教师根据学生的实际情况和需求进行教学设计和教学评价。

"学为中心"的课堂旨在解决"学会、会学"问题，多借助学习者对学习价值、学习意义的发现，用学习的内在魅力让学习者产生乐趣、志趣，从根本上解决学习持续动力问题。"学为中心"将学生的学习放在主体地位，从学生学习视角进行课堂改革，重在学习主体自身改变，重在学的改革，重在教学意义改变，重在对学习本质再认识再定位，重在价值层面改革，重在达到高认知行为水平。

在"学为中心"的课堂上，师生互为学习者，是学习生长共同体，重在让学习有深度、持续发生，强调互相学、真正学。

学本课堂是学习型课堂，是学习者学习共同体课堂，是针对"教本课堂"弊端而提出来的。在这样的学习型课堂上，教师和学生都是平等、民主的主体，都是学习的"主人"，是相互帮助、相互合作、相互促进的和谐学习者。学生和教师长期在这种民主、人文、和谐的课堂氛围中学习，自信心将逐渐增强，责任感将逐渐强化，学习主人翁意识渐渐得到固化，为使学生将来成为负责任、敢担当的国家栋梁奠定了良好的基础。可以说，学本课堂的探索代表了新时期课堂教学改革的方向。

（三）着力提升核心素养

传统课堂教学以传授知识为主，现代教育则更加注重学生素养的提升，更加关注培养学生的创新能力、批判性思维、团队协作能力等。为实现这一目标，学本课堂对学习目标进行了完善：从"双基论"到"三维目标论"再到"核心素养论"。这一转变体现了对传统教育模式的超越，以及对学生全面发展的关注。从"知识灌输"转向"深度学习"，教学范式的转型强调学生在学习过程中的主体地位，以及知识与生活的紧密联系；重视学生德智体美劳各方面的综合发展，着力培养学生的健康体魄和良好心理素质，注重学生认知能力与非认知能力的均衡发展。在培养学生认知能力的同时，强调非认知能力的重要性，如创造力、批判性思维、沟通和合作能力等。在学科教学的基础上，加强综合学习，培养学生跨学科学习的视野和能力。

以往的教学多以学科知识为核心，注重知识体系的完整性，传授的知识往往过于抽象，难以形成解决实际问题的能力，真实世界中的问题往往更加复杂和多元。学本课堂教学改革旨在引导教师注意把抽象知识与真实情境相结合，关注情境的创设，为学生提供更多的、能够利用所学知识解决真实问题的机会。

### （四）教学方式的转变

在传统的灌输式教学中，教师是课堂的中心，负责传授知识，学生则被动地接受知识。这种教学方式往往忽视学生的个体差异，难以满足学生的个性化需求。现代教育则更加强调学生的自主学习能力，强调学生根据自己的兴趣和需求进行学习。学本课堂教学关注学生的需求和兴趣，尊重学生的个性差异，鼓励学生发挥创造力和批判性思维。在学本课堂教学模式下，教师转变为引导者、支持者和评估者，为学生的学习提供必要的资源和支持，教授学生如何设置目标、制订计划、分配时间和评估成果，使他们能够在未来的学习生活中自主地开展学习活动。

传统课堂教学往往采用标准化教学模式，教学内容和方式往往统一规定，强调知识的传授和应试能力的提升。随着人们对教育需求的多元化，以及对学生个性和潜能的关注，学本课堂教学逐渐成为教育的新趋势。它通过个性化教学改革课程体系，增加选修课程和特色课程，让学生有更多自主选择的空间；通过改进教学方法，运用现代教育技术，实施项目式学习、探究式学习等，提高学生的参与度和实践能力；通过优化评价体系，建立多元化的评价指标，关注学生的个性发展和综合素质。个性化教学强调因材施教，鼓励教师根据学生的个性、差异、需求和潜能有针对性地进行教学。个性化教学有助于激发学生的学习兴趣，发挥其潜能，培养其创新能力和实践能力。

传统的封闭式教学往往以教师为中心，注重知识的传授和灌输，缺乏对学生主体地位的尊重和个性的关注。这种教学方式容易导致学生缺乏主动性和创造性，无法适应社会的发展和变化。封闭式教学往往局限于教材内容，缺乏对现实生活和社会问题的关注，使得教育与社会脱节。相反，学本课堂教学以开放性教学方式强调以学习为中心，尊重学生的主体地位，注重学生的个性发展和综合素质的提高；强调学生的自主学习和探究，鼓励学生从多个角度思考问题，培养他们独立思考和解决问题的能力；倡导教师采用多种教学方式，如小组讨论、案例分析、角色扮演等，激发学生的学习兴趣和主动性；倡导教师营造民主、平等、宽松、和谐的课堂氛围，鼓励学生质疑、争鸣；注重教学内容的开放性和多样性，不仅关注教材内容，还关注现实生活和社会问题，对教材进行适度拓展，使教育与社会紧密相连；注重理论知识的实践和应用，培养学生的实践能力和解决问题的能力，培养学生的社会责任感和公民意识。

综上，随着课堂教学改革的持续推进，深度学习、项目式学习、大概念教学、大单元教学、案例式教学等教学改革方兴未艾，各种教学模式、课堂策略和技术层出不穷。在吸收和借鉴已有课堂教学改革成果的基础上，"以学习为本，以学生发展为本"的学本课堂教学理念，强调辩证地处理教学过程中的师生关系、教与学的关系，以及目的与手段、时间与空间、知识与能力、知识与美德、书本知识与生活经验等关系，完善课堂教学价值观，重组课堂教学结构，再造课堂教学秩序，重构课堂教学文化，丰富课堂教育涵养，提升课堂的发展性，逐步实现课堂教学由"知识导向"到"素养导向"的转变，指向培养学生的综合素养。

学本课堂教学坚持"以学习者学习为本"的核心理念，追求"一切为了促进学习者和谐成长、全面发展"的学本教育目标，倡导"以学生发展为根本，以学生学习为中心"的价值取向，坚持"以学论教、先学后教、多学少教、因学活教"的改革方向，建构了"先学后导、互助展评"的基本模式，呈现出"当堂自学、同伴助学、活动展学、互动评学、教师导学"的课堂形态。这一课堂教学模式打破了传统的"教师讲、学生听"的单向传输教学模式，取而代之的是师生互动、生生互动的多向传输。这种课堂指向学习者学会终身学习，指向人的全面发展和个性发展。这种课堂培养出来的学习者是富有生活热情、有发展愿景、有自主创业胆识和创新能力的人。

## 四、改革生长点：学本课堂的发展空间

### （一）跟随时代发展步伐

随着我国经济的深度变革和社会的快速发展，以学本课堂教学改革来培养学生的创新精神、实践能力以及自主发展能力将持续深度进行。随着科技的飞速发展，一系列新技术已逐渐渗透社会生活的各个领域。教育作为社会

发展的重要组成部分，也正经历着新技术的深刻影响。因此，学本课堂教学将在多个方面不断发展。

学本课堂助力教育教学方式和手段创新化，促进个性化学习的实现。未来的学本课堂教学将更加注重与信息技术的深度融合，注重创新化的教学实践和探索，鼓励教师积极尝试新的教学方式和手段，利用现代信息技术手段（如人工智能、大数据等）分析学生的学习情况和需求，改进教学方式和手段，为个性化学习提供更好的支持，丰富学生的学习体验，力求教学更加高效、有趣和富有创新性。

学本课堂让"泛在学习"成为一种新的学习方式，学习将变得更加自然和便捷。随着互联网和移动技术的快速发展，线上和线下教学将进一步融合。线上教学能够提供更加丰富的教学资源和更加灵活的学习方式，线下教学则能够提供更加深入的互动和交流。线上线下教学的融合突破了时间和空间的限制，学生可以在任何时间、任何地点进行学习。

### （二）形成现代学习观念

学本课堂教学更加注重教师和学生的"双主体"地位。随着对学本课堂教育理念的深入理解以及教育技术的不断进步，未来的课堂教学将更加注重教师和学生的双主体地位。教师将从单纯的知识传递者转变为学习引导者和教育创新者，他们将不再是单纯地传授知识，而是激发学生的主动学习能力，引导学生独立思考和解决问题，为学生的学习提供必要的指导和支持。未来的课堂教学将更加尊重学生的主体地位，鼓励他们主动参与学习过程，发挥自己的主观能动性。学生将更多地以项目合作、探究式学习、自主学习等方式参与课堂活动。此外，随着知识和技术的更新速度不断加快，师生必须具备不断学习和适应新环境的能力。

学本课堂既兼顾民主参与，又体现追求卓越的情怀，在课程目标上体现出三大特点：（1）"可视化"，要求师生开发一定的媒介手段，形成学生自主管理和调节自身学习的思维方式；（2）路径化，强调课程目标不只是预期的学习结果，更是指引学生通达学习成功的路径，包括"现在在哪里""要去哪里""如何更好地到达"三个层面的动态交互；（3）学习化，要求课程目标不只是让学生知道"要做到什么"，更要促进学生思考"这对学习意味着什么"，从而建立学习认同感乃至自行拟定目标。

（三）统整课程要素

学本课堂将促进教学内容生活化和教学方法探究化。未来的学本课堂教学将更加注重教学内容的生活化，将知识点与现实生活相结合，让学生更好地理解和应用所学知识，培养综合运用知识解决问题的能力；更加注重探究式教学方法的运用，通过引导学生进行探究活动，激发学生的学习兴趣和主动性，培养学生的创新思维。

学本课堂注重学习内容的重新组合。重组学习内容是指教师根据学生的学习需求和特点，以及教学目标和教学过程，对教材中的知识内容进行有选择、有重点、有侧重的整合和调整，使之更适合学生的认知水平和学习方式，更有利于学生核心素养的培养和发展。对学习内容的整合，有利于将学科知识按照一定的逻辑结构和呈现方式进行整合和编排，形成具有内在联系的知识体系。重组学习内容有助于学生对知识的理解和迁移，有利于引导学生深入探究学科知识的本质和规律，帮助学生建立完整的知识框架和概念体系，促进他们对知识的系统性和整体性理解，帮助学生将所学知识应用到实际情境中，实现知识的迁移和应用。这种跨学科教学有助于拓宽学生的视野和知识面，促进他们对知识的全面理解和应用。

# 第二章
## 深度叩问：解析学本课堂的内在机理

　　课堂教学是素质教育的主渠道，也是教育改革的原点。随着教育改革的不断推进、教学理念的不断更新，课堂教学模式也在发生转变。以教师中心为特征的传统教育和以学生中心为特征的现代教育之争产生的根源则在于对教与学哪一个为中心的不同认识。以教师为中心的教学，是"教为中心"理念的具体表现，重视教师对知识的传授；以学生为中心的教学，是"学为中心"理念的具体表现，重视学生智力因素的培养。学本课堂将两种理念相整合，强调以学习为中心，将教师、学生置于同一学习场域，通过教师的教促进学生的学，通过学生的学促进教师的教，形成一个学习闭环。如此，课堂以教师为中心走向以学生为中心，再到以学习为中心，呈现出新的教学样态。

# 第一节　学本课堂的内在意蕴

## 一、学本课堂的内涵

传统教育理念主张"以教为本"，即以教师、书本知识和课堂教学为中心。这一理念以赫尔巴特的重视知识传授的教学理论为依据，主张在教学中以传授系统知识为主要目的，以课堂讲授为主要组织形式，要求树立教师的绝对权威，这是传统教学论的重要主张和主要特征。"以教为本"的课堂教学强调系统知识的摄入，重视基础知识和基本技能的获得，对于学生形成完整的知识结构，大面积、高效率地传递教学内容，提高教学质量等有非常重要的作用。但是，在以教为中心的传授式教学中，"描述想法，解决矛盾，进行所有这些意义提炼活动的是教师而不是学习者"，作为学习者的学生没有更好地参与学习中最具有教学意义的活动。因此，以教为中心的传递模式使得学生逐渐失去了批判性思维，并进一步扼杀了其想象力、创造力和适应能力。在教与学的过程中，学生只满足于被动接收。

建构主义学家皮亚杰提出了认知发展理论，其基本观点是认知发展是在个体（内因）与环境（外因）的相互作用中实现的建构过程。在此基础上形成的建构主义学习理论认为，教育应以学生为中心，强调学生对知识的主动探索、主动发现和对所学知识意义的主动建构，同时注意文化环境等因素对学生发展的影响。以"学生为中心"就是建立在建构主义学习理论之上的。

此外，"以人为本"的人本主义思想也是现代教育的主流理念。它主张把人放在第一位，以人作为教育教学的出发点，顺应人的禀赋，提升人的潜能，完整而全面地观照人的发展。新思潮的发展，逐渐带来了教学理念的转变，随着社会的发展，"以学为本"成为国内外现代教学理念的一种共同主张。联合国教科文组织在1972年发表的《学会生存：教育世界的今天和明天》中明确提出了"学习过程正趋向于代替教学过程""教学活动让位于学习活动"等主张。教育家赞可夫在《新教学论》中指出，要把教师教学的重点，从过去单纯研究如何教转向研究学习的主体——学生如何学。而我国教育家陶行知也曾言："教学的本质是学习。"伴随着教育课程的改革，我国基础教育教学的重心已转为关注学生的学，"学"是根本，"教"是为了学，"教"的变革最终要引发"学"的变革，以生为本、学为中心的教学理念应运而生。相对于"教为中心"，"以学习为中心"（以生为本）的理念有着较为明显的优势，以生为本的教学理念有利于提升学生的主体地位，使学生的学习尊严得以呵护，改善学生中存在的被动性学习、服从性学习、依附性学习等状态。

新一轮基础教育课程改革取得了一系列的历史性成就，课堂改革整体趋势的转变就是一个典型代表，即表现出"教"的课堂正在向"学"的课堂积极转型的良好态势。新课程改革全面实施以来，教育理论家和一线教师在课堂教学理念方面达成了共识，关注学生的全面发展、以学生为主体等教学主张被广泛认同。

人类进入 21 世纪后，科技革命日新月异，人工智能扑面而来，各种思想、思潮交流交融交锋，人们的学习方式、工作方式和生活方式发生了很大变化，对学习者的要求和对教育系统的要求快速演变。面对飞速发展的社会和经济形势，学校必须帮助学生做好准备，迎接未来的挑战。在我国深化教育改革和加强学校规范治理过程中，我们必须进行认真的思考。2019 年，中共中央、国务院印发了《中国教育现代化 2035》，提出要"建成服务全民终身学习的现代教育体系"；2021 年，《中华人民共和国国民经济和社会发展第十四个五年规划和 2035 年远景目标纲要》提出，要"建设高质量教育体系"，要深化教育改革，"完善终身学习体系，建设学习型社会"；党的二十大报告指出，"我国大中小学的课程教学方式仍然没有走出学科本位、灌输为主的传统的工业化时代教育方式"，我国要建设学习型社会和创新型国家，必将迎接新一轮的学习革命，而"自主学习""个性化学习""认知诊断""审辩式思维""教育增值"正是其关键词。终身教育和学习型社会建设给课堂教学改革与发展提出了新的要求。构建学习型社会，必须建立适应和促进学习型社会发展的教育体系；而建立学习型教育体系，就必须构建学习型课堂体系。只有培养出学习型教师、学习型学生、学习型家长以及学习型其他社会成员，才有可能建构起学习型社会。

"以学为中心"的课堂教学主张"以学生为本",强调学生的主体地位,但是在实施过程中,如果只考虑学生的因素,却忽略整个学习行为和学习场域中的其他因素,学生难以真正成为课堂的主人。正如安德烈·焦尔当在《学习的本质》一书中指出的,"学习是互动的结果",学生在学习上取得进展很重要的一个原因是能在学习过程中实现"个体与环境的互动"。这启示我们,顺应新一轮学习革命的要求,立足培养学生的核心素养,进而促进教育高质量发展,必须"在深化课程教学改革,转变育人方式上下功夫"。具体而言,就是必须转变课堂教学模式。学本课堂教学理念正是应对这一要求和挑战而提出的。

学本课堂教学理念倡导"以学习者学习为本"的核心理念,以"一切为了促进学习者和谐成长、全面发展"为教育目标。学本课堂教学理念是指"以学习者为中心"的课堂教学,它不仅以学生为中心,而且关注与学生学习全过程相关的所有环境要素,包括教师、学习过程其他参与者和外在资源等。也就是说,学本课堂是学习者共同合作、共同学习、共同发展、学会终身学习的课堂。

## 二、学本课堂的发展趋势

"课堂教学是学校的基本活动形式和任务载体,提高课堂教学质量是提高教育质量的关键。"随着教本课堂向学本课堂的转型,课堂教学理念也在发生变化,即由"以教师为本"理念向"以学生为本"理念演变,再由"以学生为本"理念走向"以学习者学习为本"理念。

### (一) 从"教"为中心到"学"为中心

在教育学发展的历程中,有两大理论阵营,即"以师为本"和"以生为本",将教师与学生对立了起来。"教"为中心的课堂和"学"为中心的课堂最主要的区别体现在学生与教师的地位与在学习中所扮演的角色上。从学校产生以来,教师讲、学生听一直主宰着课堂教学活动,它在一定程度上对当今的教育产生了影响。

"以教为中心"的"教本教育"侧重于教师向学生传递知识。知识的传授是课堂教学的主要任务，学生接受教师教授的知识成为学习活动的中心。"教本教育"为教授知识而教，课堂教学从知识本体论出发，把知识作为教学研究的对象，忽略了教学主体——学生。"学本教育"与"教本教育"的主张相反，提倡"授人以鱼，不如授人以渔"的教育价值观，顺应终身学习的时代发展趋势，强调教师工作的重心是"学生会学知识"。

随着基础教育课程改革的逐步深入，中小学课堂改革表现出由"教"向"学"积极转型的良好态势。学生的主体地位受到了空前未有的重视。

### （二）从"生本教育"到"学本教育"

与"生本教育"主张不同，"学本教育"主张教学以"学习"为中心，即将学生、教师以及其他参与者（家长、学校管理者等）都视为学习者。由"生本教育"到"学本教育"，是在新一轮学习革命下的"学为中心"理念的发展。也就是说，"学本教育"是在"生本教育"基础上发展的新型教育理念，既与传统的"教本教育"和"师本教育"相对应，又站在"生本教育"的基础上，发展成为最新型的教育理念。因而，建构学本课堂理论体系和操作体系，有利于实现由"教本课堂""生本课堂"向"学本课堂"转型。

梳理有关学本教育的理论研究，我们可以发现学本教育理念在理论基础和理论阐释上的逐步完善。

陈庆（2014）针对"教本教育"的理念，提出了"学本教育"这一概念，并从"以学生为本""以学习为本""以主体性学习为本""以会学为本""以自为之学为本""以学习能力为本"六个方面对"学本教育"的内涵进行了探析。他认为，"学本教育"是指"立足现代先进教育理念和素质教育宗旨，坚持以人为本的教育思想，尊重学生的生命本体，为学生会学、乐学、善学而设计，并以促进学生的幸福成长及终身和谐发展为归宿的教育理念和教学教学方法"。从本质上看，陈庆主张的"学本教育"坚持的是"以人为本"的现代教育理念和全面和谐的教育发展观。

韩立福（2014）主张的"学本教育"是指"以学习者为中心的教育"，这里的学习者包括学生、教师以及其他参与者。"学本"区别于"生本"，是指以学习者的学习为本，而不仅仅是以学生学习为本。他认为，学本教育是面向学习者人人发展、终身发展的教育，即以"促进学习者和谐成长"为目的，师生在学本课堂上建立学习共同体，进而为培养高素质的，适应未来社会发展的，具有终身学习能力、创新精神和实践能力的复合型人才、国际化人才做出应有贡献。

### （三）从"学本教育"到"学本课堂教学"

梳理近年来中学教学模式相关研究可以看出，构建学习共同体是提高学生学习兴趣的有效途径，构建学习共同体课堂或学习中心课堂已经成为我国当今课堂教学转型的基本路径，研究者的关注点也主要集中在如何建构以学生为主体的教学模式上。学本课堂教学模式正是在"学本教育"理念下形成的一种构建学习共同体的课堂教学形态。

韩立福是学本课堂理论建构方面的先行者。他在实践研究的基础上，逐渐建构了学本教育的思想理论，进一步完善了学本课堂的创建操作体系。韩立福（2015）明确了学本课堂的概念、理念、内涵和特征，即学本课堂是以学习者学习为本的课堂，倡导"以学习者学习为本"的核心理念，目的是实现"学习者和谐成长、全面发展"；在内涵上则实现了由"知识传递"向"知识建构"转型，体现了"自我建构""对话建构""活动建构"特色；在内在特征上，主要体现在要素、关系、方法、策略、组织和工具六个方面。在实践层面，他从"课堂学习精神文化""课堂学习素养文化""课堂学习管理文化""课堂有效教学文化""课堂学习评价文化""课堂学习质量文化"六个方面描述了学本教育视野下的课堂文化特征，对学本课堂理念下的教师角色和职能提出了新的定位。他认为，学本课堂是通过师生共同学习来建构知识、培养能力和丰富情感的能力建构型课堂。这种课堂指向于学习者学会终身学习，指向于人的全面发展和个性发展。学本课堂的内涵主要体现在以下三个方面：①基于师生民主平等关系为前提的"自我建构"；②基于师生真诚合作意识为基础的"对话建构"；③基于师生合作探究方法为手段的"活动建构"。

王玉斌（2018）则进一步厘清了学本课堂的基本内涵，即以"优质问题""课程整合""学习共同体""嵌入式评价"作为学本课堂的基本构架。他主张：学本即成长，要坚持以学为本，融知识构建、思维对话、能力达成与精神锻造于一体，发展学生的核心素养，提升学生的生命智慧；学本即深学，坚持以深度学习为本，以学习共同体建设为实体，注重生活重建和问题探究，以基于问题解决的深度学习，使课堂焕发活力；学本即共生，要坚持以"评学"为本，从学生的参与状态、交往状态、思维状态和核心素养达成程度进行评价。

随着学本课堂理念阐释的逐步系统化，学本课堂理念受到了学者们的广泛认同。顾明远（2014）指出，学本课堂充分体现了素质教育的主张，是"面向全体、主动发展、全面发展、个性发展"的课堂。他认为，学本课堂以学生为主体，同时重视教师的导学作用，这极大地提高了课堂教学的效率，培养了学生的学习能力，也更新了教师的观念，提升了其教育智慧和教书育人的能力。田慧生（2014）认为，学本课堂的创建适应了深度课改的需要，使学生的学习主体地位在课堂上真正落了地、扎了根，对于深化教学改革、创新人才培养模式具有重要的现实指导意义。

在学本课堂的实践探索方面，一大批学科教师基于学本课堂理念反思并重构学科课堂，彰显了学本课堂理念落地的实践意义。

陈刚（2016）基于当下语文课堂上学生"被学""跟学""盲学"的现象，提出要着力挖掘学生作为学习主体的自主价值、个性价值、审美价值和创造价值，打造"有我""有境""有思""有味"的课堂。丁亚萍、陈琛、赵虹元（2020）等人对学本课堂的价值意蕴与实践进行了构建，认为学本课堂是唤醒学生生命存在的精神家园、充盈学生智慧的知识乐土、绽放学生个性的广阔平台、实现师生共长的和谐场域。伍学明（2022）将学本课堂作为应对"双减"的途径，主张重新定义学本课堂，重建教师与学生、教材与学生、环境与学生的关系。此外，也有部分一线教育工作者紧跟学习型社会发展和创新型国家建设的步伐，在教学实践中结合学本课堂的理论指导摸索出了多种教学模式。例如，曹权（2016）认为学本课堂有两个基本抓手：一是以"先学后导—问题评价"为核心教学模式，二是以小组合作学习团队为管理模式。"先学后导—问题评价"核心教学模式是以问题为主线、以团队学习为平台、以评价为手段的问题教学模式。杨翠香（2018）基于学本课堂的教学改革，将原来以教师讲授为主的师生互动式教学转变为以小组合作学习为特点的立体互动式学习，学习小组合作学习模式使课堂更加高效与生动。

综上，在"以学习为中心"的课堂上，师生同为学习者，大家在这个课堂上建构具有个体独特学习经历的个人知识，让"每一个人的学习"真正发生。

"以学习为中心"将学习放在主体地位，从改变学生学习的视角促进课堂改革，重在学习主体的自身改变，重在教学意义的改变，重在对学习本质的再认识再定位，重在价值层面的改革，重在与之匹配的高认知行为水平。"以学习为中心"的课堂旨在解决"学会"与"会学"的问题，主张学习者对学习价值、学习意义的发现，利用学习内在魅力使学习者产生乐趣、志趣，从本源上解决学习持续动力问题。

在"以学习为中心"的课堂上，师生是互为学习者的关系，是学习生长共同体。学本课堂重在让学习深度、持续发生，强调学习共同体互相学，让"大小同学"真正成为"同学"。学本课堂是学习型课堂，是学习者学习共同体课堂，是针对"教本课堂"弊端提出来的。在这样的学习型课堂上，教师和学生都是平等、民主的主体，都是学习的"主人"，是相互帮助、相互合作、相互促进的和谐学习者。在这种民主、和谐的课堂氛围中，学生的自信心得以增强，责任感得以强化，学习主人翁意识得以固化，为将来成为负责任、敢担当的国家栋梁奠定了良好的基础。在学本课堂上，师生通过共同学习来掌握知识、培养能力和丰富情感，进而实现能力的建构。可以说，学本课堂的探索代表了新时期课堂教学改革的方向。

学本课堂坚持"以学习者学习为本"的核心理念，追求"一切为了促进学习者和谐成长、全面发展"的学本教育目标，倡导"以学习者学习为中心，以学生发展为根本"的价值取向，坚持"以学论教、先学后教、多学少教、因学活教"的改革方向，建构了"先学后导、互助展评"的基本模式，呈现出"当堂自学、同伴助学、活动展学、互动评学、教师导学"的课堂形态。这一课堂教学模式打破了"教师讲、学生听"的单向传输教学模式，取而代之的是师生互动、生生互动的多向传输。这种课堂指向学习者终身学习，指向人的全面发展和个性发展。这种课堂培养出来的学习者是富有生活热情、有发展愿景、有自主创业胆识和创新能力的人。

### 三、学本课堂的价值重构

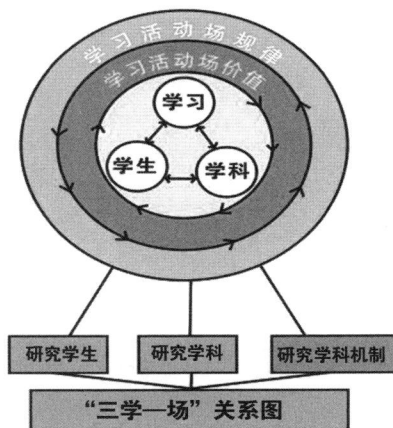

**"三学一场"关系图**

（图中文字：学习活动场规律 / 学习活动场价值 / 学习 / 学生 / 学科 / 研究学生 / 研究学科 / 研究学科机制）

在课堂教学过程要素中，教师、学生、教育系统是三个基本的要素。教学过程就是多个要素之间相互作用的结构关系。学本课堂教学对学习全过程进行了价值重构，提出了"三学一场"（如上图）的体系，即"学生本体、学习本位、学科本色和学习场"，将课堂转变为学生基于学、展示学、交流学、深化学的学习场所，彰显了"学为中心，成长为本"的理念。

（一）学生本体：构建兴趣盎然、民主平等、快乐发现的学科课堂

学本课堂是以学习者为本体的课堂，学生应该是课堂的主人。学生们都喜欢兴趣盎然、民主平等、快乐发现的课堂，因为这样的课堂能使自己更积极主动地参与进去。

首先，兴趣是最好的老师。当学生喜欢某学科时，他们才愿意积极参与。教师应设计丰富、有趣的学习情境，引起学生兴趣，使其快速进入课堂教学中；要用合作探究、表演展示等学生喜欢的形式组织学生学习，保持良好的学习状态；要引导学生在实践中积累知识，提升能力，保持学习的兴奋状态。其次，学本课堂要求师生协同合作，要求围绕问题开展自主性的探究活动。如果没有民主平等的学习氛围，学生就没有机会也不敢提出问题，更没有解决问题的可能。课堂向着教师预设的航道前进，貌似"风平浪静"，却错失了师生深入探讨的精彩。

（二）学习市位：构建先学后教、以学定教的课堂

学本课堂是以学生的学习为本位的教学环境。为什么学？学什么？怎样学？学得怎样？我们应围绕这些核心问题，逐步构建先学后教、以学定教、顺学而教的课堂。

先学后教指在教学中我们以预习为先，把课堂变成预习展示课和解决预习中出现困难的讨论课、研究课。在学本课堂上，老师先让学生追溯预习过程，了解预习状况，接着让学生交流预习时发现的问题，进行小组合作探究，尝试共同解决问题，最后进行交流展示。这样，从学生的实际情况出发，让学生在自学、合学、展学的过程中学习，效果较好。先学后教，既完成了对预习情况的检查，又充分调动了学生的积极性，让他们尽可能地参与课堂，深入学习。

以学定教指在课堂教学中，当老师的预设和学生的学习模式不匹配时，要以学生的学习状况确立教学方式，要根据课堂变化及时调整教学步骤，提高教学实效。教师的"教"应始终为学生的"学"服务，这是教师顺学而教、调整教学行为的不二法则。

（三）学科市色：构建关注知识、提升能力和实践运用的学科课堂

每个学科都存在能反映学科本质的核心内容和本学科独特的学科思想，这些内容和思想往往蕴藏在基础知识中，需要教师去挖掘和提炼，并在具体的教学中引导学生认识和掌握。在进行教学设计时，教师应精心设计能反映学科本质的问题，引导学生透过知识的表面深入学科本质，并以学科思想为准则，促进课堂教学目标的实现。

（四）学习场：学市课堂是由师生、学科知识、学习环境共同构建而成的

学习场是教学要素及其之间关系的总和，包含教学环境、教学方式、师生相互关系等众多因素。存在于这个整体之中的所有人（包括教师）、事物与事件，都作为学习共同体的一分子而存在。学习场无论对于教师还是学生，都是耳濡目染的场所，它是学习的背景、学习的脉络。师生各自从中获得信息，解读信息，而其结果又在改变教学脉络。在师生的"教学相长"之下，学习场的质也在发生变革。学习场拥有动态的能源，这种能源有助于每一名

学生、每一名教师超越具体要素的局限，生成新的认知。

# 第二节　学本课堂的基本特征

## 一、环境：学习场

《学习的本质》一书中指出："学习者所处的环境同样重要，但它以协同的方式发挥作用。"当学习者的心智活动和他所处的环境之间建立起密切的互动联系时，他的知识水平就会有所提高。也就是说，将学习各要素融入环境，是学生产生主动学习意愿并建构知识意义的基本路径。学本课堂理论认为，学习活动各要素应加入整个学习环境中，即形成学习者、学科知识、学习环境共同构建而成的学习场。可以说，学本课堂是以学生为学习主体，以学科知识为学习客体，由主体进行知识建构、学习关系建构和自我建构的学习活动场。

### （一）学习场的特征

1. 内在统整性

学习场是具有内在统整性的整体。学习场是教学要素及其相互关系的总和，学习活动中的每一要素、每一事件、要素间的相互作用和关系都是学习场的重要组成部分。学本课堂学习场内存在诸多要素、事件、活动，如：教师、学生、教学内容和方法媒介、教学环境、教师组织的教学活动、学生进行的学习活动、师生及生生间的交往活动、课堂的学习氛围、心理及情感交流、组织管理、课堂文化、教学目的及理念等。作为学习场中的因子，这些要素相互联系，共同发挥作用，影响场效。少了其中任何一个要素，都不能构成完整的学习场。

2. 动态能量场

学习场是拥有能量、动量和质量的动态能量场。存在于课堂学习场内的任何因素都是有能量的，它们对场的作用及场作用于它们的力形成能量。学习场的动量是学习场内能量的流动，如外延、内聚、转化等，表现为场内要素、因子间的相互作用和影响，对整个课堂教学起推进作用。学习场不是固定的、静止的，而是流动的，动态的，因而充满生机和活力。教师的讲解、提问、评价，学生的倾听、回答、质疑，教材的使用、开发，学习方式的转变、创新等，这些都使学习场不断产生无限的可能和意义。在学本课堂教学中，学习场中的各要素相互联系、相互作用，在动量上表现为师生思维的流动、心理和情绪的流动。

学习场的质量受场内各要素的影响。学习场内各要素的相互作用、相互影响，能实现能量发挥、外延、内聚、转化的效果。具体而言，学习场的质量表现为课堂的参与度、课堂的教学效果等。在具有"学习化生命"的能量场中，所有的课堂学习事件交织在一起，场域中的每一个体在强有力的共振中完成知识建构、情感升华、价值重构、行为调整等。

## （二）学习场的构成要素

学习场包含教学环境、教学方式、师生相互关系等众多因素。其中，教师、学生和媒介、环境四者通过相互作用形成有机的内部学习场，共同推动学习的发生。

教师是学习场中教的主体。在学习场中，教师主导发出信息，通过各种教学手段，在课堂环境中引起学生的反应，同时调控整个课堂的组织形式，进行沟通交流等，以形成教与学的生长合力。

学生是学习场中学习的主体。学习场应依课而建，依生而定。学生的参与和活动往往决定着学习场的质量。作为发展的个体，学生身上具有丰富的潜能和广阔的发展空间。构建良好的学习场，有利于发现学生身上的亮点，培育和扶植他们身上的生长点，为学习场注入新鲜的活力，使课堂教学碰撞、生成无限精彩的火花。

学习场的形成及优化离不开一定的媒介、环境。

媒介是教师和学生这两个主体之间传递知识、理念和价值观的载体。知识、技能和情感等的传递和交换需要凭借一定的教学媒介，如教材、教学手段、课堂教学制度、学习工具等，它们负载着信息，把教师和学生紧密联系在一起，使课堂教学得以有效展开。学习场的媒介范围广泛，包括：教材教辅及课外学习资源，如网络资源、大众文化资源等；教学的方法、手段，如教学用具、仪器、多媒体设施等；课堂规则、制度；师生的交往情状，如师生互动、评价反馈、情感态度的交融；等等。

课堂学习是在一定的时空、环境中进行的，环境影响着学习场的生成、发展和整体态势。学习场的环境要素分为显性要素和隐性要素。显性要素包括一定的学习空间场所、学习场所中一定的教学设施及布局、学习的时间等。隐性要素包括师生间、同学间的人际关系，班风，课堂文化，课堂心理、情感的氛围等。这些环境要素作为教学及学习活动的载体和工具，将教师和学生密切联系在一起，是整个学习场的桥梁。

学习场的诸要素是紧密联系的，彼此间相互作用和影响。教师和学生与各个要素及因子都密切相关，二者或通过教学媒介密切相联系，或直接有交互作用；环境（有形的和无形的）对教师、学生和媒介会产生有利或不利的影响，同时，教师、学生、媒介也会反作用于环境。这几者是交织在一起的，是一个有机统一的整体。四个要素的关系如下图所示：

学本课堂学习场建构模型图

（三）学习场的类型

真实情境场。创设直观自然的真实生活情境，能唤醒学生的生活记忆，促进学生更好地感悟和思考；创设真实的学习任务情境，有利于通过真实的学习问题引导学生自主探究，解决实际问题；创设开放的互动情境，有利于学生真正地融入情境，激发主动思考和积极体验的兴趣，进而学会在参与中自主观察，自我表达。

互动场。在良好的互动性学习场中，教师充分理解学生、信任学生、尊重学生、鼓励学生，学生能主动通过活动解决问题获得积极的学习体验，从而实现生生互动、师生互动、师生与其他场域要素交际互动，在互动合作中表达、交流、解决真实问题。同时，在互动场中可开展评价活动，促进学生对学习方式等的反思、改进。

思维场。在互动的场景中，以真实问题进行主动探究、激活学生的多重思维，有利于学生主动发现自己思维的不足，汲取别人的思维长处，通过自主合作探究，培养反思习惯，形成反省思维能力、分析判断能力等。

共生场。学习场可从课堂延伸到课堂之外，即使离开教室，师生仍然共存于一个探究的环境中，这极大地扩大了学习场域、延伸了学习的边界、丰富了学习内容和资源，能有效促进学生学习的主动性，培养学生终身学习的意识和能力。

## 二、要素：问题导学

学生、教师、课程、情境和问题（任务、主题）是学本课堂的五个基本要素。学本课堂将问题作为要素嵌入课堂，突出了问题的要素地位，体现了知识问题化、目标问题化的理念。以问题为主线的学习，给师生提供了开展自主合作探究学习的抓手。所谓问题导学，是指在问题引领下师生共同开展自主合作探究学习，在单位时间内解决问题、完成学习任务、实现学习目标。

问题一般分为两类，一类是学生在真实学习情境中产生的问题，一类是教师通过创设真实情境提出的问题。

在预习过程中，学生遇到困难和疑点，在课堂学习中初步解决困惑，并提出新的更深层次的问题。教师则在预习分享阶段梳理学生问题，并在此基础上补充部分问题以保证学生初步探究活动的有效性。问题导学作为要素进入学本课堂后，学生是学习的第一参与者，要不断主动提出问题，然后通过对相关知识、经验和方法的运用，解决自己和同伴提出的问题，完成能力的迁移。而教师作为学习的重要参与主体，是学习过程中的"大同学"，在全班共同探究的过程中，积极发现解决问题过程中的"问题"所在，进行点拨、示范，提升学习效率。教师要在课堂学习中根据学生需要提出启发性问题，推进学生开展深度探究与思考活动；在课堂教学活动结束时提出总结性问题和拓展性问题，激发学生继续探索的兴趣和好奇心。

在不断发展变化的课堂教学活动中，教师和学生都是作为学习者的身份出现，都要具备主体意识，主动思考、主动迁移经验与方法，达到解决问题的目的。在主动发现问题、提出问题、解决问题的过程中，教师和学生的思维能力、实践能力等皆可得到质性提升，即为智慧共生、生命共长。

在具体操作上，可使用问题学习工具单。不同课型可采用不同的工具单，如"问题发现评价单""问题生成评价单""问题解决评价单""问题训练评价单""问题拓展评价单"等学习工具。问题导学工具单不是固定的，它随着不同课型需要，表现出灵活性、创新性和开放性。

### 三、过程：知识的建构

建构主义学习理论认为，高效的学习不是由教师向学生传递知识，而是学生主动建构知识，学习者不应是被动的信息吸收者，而应当亲自积极地建构信息的意义，真正完成知识建构。学本课堂是知识建构型课堂，即教师、学生及其他参与者进入共同的"学习场"，通过自己的思考、探索和实践，主动构建知识体系，与其他学习者共同学习知识、发展思维和能力、丰富情感。

学本课堂教学过程中，有三种形式可促成知识的建构。

#### （一）自我建构知识

在学本课堂上，学生不是被动地接受知识，而是通过主动学习来建构知识。这种学习方式有助于培养学生的自主学习能力和创新精神，提高学生的学习兴趣和动力，促进学生的全面发展。

在学本课堂上，学习者始终以问题导学为主线，共同围绕问题开展自主性、探究性的学习活动，在原有认识、经验基础上形成新的认识和经验，并通过积极思考、实践、探索、联想和评价实现知识的"迁移"和"同化"。

在这种具有自主性、主动性的知识建构活动中，学习者逐步掌握自主学习方法，不断培养"我能学、我会学、我爱学"的自信心，持续实现自我建构知识的基本目标和基本任务。

## （二）对话建构知识

学本课堂倡导团队学习、合作学习、对话学习，强调学习者（师生）通过合作对话来建构知识。学习者基于课前的自主建构知识，围绕发现和生成的问题，与其他学习者开展合作探究、对话建构活动。学习者通过内部对话活动和与环境的外部对话，交换信息、提升认识、交流见解、融合思想、解决问题、明晰是非，达到更高层次上的意义和知识建构，实现收获分享、规范评价、反思提升等学习目的。

在对话建构过程中，教师的作用主要体现在智慧导学上，而不是系统地讲授和传导，教师的主要任务是触发、交流、分享、促进，要根据学习者学习需要，选择恰当时机进行智慧介入，通过阐发见解、认识、智慧和经验给学生提供帮助。

## （三）活动建构知识

学本课堂倡导师生合作探究，强调学习者（师生）通过探究活动来建构知识。在学习过程中，学习者根据不同学习任务和要求开展探究性实践活动，如动手操作、实验探究等，使理论假设、问题假设得以验证，并通过探究活动发现问题、生成问题，继而对发现、生成的问题进行新一轮的合作探究，使问题得到解决。学习者通过探究性实践活动丰富自己的技能型经验、提升技能型能力，进而形成技能型知识。作为"大同学"的教师在活动建构过程中应明确学习目标，提出实践活动要求，根据学生的学习需要适当提供帮助和指导。整个活动建构过程由学习者以团队形式来实现。

## 四、关系：学习共同体

学本课堂是学习共同体课堂。组成共同体的学习者包括学生、教师和其他教学活动参与者。

## （一）学生的主体性

学本课堂以学习者为中心，但是学习的主体仍然是学生。在学本课堂上，学生不再是被动接受知识的角色，而是学习的主体，是主动的学习者，是能动的创造者。在学本课堂教学中，学生有主动求知的学习态度，能通过自我驱动、自主探索参与学习的全过程，通过合作探究、自我反思进行积极的思考、讨论、实践，充分发挥自己的主观能动性，积极理解和建构知识。

在学本课堂教学中，学生的主体性体现在：学生拥有学习的权利和地位，有学习的自由和空间，有学习的兴趣、爱好和愿望；学生的尊严得到真正维护，学生的人格得到真正尊重，学生的地位得到真正保障。于是，学生能逐渐地成长为喜欢学习、会自主学习、善合作学习、有学习智慧、有学习权利和自由的人。

（二）教师和学生共同参与

学本课堂以学习者的学习为中心，从根本上改变了传统的师生关系。为实现师生"双赢"的目的，学本课堂建立的是"合学型"师生关系，强调在教师和学生共同参与的学习过程中，彼此尊重、相互信赖、相互帮助、相互支持，在真正意义上建立民主、平等、人文、自由、开放的师生合作学习关系。

在学本课堂教学中，民主平等的师生关系是前提。师生地位是平等的，师生可以确认共同的话题，积极探寻更多的具体问题，相互启发，加强协作，共商共量，老师在师生关系中不是权威，而是学习活动的积极组织者和快乐的参与者。

师生真诚的合作意识是学本课堂教学的基础。在角色上，教师不再是单纯的知识传授者，而是和学生一起学习的伙伴，师生共同探究问题、解决问题。这种真诚的师生互动、平等参与的方式有助于激发学生的学习兴趣和动力。

（三）学习共同体全面参与

学习共同体是一个环境。在课堂学习场中，处于学习共同体的个体拥有共同的目标、平等的关系，并且相互关心。师生主要以合作的方式共同学习，分享各种学习资源，进行对话、沟通和交流，分享彼此的情感、体验和观念，共同完成一定的学习任务。在此过程中，师生相互影响、相互促进，形成了密切的人际联系，并对这个团体具有很强的认同感和归属感。

在学本课堂理念下，学习共同体不仅包括学生和教师，还包括其他的学习活动参与者，如学校的行政团队、家长、社区人员等。这些参与者都可以为学生的学习提供支持和帮助，共同促进学生的成长。为了保障学本课堂教学的顺利实施，实现学习者的全面参与，可建构以下多种学习共同体：

1. 学生学习共同体，即班级合作学习小组。利用学生学习共同体，进行小组合作学习和成效考评，激励小组成员团结互助，抱团学习，共同进步。

2. 教师学习共同体，包括学科教师团队、学科综合团队、行政工作团队。

3. 师生学习共同体，包括班主任、学科教师、班主任助理、学科助理等。

4. 家校学习共同体，如开展"家长进课堂"活动，为学本课堂教学顺利实施保驾护航。

## 五、方式：多元

### （一）探究性学习

学本课堂鼓励学生进行探究性学习，通过观察、实验、推理等方式，发现新的问题，提出新的观点和结论。这种探究性学习有助于培养学生的创新思维和解决问题的能力。探究性学习分为自主探究学习和合作探究学习。

自主探究学习强调学生的自主学习，鼓励学生自己制订学习计划、选择学习内容和学习方法。这种自主学习有助于培养学生的自我管理和自我学习能力。

合作探究学习是学本课堂的主要学习方式。在合作探究的过程中学生要学会合作的智慧，即要具有灵活分工、换位思考、鼓励与欣赏、信任与互助等解决问题的智慧。

### （二）小组合作学习

学本课堂提倡小组合作学习，鼓励学生之间相互交流、合作，共同解决问题。这种小组合作学习，要求学生以小组为单位共同完成学习任务，进行解决问题的成果展示。

为实现人人成功的学习目标，在学本课堂教学中，应引入合作学习、团队成长的理念，建立小组合作团队学习机制，创建学生学习共同体。开展小组合作学习，建立学科学习团队（科任教师、学术助理和学科组长组成）、行政工作团队（班主任、主任助理、小组长组成），分别落实"会不会""学不学""怎么学"等关键问题，形成"个体学习愿景化、同伴学习合作化、小组学习承包化"的高效学习机制。

（三）实践性学习

学本课堂注重实践性学习，课堂教学通常围绕实际问题展开，鼓励学生自主探索和尝试解决问题的方法，有助于学生在解决问题的过程中发展批判性思维、分析能力和创造力，提高解决问题的能力；鼓励学生将所学知识应用到实际生活中，使学生在实践中深化对理论知识的理解，并学会在实践中运用理论知识，增强理论联系实际的能力，增强自我学习和终身学习的意识。

（四）展示对话法

展示对话法是一种综合性较强的学习方式，其目的是挖掘学生的学习潜能，激发学生的学习热情，实现智慧导学。它鼓励学生积极参与，培养批判性思维和合作学习能力。在合作探究的小组学习中，学生应该在小组内进行讨论和合作。每个小组在完成学习任务后，应该采取多种形式，如演讲、报告、表演等向全班展示他们的成果。教师和其他学生对每个小组的展示进行评价，提供反馈。

## 六、资源：丰富灵活

丰富的学习资源不仅为学生提供了广泛的学习机会，也为教师提供了多样化的教学手段。丰富的学科课程资源、个性化资源以及多样化的教学方式，共同塑造了学本课堂的媒介学习场。

首先，丰富的学科课程资源为学科教学提供了广阔的天地。课程资源是学习场的重要媒介，教师和学生利用课程资源能实现学习场的融合与连接。课程资源以各种形式存在，如在线课程、教学视频、互动教程、模拟实验等。学生可以根据自己的需求和兴趣选择合适的课程资源，从而更好地理解和掌握知识。同时，教师可积极收集指向各学科理论体系的教学资源，指向科技前沿的教学资源，指向实验设计的教学资源，指向学科发展史的教学资源，与生产、生活应用相关的教学资源等，并利用这些资源改进教学效果。

其次，个性化资源为学生提供了更多的选择，能帮助学生根据自己的喜好和学习风格来选择最适合自己的学习方式。每个学生都有自己的学习方式和节奏，个性资源可以满足学生的个性化需求。近年来，从国家层面到省、市、区层面，都打造了一系列精品课程体系，全学段、全学科每一节课程节点都有优秀教师录制的课堂实录和微课资源。这些资源内容丰富、制作质量高，为学生自主学习提供了便利。

此外，多样化的教学方式也是课程资源丰富的重要体现。现代教学方式已经不再局限于传统的课堂教学，而是包括在线学习、混合学习、项目式学习等多种方式。这些教学方式各有特点，教师可以根据不同的学科和教学目标选择合适的方式。例如，项目式学习可以让学生通过实际操作来加深对知识的理解，混合学习则可以将线上和线下的学习结合起来，让学生更好地掌握知识。

# 第三节　学本课堂的理念体系

## 一、"学为中心，成长为本"的教学理念

"以学习者为中心"是 2000 年以来我国及世界众多国家和地区教学改革所追求的理念之一。大家普遍认为，教与学中所有的一切都是关于学生从新手到熟手再到能手的发展过程，教师从教学的控制者变为学生学习与发展的促进者。学本课堂所主张的"学为中心，成长为本"理念正是对"以学习者为中心"的回应。

"学为中心，成长为本"是学本课堂教学理念的核心价值取向。所谓"学为中心"是指以学习者的学习为中心，教与学过程中的所有要素均围绕学习者的学习展开，为学习者的学习与发展服务。"学为中心"强调教师的教不仅是传授知识，更重要的是对学生思维能力、创新精神和实践能力的培养。为

了实现这一目标，教师应当关注学生的学习方式、学习态度和学习动力，通过激发学生的学习兴趣和主动性，促进他们自主学习和终身学习。所谓"成长为本"，主要是指以学生发展为根本，强调在教育过程中注重个性化教育和全面发展。教师应关注分析每个学生的个体差异和需求，一方面，通过多样化的课程设置和教学方法，促进学生知识、能力、情感、价值观等方面的全面发展，培养他们的综合素质和能力；另一方面，为学生提供针对性的指导和支持，促进他们的个性化发展。

### （一）何为学习：学市课堂的市质

所谓"学为中心"，即以学习者学习为中心，强调作为学习者的学生是课堂的主体。学本课堂理念强调学习者的学习活动，那么学习的本质到底是什么呢？

1. 学习是学习主体进行知识的自我建构、对话建构和活动建构的过程

"学为中心，成长为本。"究其本质来看，学生是学习的主体，学科知识是学习的客体，学生在学习活动场内主动进行知识的自我建构、对话建构和活动建构。

现代教育兴起以来，很多学者从哲学、教育学、心理学、脑科学、计算机科学、语言学、人工智能等不同角度研究了"学习"这一概念。在教育学领域，心理学流派纷纷提出关于学习的主张，具有代表性的观点包括：行为主义学习论认为，学习是指"刺激—反应之间的联结的加强"，强调外界环境的作用；认知学习理论认为，学习是指"认知结构的改变"，强调学习者内部心理结构的性质和变化；人本主义学习理论认为，学习是指"自我概念的变化"，强调学习者的自我发现和自我实现。这些理论虽然看法不同，但都在试图回答如何改善学习的效率和深度的问题，究其实质还是在回答学习者"如何学"的问题。

安德烈·焦尔当在《学习的本质》一书中理性地审视了行为主义、建构主义等理论，从思维品质发展、大脑的生理特点以及社会文化情境这三者的交叉点来研究学习，提出了复杂学习的运行机制。他认为，学习是复杂概念的建构与解构相统一的过程，具体来说表现在三个方面：首先，学习是一个对先有概念的解构过程；其次，学习是一种意义炼制活动；最后，在学习过

程中，学习者可以依靠各类思维模型帮助自己组织知识。一般而言，学习是有机体适应环境的手段，即个体为了生存和适应环境，"不断地改变自己的行为"，以"经验积累引起的行为倾向变化"的过程。学本课堂强调学习个体的自主学习、主动发展和合作发展，这正是学习主体为了适应学习场域的特点和要求，而不断改变自己的行为，即进行知识的自我建构、对话建构和活动建构的过程。

2. 学习是学习主体进行主动探究的、互动参与的创造性活动

从学习科学的角度来看，人的学习大致有三种模式：一是获取模式，即人的学习过程就是人自己或者他人向人的心智容器里装进更多的知识，对于学生而言就是等着"获取"知识，对于教师而言就是"传递"知识；二是参与模式，即知识在人的社会文化活动情境中伴随着人的多重互动而产生，因而教学的关键在于给学生营造一个集体活动的情景；三是创造模式，即人在好奇心的驱使下会进行创造性活动，进而生成知识，教学的关键在于给学生创设一个适合探究的环境。学本课堂是学习共同体课堂，强调学习共同体的全面参与，因而学本课堂具有"学习参与模式"的互动性和参与性。同时，学本课堂理念主张，作为主体的学生在学习过程中是主动的学习者和能动的创造者，因而学本课堂具有"学习创造模式"的探究性和创造性。

3. 学习动机是学习中不可或缺的重要元素

学习动机作为学习的动力源泉，是学习过程的重要组成部分，影响着学习质量和效果。学习动机强的学习者能够自觉学习，更愿意将所学知识技能应用到学习情境中。反之，学习动机弱的学习者更容易遗忘之前的学习结果，并倾向于躲避相应的情境，墨守成规，不易改变。此外，学习内容和学习动机之间存在密切的相互作用，也就是说，学习者学习的内容与面对的挑战要与其兴趣和资质一致，保持相互平衡。任务挑战既不能太小，太小不能对学习者产生重要意义；也不能太大，太大会使学习者感到不可接受进而选择逃避。

(二) 为何学习：学本课堂的意义

学习是个体的，指向实现生命个体的整体性发展，我们也终将成为更加立体的、完整的、独一无二的学习者；学习也是社会的，驱动知识创造和社

会变革，重塑世界的未来。在"为何学习"这一问题上，学本课堂主张"成长为本"的理念。"学为中心，成长为本"的学本课堂学习观，不同于"工具性、功利性、程序化、单向度"的应试学习观，它突破了知识训练的藩篱，能让深度教学和深度学习真实地发生，体现了当前深化课程改革的本质诉求。

从学习者个体来看，学习是人的成长方式之一，是学生在成长过程中进行的有目的的现实活动。尽管知识学习是学生学习的重要方面，但真正的学习是追求知识对于学生的成长意义及其价值实现的过程，从这个意义来讲，学习即发展，学生的变化过程和变化状态体现了学习的层次和深度。学习是通过认知活动、情感活动、意志活动等心理过程，理解外部世界的本质及其规律，并建立自我与外部世界关系的过程。在这一过程中，通过知识理解、社会认知、文化反思、环境参与等活动，学习者获得自我内在精神的发育和发展而实现学习的成长意义，实现学习导向发展的两个根本宗旨——学习者的个性化和社会化。学本课堂面向全体学生，让学生人人会学习、人人会思考，逐步缩小学习者之间的差异，促进全面发展基础上的个性发展。

从社会层面来看，学本课堂体现了终身学习的理念。学习型社会是一个全民学习和终身学习的社会，它以个体的学习来追求个体的发展，以终身的学习来追求终身的发展，以灵活的学习来追求多样的发展，以自主的学习来追求内在的发展。所以，就其本质来看，学习型社会是一个"以学习求发展"的社会。学本课堂基于个体学习能力培养具备学习力、发展力和创新力的学习者，充分体现了终身学习理念在教育实践中的应用。在学本课堂中，学生和教师能够学会自主性学习、合作性学习、对话性学习、探究性学习、反思性学习等，实现意义建构，解决真实问题。学习者只有学会学习，才能对学习产生兴趣。有了兴趣，便有了热情。有了学习情感，便能够形成习惯。有了习惯，便逐步形成能力，形成具有个性化的学习特色，提高学习力和发展力。

（三）学习什么：学市课堂的内容

在现代信息社会，为迎接新的机会和新的挑战，课堂教学必须转向，这种转向应该基于传统知识和现代知识的有意义的融合，以及这种融合与学习技能、性格品质、自我导向学习的相互渗透和引领。学本课堂关注这些普遍积极的转向、融合，立足培养所有学习者的个人素养、专业水准和智慧。

《四个维度的教育》一书中提出了 21 世纪的教育目标包括四个维度：知识、技能、性格品质和元认知学习策略。在课堂教学中，这四个维度是相互交织的，有效学习是对这四个维度的综合，这四个维度也构成了学本课堂的宏观学习内容。

知识是指"我们所知道和理解的内容"，包括传统知识、现代知识、专题知识和跨学科知识。传统的课堂教学倾向于积累知识数量，而不是强调理解的深度和运用知识的素养。随着信息时代的到来，新知识的产生数量和处理这些知识的便捷程度都发生了实质性的变化，世界的关联性和复杂性日益加剧，合作性也日益增强，这就要求我们采用"跨学科的方法处理问题、难题、事件和挑战"。"与跨学科学习相关的批判性思维技能，是对更复杂概念的认识、学习和探究"，要求学生具有"更强的动机和更大的投入"。

技能是指应用"我们所知道和理解的内容"，包括创造性思维、批判性思维、交流和合作能力。学习者不仅要对听、读等进行练习，还要通过探究、辩论和包容差异化观点，锻炼更高级的思维技能，为在新的、真实世界情境的，或者信息丰富环境中的运用做好准备。

性格品质是指"言行举止和为人处世的方式"，包括心智觉知、好奇、勇气、道德标准和领导力。性格品质教育是关于获得和强化美德（性格）与价值观（信念和理想）的教育，它培养学生为美好生活和繁荣社会做出明智选择的能力。

元认知是指对认知的"反思和适应"。发展元认知，可促进知识、技能和性格品质在其领域外的非直接学习情境中的应用。

（四）如何学习：学本课堂的实施

学本课堂教学具有五大基本原理：动机激发、认知冲突、自主建构、自我监控、应用迁移。即在教学过程中，创设良好的教学情境，设置恰当的问题情境，激发学生的内在学习动机，调动学生的学习积极性，使其产生强烈的求知欲，保持积极的学习情感与态度。

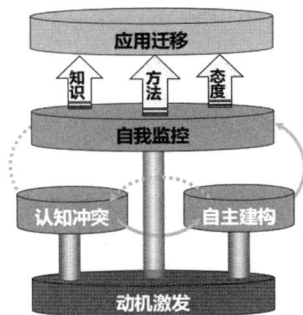

学本课堂教学包括"五个一"，分别是：构建一个组织——合作学习小组；明确一个任务——从学会到会学；编写一个学习路线图——编写导学案；设计一个流程——"疑—学—导—评—悟"；给予一种方法——教学相长（互学、助教）。它主要通过目标设计、情境设计、问题导学、活动设计、评价设计几个步骤实行。

学本课堂教学"五个一"：

➢ 构建一个组织：合作学习小组

➢ 明确一个任务：从学会到会学

➢ 编写一个学习路线图：编写导学案

➢ 设计一个流程：疑—学—导—评—悟

➢ 给予一种方法：教学相长（互学、助教）

1. 目标设计：聚焦核心素养，坚持学为中心，操作检测可行

学科核心素养是学科育人价值的集中体现，是指学生通过学科学习而逐步形成的正确的价值观念、必备的良好品格和关键能力。学科核心素养与学科课程目标、内容密切相关，对于理解学科内容的本质，设计学科教学方案，以及开展学科评价等有着重要的意义和价值。

设计学习目标，有以下几点依据：

第一，认真学习学科课程标准精神。课程标准是一切教学行为的指南，教育者必须认真学习课程标准，正确理解课程标准的内涵，明白每个学段的学生要掌握哪些内容。

第二，严格遵循在学科核心素养背景下设定目标进行教学的原则。

第三，正确处理本学科知识和不同学科知识间的矛盾，一定要关注本学科的本质属性。

第四，认真解读教材，通晓学科教材体系，理解各学段的教材内容，明确教材内容甚至具体篇目在整套教材中的地位。

第五，分析学生的学习情况。学生是教学目标的真正落实者，教育者应及时分析学生的实际情况，判断学生已经达到什么水平，还将达到什么目标。在此基础上设定的教学目标才能做到有的放矢。

2. 情境设计：关联学习内容，激发求知欲望，启发问题思考

教学情境是教学的突破口，有效的教学情境设计能够将学习内容与学生学习经验和生活经验联系起来，激发学生的求知欲望，启发学生对问题进行深入思考，逐步达到认知活动与情感活动的有机渗透与融合，从而保证教学活动的有效性和预见性。

首先，情境设计能够将学习内容与学生的实际生活经验相联系，使学生能够更好地理解和掌握知识。通过模拟实际场景或情境，学生能够更好地理解知识的实际应用和意义，从而增强学习动力和兴趣。

其次，优质的教学情境可以促使学生产生认知冲突，启发学生发现问题，调动其思维积极性。通过创设与学习内容相关的情境，学生能够产生丰富的认知和好奇心，从而激发他们的求知欲望和探索精神。知识所表征的实际事物或者实际事物的相关背景，可以帮助学生厘清认识过程中的形象与抽象、实际与理论、感性与理性以及旧知与新知之间的关系，使抽象的知识具体化、形象化，有助于学生感性认识的形成，并促进其理性认识的发展。

最后，情境设计能够启发学生对问题进行深入思考。在教学情境中，学生的已有认知被唤醒和激活，并会产生新的思考，产生强烈的学习意向，进而改变被动学习的状态，形成一种主动探究的新样态。恰当的情境设计有助于培养学生的问题意识和批判性思维，提高他们的思维能力和解决问题能力。

在学本课堂教学中，教师可以发掘生活情境，激发学生学习兴趣；创设问题情境，调动学生积极思维；运用语言情境，拓展学生想象空间；借助媒体情境，调动学生情感共鸣；体验角色情境，激活学生参与意识。教师应通过情境创设为学生的学习提供认知起点，让学生真正成为学习的主人。

3. 问题导学：指向核心概念，遵循认知逻辑，难易分层设置

问题导学是一种以学生的"成长为本"为理念的课堂教学策略，它以问

题为主线，以解决问题为基石，使学生在解决问题的过程中掌握知识，形成自主学习能力。这种策略在课堂教学中能充分突出学生的主体地位，发挥教师的主导作用，通过学生的自主学习、合作探究、展示提升、达标检测四个基本环节有效达成学习目标。

导学案是问题导学的重要载体。它是教师依据学生已有知识及认知水平，为指导学生进行主动知识建构而设计的学习方案。它需要教师将教材中的重难点知识转化为不同的探究问题，要求在难度、内容和形式上分层，以适应不同的学生。导学案打通了教与学的关联，在具体作用上表现为导读、导思和导练。

导读是学生通过阅读教材，对基本知识进行梳理和识记的过程。在导学案的引导下，学生通过自主学习，完成相关部分的学习任务。一般做法是，在课前发放导学案，学生根据导读提示，自己研读教材内容，将疑问或不理解的地方做好标记，准备提交小组讨论解决。小组内部可以就自学的问题相互交流、相互研讨。小组内解决不了的问题，提交全班解决。

导思是从问题引导入手，让学生深入思考理解知识的过程。在导学案中，问题设计是核心内容，将教材中的重难点知识转化为不同的探究问题，以适应不同学生来研读，激发学生主动思考。

导练是课堂上完成典型题例的过程，是在导学案的引导下学生展示交流学习成果的过程。在这个过程中，小组展示学习成果，小组间相互质疑答疑，教师关注活动过程，适时进行点拨，达到充分暴露问题、解决问题的目的。

4. 活动设计：要求明确具体，外动内动结合，思维深度参与

心理学研究表明，游戏与活动是人类活动的本能和动机之一，学生的学习应该是从游戏和活动开始的。其实，活动是人类社会生活的主要方式，学生只有在现实的活动中才能得到深刻的情感体验，再由直接经验和体验改变自身认知状态。因此，要激发学生的学习兴趣，充分调动学习积极性、主动性，改变单纯接受的学习方式，并逐步培养学生主动合作探究的学习方式，活动是必不可少的手段。在学本课堂教学中，教师按照教学重难点，设计形式多样且环环相扣的学习活动，指导学生通过自学、合学、展学、检学等一系列学习活动，围绕学习内容提出问题，运用已有经验和方法解决问题，最

后形成结论，习得新的经验与方法。在此过程中，学生的主体地位得以有效落实，学习过程真正发生，学习动机真实激活，学习效率有效提升。

5. 评价设计：能力素养为重，形式丰富多元，反馈真实学情

在中小学阶段，学生的自我同一性认识尚处于发展阶段，所以其自我存在价值感的获得更多来自外在的期待与评价。合适的评价能有效激发、维持学生的学习动机，提升学生的学习效能感，对学习起到积极的正向促进作用。

约翰·D. 布兰思福特在《人是如何学习的》一书中指出："评价的关键原理是评价必须提供反馈和回溯的机会，而且被评价的内容必须和学生的学习目标相一致。"学本课堂评估突破了"以分数为中心评估"的局限，强调评估应"以学习为中心"。具体而言，包括以下五个层面。

一是在评价方式上，包括形成性评价、形成性评估、学习性评估、学习段评估、学习化评估等。

二是在评价认识上，学习评价不仅是为了考查评估学习者的优势和等级，而且为了帮助师生深入理解学习目标、学习过程、学习结果和下一阶段的学习需要等。即评价应该成为促进学习和改进学习的工具，而不是简单的评价和比较。

三是在评价主体上，师生应自觉作为评价的主体，自主确立评价命题、做出价值选择和判断等，即评价应该是师生共同参与的过程，而不是单方面的评价和被评价。

四是在评价原则上，应坚持过程性原则、发展性原则、差异化原则和多元化原则相结合。应该关注学生的学习过程和发展，尊重学生的差异和个性，采用多种评价方式和方法，全面客观地评价学生的学习和发展。

在具体操作上，应做好以下三类评价：

一是学生进行自我评价，建立自我评价档案。这个档案包括学习中遇到的问题和困惑，寻求解决的途径和方法，学科与学科之间的联系和不同，所获取的知识和运用能力，各部分内容采用的学习方式，这些学习方式对自己的影响和帮助，探究活动中的设计方案、操作技能，实施过程记录、结果与反思等多方面的内容。学生建立自我评价档案的过程，也是不断进行自我总结、自我反思和自我提高的过程。

二是学习小组进行小组评价。在小组自主学习和合作学习过程中，应充分发挥学生之间的互评作用，将个体之间的竞争转化为组内合作和组间竞争，这样不仅有利于培养学生合理对待他人的评价、接受他人的评价的能力，而且有利于培养团队精神。

三是师生共同对学生个体表现、学习小组表现进行过程性评价。传统的纸笔测试侧重于对学生书本知识的掌握结果进行评价，过程性评价则是对学生在活动中表现出来的探究能力、情感态度与价值观等做出评价。过程性评价能够更加全面客观地反映学生的学习和发展情况，以及学习共同体、学习小组的合作成效。

## 二、"时时学习，处处学习"的学习观

我们正处于一个学习型社会，每个人都注定要成为行动着的学习者。正如联合国大会在《2030 年可持续发展议程》中所提出的那样，所有人，特别是处境困难者，无论性别、年龄、种族、族裔为何，无论是残疾人、移民还是土著居民，无论是儿童还是青年，都应享有终身学习的机会，以掌握必要的知识和技能，充分融入社会。学本课堂教学践行终身学习的理念，主张"时时学习，处处学习"的大学习观，符合时代发展的要求。

### （一）时时学习，时时可学

"时时学习"是指学习活动是全过程的，不局限于课堂学习，而是拓展到课前、课中、课后，体现学习活动的一体化、持续化、连续化，为学习者树立终身学习意识、培养终身学习习惯奠定坚实基础。

首先，"时时学习"意味着学习者应保持积极的学习态度和习惯，充分利用各种时间和机会进行学习，不断汲取新知识，不断深入探究，不断挑战自己的思维极限。师生无论是在课堂上还是在课堂外，无论是在学校还是在家中，都应该抓住每一个学习机会，不断丰富自己的知识和技能。

其次，学习者应充分利用各种资源和机会进行学习。在信息时代，人们可以借助各种学习工具和资源进行学习，如在线课程、电子书、学术数据库、学习应用程序等。此外，师生还可以参加各种学术研讨、科研项目、实习实

训等活动，通过实践来提升自己的能力。

最后，"时时学习，时时可学"有助于学习者养成自我驱动的学习习惯和终身学习的意识。学习者只有不断地学习和提升自己，才能更好地应对未来的挑战和机遇。

### （二）处处学习，处处能学

一个时期以来，工具性、功利性、程序化、单向度的学习观将中小学教学拖入日益封闭的境地，学习被窄化为表面的、表层的学习，甚至是"表演式"学习。过于狭窄、封闭、单一的学习观念蚀损了学习的丰富性及其发展价值。立足于培养学生学科核心素养和关键能力的学本课堂，主张"处处学习，处处能学"，切实转变了这种狭隘的学习观，跨越了封闭的学习边界，引导学习变革真实有效地发生。

伴随着深度学习、深度教学的兴起，"无边界学习""无边界教学""跨界学习"等新理念不断产生。学本课堂主张学习的丰富内涵和多维意义，认为学习不仅是认知性的，更是实践性的；学习不仅是为了掌握书本知识，更是追求通过知识引起学习者内在素养的变化；学习不仅是在传统的课堂环境中发生的活动，更是在多元的环境中发生的活动。与"无边界教学"有一个共同的特征，那就是重视学习过程，认为学习即发展，学生的变化过程和变化状态体现了学习的层次和深度。

"时时学习，处处学习"的学本课堂学习观，将学习的本质回归到了学习的社会性和价值丰富性上来，重视特定环境的多样性和丰富性及其发展价值，突显了学习的实践属性和过程属性。

### 三、"师生同频，亦师亦友"的教师观

在学本课堂视野下，教师不再是知识的掌控者，而是变成了知识和学生之间的"中间人"，充当着一个"大同学"的学习者角色。

第一，学习指向的教师发展。"教师的教学"不等于教师的学习，也不能等同于教师的专业发展。学本课堂理念充分还原教师的主体地位，扩充了教师的建构力量，强调"有效"的教师专业发展是真正指向改进学生学习的，

即要求教师掌握能够促进学生学习的专业知识，要求教师培育和发展能支持教学的领导力。

第二，赋权增能，促进学生成长。教师应积极引导学生作为课程规划者、课程资源开发者、课程实施者和课程评价者的角色，鼓励学生作为学习研究者，有意识地自主审视、探究、评价并改进自己的学习，进而增强学习胜任力与效能感，逐渐走上自我赋权增能之路。

从具体的职能和角色来看，教师的教学角色与传统教学视野下的传统角色相比发生了重大变化，其职能也被赋予新的含义，有了新的定位。

1. 引导者。教师应成为学习的启动者，通过自己提出的问题、做出的反应或者提议的活动，引起学生的好奇心，引导学生从一个新角度观察世界和各种现象。他不应只顾把学生引向自己的教学计划、阐释或教学进程中，而是应当尊重学生的自由，让他们找到自己的道路。

2. 关注者。教师应密切关注学生的学习进度与过程，为学生提供更多实践的机会，让学生带着问题进入课堂，让学生去发现、探究，让学生动脑、动手，让学生讨论、交流，让学生去体验、感悟，使每一名学生都在其智力、能力水平的"最近发展区"内获得充分发展。

3. 创造者。教师要为学生提供各种学习机会或条件，让他们通过自主、合作、探究发现问题，自行解决问题。促使学生在获得基本知识的同时，形成独立的学习技能。

4. 组织者。在教学过程中，教师应协调、控制课堂中的各种教学因素及其关系，使之形成一个有序的整体，以保证教学活动顺利进行。教师的课堂组织指导、管理调控、沟通交流对学习场的形成和发展有重要影响，在一定程度上决定着学习场的发展方向。

### 四、"以学为本，成长为要"的学生观

"学为中心，成长为本"的学本课堂教学理念在学生观上主张"以学为本，成长为要"。

#### （一）以学为市

"以学为本"即学生是学习者和发展者。学生的学习活动，乃是实现其发

展的现实根基。学生的发展并不是靠主观期望就能直接实现的，而必须依靠促进其发展的现实活动来加以保证。正是在学习活动之中，学生实现着、促进着、确证着自身的发展。因此，"促进学生的发展"可以深化和具体化为"以学生的学习为本"，这既观照了实现学生发展的现实根基，也蕴含着追求学生发展的主观期望，我们应以此作为课程系统各要素、课程开发各环节的统整基础和价值引领。

学生作为课堂学习的主人，其内力激发是学本课堂建构的关键。还原到学生主体，就是要相信、依靠、发展、解放学生，使其真实经历自主学习、合作探究的过程，实现学习生命的自主建构、自主生长。具体来说，一是引导学生充分预习。超越课堂时间局限，引导学生提前预习。二是引导学生自主思考。重视独立思考的价值，引导学生通过自主阅读、边读边想、自主尝试等方式，适当延长思考时间，培养自主思维能力。三是引导学生真实合作。合作学习是一个学习交流、学习集体生活的过程，学生有了真实体验才有经验的形成、思维的提升和智慧的启迪。

## （二）成长为要

"成长为要"是指学生的生命存在得以唤醒、知识得以充盈、个性得以彰显。学本课堂教学旨在唤醒学生的生命活力，找回学生个体原始的盎然生机。首先，唤醒学生的自我存在价值感。在学本课堂教学中，学生既是"需要者"，需要获得知识、能力、人格等方面的健全发展，又是"被需要者"，被教师、同学、自己和未来世界所需要；师生关系、生生关系不是单向的、静态的，而是多向的、立体的、多变的；教师与学生的交流不仅是一般道德意义上的人文关怀，而且是深层的心灵交流。其次，激活学生原始的求知欲。学本课堂教学改变了知识静态存在和学生被动学习的状态，旨在激发学生内心深处的求知兴趣，使学生感知到自己是知识的发现者、传播者和创造者。

学本课堂是充盈学生智慧的知识乐土。在教育领域，智慧就是教师和学生运用一定的知识经验、方法技能来认识和解决问题的本领，它体现了师生对事物发展变化的认知、判断、选择的综合能力。智慧与认知相联系，智慧包含认知，但不等同于认知，智慧还包含实践能力与情感品质等。学本课堂要求教师关注学生知识增长的同时，以课堂活动为平台，不断发掘学生的自主学习能力、思维能力、决断能力、组织能力、研究能力、表达能力等，启发学生形成学习智慧、生活智慧。在课堂上，学生对自我的认识、对世界的认识、对生活的感受，在师生互动、生生互动、自我省思的过程中不断得到提升，日益成长为充满智慧的生命个体。

学本课堂是彰显学生个性的广阔平台。在学本课堂上，对学习方法的选择、学习过程的把握、学习结果的表达甚至学习内容的筛选都可以因人而异。在学本课堂教学活动中，教师尊重学生在解决问题过程中表现出的不同水平，理解学生对同一事件的迥异反应；教学设计关注学生核心素养的发展，尽量适应不同学生的个性化需求；学习任务和问题的设计注重个性差异，激发学生学习兴趣，提升其学习成就感。在学本课堂教学活动中，学生采用不同的思维方式分析问题，选择不同的活动方式解决问题，选用不同的形式展示成果或表述观点。在整个学习过程中，学生是自己的主人，是学习的主人，他们的思维处在活跃的状态，获得的不是表面的公平——同样的知识和答案，而是更高层次的公平——个人的最大限度发展和成就感。

### 五、"双向联动，共生共长"的课堂观

课堂文化是课堂教学范型的高度浓缩，是课堂教学思想内涵的价值提升。有怎样的课堂教学范型，就有怎样的课堂文化特征。学本课堂理念下的课堂在课堂精神、课堂素养、课堂管理、课堂教学、课堂评价等方面呈现出多种特征。

（一）课堂精神：以饱满、尊重、安全、和谐、向上为特征

以"学"为中心的课堂教学氛围是一个充满生命活力、张扬个性、开放民主、朝气蓬勃的新环境，教师和学生人人充满自信，彼此相互尊敬、相互信任、相互爱戴、相互关怀，教师能够以饱满的工作热情、高度的责任心投入教学中，努力追求教师职业的幸福感、快乐感和成就感；学生以饱满的学习情绪、心怀美好愿景投入学习中，积极体验学习快乐、感受学习成功、分享学习乐趣。教师和学生建立的是平等、和谐、自然、真实、安全的朋友式关系、"大小同学"式关系，师生根据学习任务和主题研究需要，真诚合作，

坦诚交流，团结协作，共同完成学习任务。而处于学习共同体的学生个体多以小组集体进步为荣，相互合作，默契配合，注重团队荣誉感和归属感，积极维护团队利益，共同追求团队学习的最大效益。

（二）课堂素养：以学会自主、合作、探究、展示、思考学习为特征

在以"学"为中心的课堂上，学生的学习是积极主动的，而不是消极被动的。在教师的指导下，学生学会了自主、合作、探究、展示和思考学习，能够根据不同学习阶段采用相应的学习方法进行有效学习，并且能够根据课程内容发现问题、生成问题、解决问题。如此，学生的学习活动不是机械复制和记忆的过程，而是能够在每个环节根据课程难易程度进行自主学习、合作学习、探究学习、思考学习。自主学习、合作探究、展示交流和思考质疑成为他们习惯的学习方法，同学之间真诚地相互帮助和合作成长。

在学生自主学习、合作、探究、展示、思考学习的过程中，教师不再是权威者或指导者，而是以学习者、合作者、交流者、研究者、激活者和促进者的角色来与学生互动。这种"学生式"的教师和"教师式"的学生在新型学习方式中，相互合作、交流，共同促进，共同成长。

（三）课堂管理：以制度科学、民主合作、自主自治为特征

以"学"为中心的课堂管理主体发生变化，不是教师管理学生，而是学生自己管理自己，学生依据科学的管理制度来管理自己，使课堂学习管理走向小组合作化，走向自主管理化。教师能够充分相信学生，指导学生建立班级管理、课堂管理、合作学习等公约和制度，建立健全符合本班实际、年段特征、认知水平的管理制度、小组合作学习机制。在新的课堂组织形式下，学生遵循小组合作学习公约，严格遵守各项课堂管理制度，自觉规范自己的学习行为，使课堂学习管理走向自主自治轨道。

（四）课堂教学：以合作探究、展示对话、智慧指导、思维灵动为特征

以"学"为中心的课堂教学与传统教学有着本质性的区别。在以"学"为中心的课堂教学模式下，教师不再是单纯地向学生传授知识，而是与学生一同合作学习。根据学习目标，以问题为主线，教师和学生共同发现、评价、生成和解决问题，具有合作探究、展示对话、智慧指导思维灵动等特征。

在这一过程中，教师扮演着激发者、合作者、指导者、促进者和研究者的角色。他们与学生一起研讨教学理念、学习方法、学生差异和学习效益，为学生提供智慧和策略支持，帮助他们更有效地学习。学生则根据学习任务和目标，开展合作探究，或者根据问题研讨的进程进行对话或展示。在展示的过程中，学生的思维被激活，能力被开发。

随着学生合作探究、展示对话能力的持续提升，教师逐渐退居"二线"，将更多的时间和空间留给学生，让他们自主探索和成长。同时，教师积极投身于问题研究和自我学习提高中，与学生共同成长。

（五）课堂评价：以激励评价、团队评价、多元评价、自我评价为特征

以"学"为中心的课堂教学评价不是甄别式、判断式、刺激式评价，而是注重激励性评价、多元化评价、形成性评价和自我评价。评价主体也不再只有教师，而是包括学生自我、同伴、家长等的多元评价主体。

课堂教学评价的目的指向学生学会自主合作探究学习、掌握科学的学习方法、提高学习效益。通过激励评价、多元评价，学生的学习兴趣得到激发，学习热情得到提高。在多种评价机制的激励下，学生能够逐渐掌握自我评价方法和技能，能够及时调控、修正和完善自己的学习行为、学习方法、学习过程。

# 第四节　学本课堂的推进价值

## 一、变革课堂教学方式

实施学本课堂教学，既能促进教学理念的转变，也能推动教学方式的变革，进而实现课堂效率的提高。

要推进学本课堂的实施，首先要实现教学观念的转变。在学本课堂理念下，学生处于课堂教学的中心位置，教师"教"的方式围绕学生"学"的要

求、需求来设计与实施。从学习过程来看，学生的"学"是起点，应基于学生的学构建"学"的支架，优选"学"的资源，设计"学"的路径，展示"学"的效果，实施"学"的评价，满足"学"的需求等。同时，在教学过程中要观察和研究学生"学"的状态，评估"学"的效果，优化"学"的要素等。此外，学本课堂上的教师也是"学习者"，教师学习的目标就是实现教师的专业发展。

其次，推进学本课堂教学的实施能从教学目标、教学内容、教学方式和教学评价等方面实现变革，推动课堂教学的创新和发展，更好地满足学生和社会的需求。在学本课堂理念下，教学目标从"知识为本"转变为"发展为本"，更加注重培养学生的综合素质和创新能力；教学内容更加贴近学生的生活实际和社会实践，强调跨学科知识的融会贯通和灵活运用，培养学生的实践能力和解决问题的能力；学习方式则为"以学定教，先学后教"，注重在教师的启发和引导下学生的自主学习和合作探究，激发学生的学习兴趣和主动性，提升终身学习能力；教学评价则更关注学生的知识、能力和情感、态度等方面的综合发展，注重学生的个体差异和发展过程，注重激励性评价和发展性评价。

## 二、提升学生综合素养

在学本课堂教学中，教师通过课堂教学情景的合理创设、学习任务的精心设计和多元的评价方式，有效激发学生的学习兴趣，培养良好的学习习惯，增强思维创新能力，培养学生的自主学习能力，提升团队合作能力，提高社会实践能力。学本课堂教学既有利于学生当下核心素养的发展，又着眼于学生未来学习力的发展，能进一步提升学生的综合素养。

首先，学本课堂教学能有效激发学生学习兴趣，培养学生良好的学习习惯。在学本课堂教学中，教师运用丰富的教学手段，不断创新教学方式，引导学生不断发现问题，解决问题，使学生发现学习的乐趣，收获学习的快乐。学生通过按时完成学习任务、积极参与课堂讨论、主动进行课外拓展，逐渐形成良好的学习习惯，这对其未来的发展大有裨益。

其次，学本课堂教学注重培养学生的自主发展能力、团队合作能力。在学本课堂教学中，学生在教师的引导下，通过自主探究（自学）、合作学习（合学）、展示交流（展学）等方式，进行个性化、多元化的学习，逐步形成自主获取知识、自主思考分析、自主（协作）解决问题、自主分享成长经验的习惯，培养了解决问题的能力，提高了学习力，能更好地适应未来的发展需求，实现自我价值。

再次，学本课堂教学注重提升学生的思维创新能力，提高学生的社会实践能力。在学本课堂教学中，基于自主学习、合作探究和交流展示等活动，学生能逐步学会从不同角度审视问题、分析问题，提出独特的见解和解决方案。学本课堂教学通过思维创新，培养学生的创新意识和创新能力；通过开展实践活动、组织社会调查等方式，培养学生的社会实践能力，提高他们在社会中的竞争力。

最后，学本课堂教学通过引入个性化的教学策略和技术，可以更好地满足每个学生的学习需求，为学生的个性化发展创造条件。学本课堂教学通过建立科学的评价体系，综合评价学生的知识掌握、能力提升、素质发展等情况，能够帮助学生更好地认识自己、改进自己，促进其知识和能力的全面发展，使其更好地适应未来的学习和生活环境。

### 三、更新学生的学习方式

学本课堂教学变革了传统教学中以"接受"为主的学习方式，要求教师通过创设合作学习环境、设定明确目标、有效激发学习兴趣、提供资源和工具、教授合作技能、及时反馈和评价、提供个性化教学支架等，将学生置于学习的中心地位。在此过程中，学生通过自主学习、合作探究、自我管理等培养合作能力和终身学习能力，通过实践操作、真实情境的问题解决等培养创新精神和实践能力。

学本课堂以学生的学习为中心，带来了学习方式的变革，具体表现在以下几个方面。

1. 注重认知学习与非认知学习的整合

认知方面的学习是指学生在学习过程中，对知识、技能等方面的掌握和运用。在学本课堂教学中，教师通过讲解、演示、案例分析等方式，帮助学生理解知识的基本概念、原理和方法，引导学生进行思考、讨论和实践等活动，加深对知识的理解和记忆。同时，通过阅读、思考、讨论等方式，自主探究知识、解决问题，培养自主学习和终身学习的能力。

非认知方面的学习是指学生在学习过程中，对情感、态度、价值观等方面的体验和形成。在学本课堂教学中，教师不仅关注学生的知识掌握情况，还关注学生的情感体验和态度形成等。教师通过设计实际情境、案例分析、角色扮演等方式，引导学生感受知识的实际应用和社会价值，培养学生的社会责任感和积极向上的人生态度等。同时，学生通过参与课堂活动、与同学合作交流等方式，树立团队协作精神，提升自我效能感。

认知与非认知相整合的知识学习是指学生在学习过程中，将认知和非认知两个方面进行有机整合，以达到全面发展的目的。教师在学本课堂教学过程中通过设计多样化的教学活动和情境，引导学生不仅关注知识的掌握情况，而且注重情感体验和态度养成等，引导学生在学习过程中平衡认知和非认知两个方面的发展需求，有效提升自己在实际生活中的实践能力，同时帮助学生将所学知识更好地应用在现实生活中，树立良好的人生观和价值观，为长远发展奠定坚实基础。

2. 注重从简化到复杂情境的学习

从简化到复杂情境驱动的知识学习是一个持续的过程，学习者一般从基础概念开始，逐渐学习更复杂的概念和技能。随着知识和技能的提高，学习者不断扩展自己的能力范围，通过模拟或实际案例将知识应用于实际情境中，更好地理解和应用知识，逐渐培养解决问题的能力，积累实践经验，不断提高自己的能力和水平，实现自我成长和发展。学本课堂教学注重从简化到复杂情境的学习，强调从基础到高级的知识获取和运用过程，能帮助学生更好地理解和应用知识，并适应不同情境下的需求。

3. 强调高阶思维包裹低阶思维的知识学习

在学本课堂教学中，知识学习是一个复杂的过程，涉及多个层次和方面的思维活动。学习的发生，即是对所学知识开展的高阶心智操作，将知识的识记、理解融入高阶思维实践过程中，使知识成为高阶思维实践的副产品。学本课堂以核心素养为导向，强调高阶思维包裹低阶思维的知识学习。高阶思维和低阶思维是两个相对的概念，它们在不同的学习阶段和情境中发挥作用。学本课堂既注重低阶思维能力的基础作用，又注重培养学生的高阶思维能力，学生在教师的引导下，理解知识、应用知识、创新知识、解决问题、发展批判性思维。

4. 强调跨学科的整合学习

学本课堂注重引导学生通过合作、交流和分享，将跨学科知识和技能结合起来，以解决现实问题或完成特定任务。面对新问题，不同学科之间的交叉融合提供了问题解决的新思路、新应用和新的组合方式，能帮助学生形成更加灵活和创造性的思维方式，提高学生的创新能力。通过跨学科协作，学生可以将不同学科的知识和技能结合起来，丰富自身的知识结构和视野，发现新的学习兴趣和方向；从多个角度分析问题，进而提出更加全面的解决方案，满足解决真实问题的需要。此外，对于学生而言，跨学科协作学习既需要独立思考，又需要与不同学科能力的同学进行交流和合作，这种自主学习与团队协作的过程可以帮助学生提高自我学习和自我发展能力，学会尊重和理解不同的观点和思路，提高沟通、合作和协调能力。

5. 注重自主学习与自我评估

自主学习和自我评估是学本课堂教学的重要环节。在学本课堂教学中，教师引导学生根据自身的学习需求和特点，制订学习计划、选择适合自己的学习方式和学习资源，并对自己的学习过程和学习成果进行评估和反思优化，从而实现更好的发展。自主学习与自我评价有利于培养学生的自我驱动、自我管理和自我学习能力，提高学生的学习积极性和主动性。

### 四、提高教师的专业水平

"要给学生一碗水，教师必须拥有一桶水。"这一传统教学观念将教师定位为比学生的知识更丰富，对知识的了解和研究更全面、更深刻的角色。随着信息时代的发展，各种网络终端运用越来越普及，人们获取知识成为唾手可得的事。因而，教师的专业素养不能仅仅定位在知识比学生多上，而应当定位在如何设计和实施教学上，而这正是教师专业素养发展面临的新挑战。学本课堂就是将学生的"学"摆在教学活动各要素的中央，要求教师设计和重构各种教育教学活动，体现了对教师素养定位的新要求。推进"学为中心，成长为本"的学本课堂教学变革，有助于教师转变教学理念、提升教学技能、创新教学方法、拓展教学资源、提升反思与评价能力，进而不断提高专业素养和教育教学能力。

首先，推进学本课堂改革有助于教师转变教学理念，更新教学行为。学本课堂教学改革能促进教师树立以学习为中心的教学理念，充分关注学生的需求和特点，注重学生的全面发展。学本课堂教学改革鼓励教师进行教学创新和尝试，促使教师不断反思、提升自己的教学能力和思维能力，关注教育发展的趋势和变化，养成终身学习的意识和能力，不断拓展自己的教学视野和知识储备，以适应时代的需求和学生个性化发展的需要。

其次，推进学本课堂改革有助于教师在专业素养能力方面的成长，即有助于教师从课程设计、教学技术与方法、互动与沟通、评估与反思等方面提升教学技能，从而更好地为学生服务。在课程设计方面，学本课堂要求教师充分解读课程标准，结合学科知识和实际学生情况，制订合理的教学计划，提升自身的课程设计能力，从而提高教学效率；在教学技术与方法方面，学本课堂要求教师熟练运用讲授、演示、讨论、案例分析、项目式学习、翻转课堂等多元化的教学方法，熟练掌握现代教学技术和工具，将教学技术与学科知识相结合，丰富教学内容和手段，以激发学生的学习兴趣和提高学生的学习效果；在学习共同体互动与沟通方面，学本课堂要求"学生学习共同体""教师学习共同体""师生学习共同体""家校学习共同体"间相互交流和合作，共享经验和资源；在评估与反思方面，学本课堂要求教师对教学方法、教学内容、教学评价等进行认真的反思总结，寻找更加有效的教学方法和策略，提高反思能力。

最后，推进学本课堂改革有助于教师积极开发适合学生实际需求的教学资源。为了更好地满足学生发展的需要，在实施学本课堂教学过程中，教师通过利用互联网收集教学资源、开发适合本校学生的校本教材、设计和实施各种社会实践活动，既能丰富教学手段和学习内容，帮助学生更好地了解社会、认识社会，提高社会实践能力，又能增强自身开发、拓展教学资源的能力。

## 五、促进学校可持续发展

优化课堂教学是提升教学质量的主要途径，深入推进课堂教学改革是促进学校可持续发展的重要举措。推进学本课堂教学改革，有利于促进学校建构"学为中心"的高质量课堂体系，推动教育教学创新，提高课堂教学效率，提升课堂教学质量；有利于提升教师专业素养和学生成长，使其更好地适应未来的学习生活；有利于促进学校内部管理体制变革，优化资源配置，提高管理效率，从而为师生的学习和发展提供更加灵活、个性化的管理服务；有利于各学科教研团体和个人形成聚焦问题、迎难攻坚、成果共建、展示分享的校本教研机制，营造良好的学校教研文化，提高整个教师团队的教育教学水平；有利于学校结合自身的特点和优势，探索适合自身发展的教学模式和方法，促进学校的创新和发展，形成自己的办学特色和优势，提高学校的整体竞争力。

# 第三章
## 精心设计：建构学本课堂的行动框架

　　学本课堂，从构成主体来看，是由教师、学生、媒介三大主体构成的；从课堂元素来看，是由教学目标、情境创设、导学问题、学习任务等要素构成的；从学习方式来看，是由自学、合学、展学等方式构成的；从课堂关系来看，是由预设与生成、内容与形式、学科与生活、主体与主导等关系构成的。针对传统课堂教学中学生主体地位的缺失、学习方向的偏离、学习本质的迷失，学本课堂基于"学"为中心教育理念，以"学习"为中心、"师生"为主体、"学科"为对象、"成长"为使命，按照"先学后教、任务驱动、问题导学、合作探究"的操作要领，建构起课堂教学的操作模型。明确学本课堂教学设计的基本模式、导学案设计基本模型和作业设计基本规范，有利于促进课堂教学转型，更好地实现"让每一个学生都得到发展"这一目标。

# 第一节　学本课堂的教学设计

教学设计是教师依据对学生学习需求的分析，以获得最优的教学效果为目的，以学习理论、教育理论及传播理论为理论基础，运用系统科学的观点和方法来调查和分析教学中的问题和需求，确定教学目标，确立解决教学问题的策略方案，试行解决方案，选择相应的教学资源，评价其结果和修改方案的过程。进入 21 世纪以来，伴随着课程改革不断深入，学本课堂教学设计也在不断变革中。学本课堂通过指向学科育人的价值取向，符合"教—学—评"一致性的要求，致力于学科实践以及学习场的建设。学本课堂教学设计注重教学素材情景化、教学过程问题化、师生关系交互化、学习成果生成化、意义探寻具体化的原则，着力培养学生的学科素养和能力。

## 一、学本课堂教学设计的内涵解读

任何设计活动都会提出达到预期目的最优途径，因而，教学设计是旨在达到预期教学成果最优化的教学行为。在适应新课改的时代要求下，学本课堂教学设计具备以下内涵。

### （一）学科育人：学市课堂教学设计的价值取向

学本课堂教学设计不同于传统的只追求基本知识获取和基本技能形成的"知识本位"的教学设计，注重通过多样化学习方式来促进学生学科核心素养发展，以期实现学科教学促进学生全面发展的育人目的。

各学科的核心素养均凝结于学科知识背后的学科本质、学科思想、学科思维方式之中，是学习者在具体学科学习中的学科体验和能力表现。学科知识是学科育人的重要教学载体。教师在进行学本课堂教学设计之前，聚焦学科核心素养，通过对学科本质及其知识体系的系统化、结构化的理性认知，获得对学科与知识、学科与学生发展的基本关系的整体性认识，进而深入挖掘学科知识蕴含的思维方法、学科思想以及价值导向，并依据学生的实际认知水平和学习状况确定教师的教学策略和学生的学习方式。最后，围绕特定主题或目标，创设学科问题情境，实现对新旧知识的链接、重组和改造，让学生在问题解决中经历知识发生、发展和应用的过程，感悟学科思想，体验学科思维过程，从而形成规范化的学本课堂教学设计方案。

（二）关注学习：学本课堂教学设计的工作重心

只有教会学生学习的方法，才能从根本上促进教学效率的提高，促进学生的终身发展。教学生"学会学习"，意味着教师必须在教学生掌握书本知识的基础上，教会学生自主学习的方法，使学生乐于学习并善于学习。

学本课堂注重通过有效的教学设计来引导学生"主动参与，乐于探究，勤于动手"，促进学习方式的多样化。学本课堂的教学设计重视学生"学的设计"，在对学生进行认知水平和学习需要分析的基础上，充分思考学生学习过程中所要经历的基本环节和可能遇到的困难及挑战，对教学内容和教学过程进行调整，更有效地促进教与学活动的开展。学本课堂以学生的学习活动为核心，从学习目标出发设计学生的学习过程，设计教师的教学活动，再设计所需要的教学资源。学本课堂以学科问题探究为主题，创设自主学习、合作学习、探究学习、体验式学习和项目式学习活动，满足不同学生的学习需求和发展需求，发挥学生学习的主动性，提高学习效果。

以学习目标评价导向进行教学设计，不仅要观照课程标准对学生学习过程和学习结果的规定，还要关注学生学习的起点、学习的可能性和学习的差异性问题，通过准确把握学习活动的切入点和生长点，选择适契的教学策略和教学方法，从而创设促进学生真实学习的学习情境。

（三）过程导向：学本课堂教学设计的重要前提

课堂教学是通过教师精心创设学习情境，利用外部条件的作用，激发、支持和推动学习内部过程有效发生和学习结果达成的过程。教学活动是发生在一定时间、空间和心理环境下的师生共同体验的过程。因此，教学活动的顺利实施，教学效果的有效达成，除了应关注教学方法和教学步骤外，更重要的是充分关注学习者的需要和学习环境等因素对教学过程的影响。

学本课堂十分重视影响教学过程的所有要素及其关系，努力构建良好的由教师、学生、学习内容和学习媒介等要素组成的学习场。在进行教学设计时，在达成目标的基础上，教师应考虑每一教学步骤的科学性、必要性与可行性，关注学生的可接受性以及教学步骤的层次性，保障课堂教学有效进行。

（四）单元统整：学本课堂教学设计的发展方向

学本课堂倡导教师以逻辑串联课时，进行主题统领下的单元教学设计。主题单元教学是指教师根据课程实施目标，以知识为载体，以单元为教学视角，以学习者为中心，组织相关学习内容进行的整体教学。在教学内容的选择与组织上，学本课堂注重打破教材在主题单元间或学科内的排列组合，借助大概念、大任务、大问题等主题和形式重组知识内容，引领学生以更高的视角、更新的观念促进新旧知识、直接经验与间接经验的融合，建立知识体系。每一个主题单元都是一个完整的学习事件或一段微课程。从单元外部来讲，单元与单元之间既相互联系又相对独立。从单元内部来讲，教学各要素都遵循学习逻辑，呈现结构化特征，增强了教学的系统性。

学本课堂中的主题单元按照"重组教材内容，确定单元主题""研读课程标准，明确单元目标""统整教学资源，创设真实情境""调整任务驱动，层层问题导学""及时评价反馈，检验学习效果"的流程进行教学设计。与传统教学设计不同的是，学本课堂中的主题单元教学设计是基于学生发展的需要，根据课程标准和核心素养的要求，充分整合课内课外教学资源，在学生的学习和生活之间建立了密切的联系，拓展了课程的广度，有助于学生建构知识体系，提高知识迁移运用能力和思维能力。

## 二、学本课堂教学设计的基本原则

学本课堂教学是一种真正以学习为中心的教学模式，它通过设计各种教学情境，帮助学生更好地理解和应用所学知识。在这种课堂上，学生的主体地位得到了充分认识和尊重，一切教学活动都以学生的需求和发展为导向。学本课堂不仅准确把握当前教育改革的核心问题，更代表着先进的现代教育理念。它为教育改革和研究提供了一种新的思路和方法，使素质教育更具有可操作性和彻底性，进而促使学校实现高质量发展。

　　学本课堂教学的核心是尊重学生，这是最根本的原则。这种尊重体现在营造民主、平等、和谐的人文课堂环境，让每个学生都能在课堂上感受到被关注和被理解上。教师不再仅仅是知识的传授者，而是成为学生的学习伙伴和指导者，与学生共同探索知识。为了实现学本课堂的教学理念，教师在进行教学设计时应当遵循以下七个原则：主体参与原则、知情共振原则、系统整合原则、差异适应原则、预设生成原则、多元评价原则以及与时俱进原则。这些原则旨在确保教师在教学过程中能够真正关注学生的需求，创设一种"心理自由和安全"的课堂教学环境。同时，教师应当通过系统整合和差异适应原则，确保教学内容的连贯性和针对性，使每个学生都能在课堂上获得所需的知识和技能。这些原则的应用将有助于提高教学质量，促进学生的全面发展和进步。

（一）主体参与原则

　　课堂教学是一种"人在其中"的价值性实践活动。传统教学理念主导下的教学过程体现出施教者（教师）单方面对受教者（学习者）施加行为以改变受教者的特征，学习者作为被动接受者，参与主动性和积极性都不高，不利于对知识的有意义接受和建构。以学习为中心的学本课堂围绕学习者的意义理解和身份建构，运用各种有利于学习者个人建构和意义理解的教学形式，使学习者体验意义生成的过程，成为学习的主体，很受学习者的欢迎。

　　因此，学本课堂教学设计应基于学生现有的知识水平、年龄特征和学习需求，创设真实或模拟真实的生活情境，让学生在真实的生活情境中理解和应用所学知识，激发学习兴趣和积极性。学本课堂教学设计还要以问题为导向，每节课设计1—2个核心问题展开学习探究，然后围绕核心问题引导学生质疑、探究，通过引导学生解决问题来促进其知识的掌握和思维能力的发展。另外，在设计时要关注学生的自主学习、合作学习和探究性学习活动，鼓励学生大胆质疑和勇于实践，注重师生之间、生生之间的交流和互动，促进知识的共享和思维的碰撞，充分发挥学生和教师的双主体作用，更好地培养创新思维和创新能力。

## （二）知情共振原则

根据人本主义学习理论，学生的认知建构过程与情感的产生、发展过程相互影响、相互交织。学生的情感是在知识生成的基础上产生的，没有一定的知识积累就不可能有情感的萌发。而知识的积累和情感的发展，又会促进和加深学生对事物的理解。学生的学习过程是一种复杂的心理体验过程，它本质上是一个认知过程。在这个过程中，学生作为充满活力的个体，一定伴随着对概念的深入理解、对价值观的认同和情感的激发。

学本课堂以学习型课堂教育思想为指导，以情境创设和兴趣诱导为动力，促使学生以积极的态度参与学习，关注生活体验，全面提高综合素养，以达到教学目的。学本课堂是以真正实现学生为主体的教育理念，以课堂情境创设激发学生的学习兴趣，以任务驱动端正学生的学习态度，全面提升学生学科素养为目的的教学实践活动。知情共振原则不仅关注学生知识的获取与积累、方法的渗透与能力的习得，更关注学生情感的体验，实现了"情动、感知、感悟、表达"的有机统一。

学生感到被动甚至厌倦学习的原因之一是他们认为知识是枯燥乏味的。要改变这种现象，教师必须挖掘知识中的情感因素，唤起学生求知的激情。如果知识有情感，它就会焕发生命的活力，让学生感受到它的魅力和价值，自然，他们也会对学习坚持不懈。在传统的课程设计中，教师往往忽视情感的意义。新课程要求，教师不仅要传道、授业、解惑，而且要把情感融入课程设计中，使其充满活力。如果在知识传递的过程中学生没有得到正向的情绪价值，学生就容易陷入被动、失望，甚至失落的困境。

## （三）系统整合原则

系统整合原则是指在教学过程中，将各种教学资源、教学方法和教学环节进行系统性整合，使教学设计成为一个有机整体，更好地满足学生的学习需求和发展需求，提高他们的学习兴趣和能力水平，实现教学效果的最大化和最优化的原则。

在学本课堂教学理念下，教师应该合理设计和整合各种教学资源，包括教科书、教辅材料、多媒体资源、网络资源等，使这些资源相互配合、相互补充，发挥最大效率。这样的教学设计可以为学生提供更加丰富的、多样化的学习内容和素材，激发他们的学习兴趣和动力。在教学方法上，教师应采用多种方法，包括讲授、讨论、案例分析、小组合作等，并将这些方法进行有机整合，更好地满足学生的学习需求，促进他们的思维发展和能力提升，从而提高教学效率。在教学环节上，则应合理整合课前预习、课中学习、课后复习等环节，使这些环节相互衔接、相互促进，形成完整的学习链，帮助学生更好地掌握学习内容，提高学习效率和学习质量。

学本课堂理念下的系统整合原则要求充分发挥教师的主导作用和学生的主体作用，实现教师与学生的互动和协作，建立起师生的深度合作，协调一致共同完成学习任务，以取得更好的教学效果。

（四）差异适应原则

差异适应原则强调关注学生的个体差异，这意味着教师应根据学生的不同特点和学习风格，灵活设计教学内容和方法，从而提高教学效率。学本课堂教学设计应该针对学生的不同特点和需求，为学生提供个性化的学习支持，以帮助学生更好地理解和掌握知识。

在学本课堂教学理念下，教师应当尊重学生的差异。每个学生都是独一无二的，他们有着各自的特点和学习风格。教师在进行教学设计时应避免用单一的标准来衡量和评价学生，而要根据其不同特点和学习风格，从每个学生的实际出发，真正了解学生的学习需求和学习目标，设计适合他们的教学内容和教学方法，以满足他们的学习需求。此外，在设计课堂教学方案的过程中，教师应灵活调整教学内容和教学方法，准确预测学生的学习情况，不断获取过程性的反馈信息，以适应学生的学习需求和学习特点。

（五）与时俱进原则

与时俱进原则意味着教师必须始终保持对教育发展趋势和最新研究成果的敏锐洞察力，持续关注教育发展的最新趋势和前沿研究成果，并以此为指引，逐步更新和完善课堂教学理念和教学方法，掌握最新的教学技术和手段，以适应时代的发展和学生不断变化的学习需求，为学生的学习和发展提供有力的支持。当前，科技迅猛发展，新的教学技术和教学手段，如在线学习、虚拟实验室等不断涌现。教师在进行学本课堂教学设计时应积极关注并利用好这些新的教学技术和教学手段，将其有机地融入课堂教学中，以增强教学效果，提高学生的学习兴趣和参与积极性，确保教学内容的先进性和教学方法的有效性，使课堂教学始终保持活力和吸引力。

## （六）预设生成原则

学本课堂教学设计应注重预设性和灵活性相结合：一方面，教师要有理有据、认真负责地对学本课堂教学活动进行事先设计，勾勒出学本课堂教学过程的基本轮廓与重点难点，通过有效的情境创设和活动设计，突破难点，落实重点，发展学生能力；另一方面，学本课堂强调学习的开放性和创新性，在教学过程中可能会生成一些具有价值的新问题，教师应对这些问题给予高度重视并及时进行针对性解决，从而培养学生的创新意识和能力。

教育永远是不确定的教育，课堂教学更是不确定的教学过程。课堂教学中"人"的要素决定了课堂教学的复杂性和不确定性。教师和学生是学本课堂教学中的双主体。在课堂教学过程中，无论是教师还是学生，其认知过程与心理结构都可能随着时间的变化而变化，这使得学本课堂教学设计不可能完全预设教学过程的进展，它必须为教学过程的发展预留一些空间。

## （七）教学评一致原则

教学评一致原则是指在教学过程中，目标、学习活动和评价三者间和谐一致，其实质在于以评价实现教与学的融合。基于教学评一致原则，教学评价不再是教学活动完成之后的活动，而是要以学习目标评价导向教学设计。教学设计不仅要观照课程标准对学生学习过程和学习结果的规定，也要关注学生学习的起点、学习的可能性和学习的差异性问题，通过准确把握学习活动的切入点和生长点，选择适契的教学策略和教学方法，合理创设促进学生真实学习的学习环境。

教学评一致原则指向课程标准导向下的学习过程和学习结果，教学目标为教学评价提供了标尺，教学评价设计则通过对教学目标的反复确证，为教学目标的调整提供依据，也就形成了目标—评价—目标的循环确证过程。

教—学—评一致性的实质是通过监测学生的学习过程来检测教与学的效果，并以持续性评价实现对学生学习成效的持续性观察，以此来调整教师的教学设计和教学思路，构建动态循环的以评促学、以评促教的正向路径。

要对学本课堂教学进行有效的评价设计，还要坚持多元性评价原则，这种评价涵盖不同的评价主体、评价标准和评价方法，有利于提高评价的准确性和公正性，更好地评估学生的全面发展。教师应当在评价过程中保持开放、公正和包容的态度，尊重不同观点和意见，并从多个角度对学生进行全面评价，从而使良好的评价与学习过程之间步调一致，助力学生发展。

### 三、学本课堂教学设计的基本思路

学本课堂教学设计是一种基于学生自主学习的设计，它是一个动态变化的过程，涉及教师和学生的参与情况。学生、教师、课程、情境、问题和评价是学本课堂教学的几个基本要素，其中的关键要素是问题，问题贯穿整个课堂。学本课堂教学设计应坚持"以学习为中心"的教学理念，凸显学习中心，把握学科本质，体验课堂本真。

（一）凸显学习中心

学本课堂"以学习为中心"，学生是课堂学习的主体，其他要素的设计是为了确保学习活动有序进行，让学生能够有效地进行自主学习、实践，取得良好的学习效果。教师应积极引导学生采用自主学习和合作学习的方式，以民主、宽容、欣赏的态度实现知识体系的建构和能力的提高。

（二）把握学科本质

以"学习为中心"的学本课堂教学的核心要素是问题，它将学科知识转化为高质量的学习问题，引导学生在真实生活情境中去解决"真问题"，从而达到提升学生综合素养的目的，这些也正是学科核心素养的具体体现。把握学科本质要求教师的课堂教学设计基于读懂教材、理解教材，因为只有这样，才能正确把握学科本质。

（三）体验课堂本真

学本课堂教学具有真实性的特点，即所设计的课堂教学问题是学生生活中的真问题，是在教学过程中产生的问题；学习活动必须基于学习的"真实发生"和"真实收获"；教学任务的设计应依据学生的学习能力，学习过程也应该是循序渐进的，教师教学的重点是提供学习方法，指导学生发现问题和解决问题。

### 四、学本课堂教学设计的实施步骤

在目前的教学实践中，教学设计主要有经验导向的教学设计、教学理论导向的教学设计、学习理论导向的教学设计和教育技术导向的教学设计四个类型。依据教学设计的理论基础和实施方法，我们可以把教学设计分为以教为主的教学设计模式、以学为主的教学设计模式和"以教师为主导、学生为主体"的"双主"教学设计模式。此外，比较突出的还有肯普模式、凯洛夫六环节教学过程模式、迪克·凯瑞教学设计模型、加涅九段教学法和基于建构主义的教学设计模式等。尽管这些模式有不同的视角和关注的焦点，但它们都是从系统理论的角度来分析教学的，都是从学习目标、学习内容与策略、评价与反馈三个方面展开教学设计的，强调教学设计的循环性和整体性。

"学为中心，成长为本"的学本课堂教学设计理念以建构主义为主要理论基础，以现代信息技术为物质支持，将学生置于学习的主体地位，在真实情境和挑战性问题驱动下，学生通过课前自主学习、课上合作探究，主动地、创造性地解决问题，进而获得知识、技能，发展学习能力，提升探究意识和探究能力。学本课堂教学设计可以分为前期分析和具体设计两个阶段，充分分析教学对象、学科学习内容，使所设计的情境和问题真实而恰当，活动有趣而具有挑战性。

学本课堂教学设计可以分为以下七个环节。

#### （一）依据课标和学情，确定知识与能力并重的学习目标

##### 1. 课标分析

在叙写学习目标之前，首先要锁定两个源头，即课程标准和考试说明。课程标准是教材编写、教师教学、教学评估和考试命题的依据，是国家管理和评价课程的基础。通过认真研读课程标准，我们可以明确本节课学习内容

的要求和目标。结合考试说明，我们则可以进一步明确考试的具体要求和目标，为后续的设计提供明确的指导。下面我们以高中历史课"五四运动与中国共产党的诞生"和高中物理课"动能和动能定理"为例来进行分析。

---

**【课标分析案例 1】高中历史——"五四运动与中国共产党的诞生"**

1. 课标要求

认识五四运动的历史意义，认识马克思主义在中国的传播与中国共产党成立对中国革命的深远影响；认识国共合作领导国民革命的历史作用。

2. 课标解读

五四运动是近代中国一场具有划时代意义的运动，标志着新民主主义革命的开端，是中华民族走向伟大复兴的历史起点。五四运动促使中国先进知识分子的思想发生了根本性的改变；五四运动促使马克思主义与中国工人运动结合，为中国共产党的成立准备了条件；五四运动在公民责任的旗帜下，实现了从知识分子到全民的社会动员。

中国共产党的成立，是近代中国历史上开天辟地的大事，自从有了中国共产党，中国革命的面貌焕然一新。中国共产党的成立，标志着中国工人阶级完成了由"自在"阶级向"自为"阶级的转化，使中国革命有了新的、明确的纲领，使中国革命有了新的斗争策略。中国共产党将统一战线作为革命的有力武器，使中国革命真正同世界革命联系起来，成为世界无产阶级社会主义革命的一部分。

国共第一次合作正式实现，推动反帝反封建的国民革命运动迅速展开。国民革命在变革旧制度、推动中国政治现代化方面意义非凡。国民革命基本上打击了西方列强侵略势力，推翻了北洋军阀的统治，实现了国家政权的初步统一；国民革命实现了各革命阶级、阶层的联合革命，扩大了民众政治参与的广泛性；国民革命扩大了中国共产党在中国人民中的政治影响，宣传了中国共产党在民主革命阶段的纲领，使中国共产党经受了一次大革命的洗礼，积累了初步经验。

**【课标分析案例 2】高中物理——"动能和动能定理"**

1. 课标要求

通过实验，探究恒力做功与物体动能变化的关系；理解动能和动能定理；用动能定理解释生活和生产中的现象。

---

2. 课标解读

要深入理解动能和动能定理，首先要明白引入动能概念的必要性。在物理学中，我们常常需要描述物体的运动状态，而动能正是描述物体运动状态的一个重要物理量。在理解动能的过程中，我们要认识到速率对动能影响的敏感性。想象一下：一个速度较慢的球和一个速度极快的球，在同样的力作用下，哪一个球会移动得更远？显然是速度较快的球。这是因为速度越快，物体具有的动能越大。动能是描述物体能量状态的重要物理量。从数学公式上看，动能标量意味着它只有大小而没有方向。这个特性使得我们在计算和研究动能时更为简便。在现实生活中，我们可以看到许多例子，比如汽车、飞机、火箭等，它们都需要足够的动能来克服阻力，实现移动和飞行。因此，理解并掌握动能的概念和应用对我们的生活和工作都具有重要意义。

在应用动能定理时，我们可以体会到解决物理问题的新思路：一个过程（功）引起物体状态（动能）的变化。与使用牛顿运动定律解决问题相比，使用动能定理解题具有其独特的特点。例如，动能定理能够更直接地描述能量转换的过程，而不是像牛顿运动定律那样侧重于物体之间的相互作用。

2. 教材解读

叶圣陶先生说："教材无非是个例子。"的确，教材只是个例子，但它是重要的、典型的例子。因此，学本课堂教学设计强调沟通学习内容与现实生活，坚持由知识见生活、由生活用知识的原则，设计者须针对具体教学内容，思考其地位与价值以及与前后知识的衔接关系，厘清教学内容的结构安排，抓住知识点，剖析重难点。同时，教师应思考具体教学内容在现实生活中的客观存在及具体运用原理、方法、意义，进而设计源于生活、反映学科知识、归于实践运用的问题及活动。

【教材解读案例 1】高中历史——"五四运动与中国共产党的诞生"

本课课题为"五四运动与中国共产党的诞生"，是第七单元《中国共产党成立与新民主主义革命的兴起》的第一课，是本单元最重要的一个主题，对本单元的教学具有统领的作用。本课的教学立意为揭示五四运动与中国共产党诞生的重要影响。即：五四运动是近代中国一场具有划时代意义的运动，标志着新民主主义革命的开端，是中华民族走向伟大复兴的历史起点；中国共产党的成立，是近代中国历史上开天辟地的大事，自从有了中国共产党，中国革命的面貌焕然一新。这两个教学立意都回应了单元主题。国共第一次合作正式实现，推动反帝反封建的国民革命运动迅速展开。本课诠释了中国民主革命对新民主主义革命的兴起的推动作用。

本课有三个子目，分别是五四运动和马克思主义传播、中国共产党诞生、国共合作与国民革命。三个子目之间呈递进关系，前一个子目推动后一子目的产生，后一个子目是前一个子目的发展。

**【教材解读案例2】高中物理——"动能和动能定理"**

1. 体系结构

本课为高中物理必修第二册第八章第三节的内容，是本章内容的重点，也是整个高中阶段物理学科的重点之一。前面通过对功与功率的学习，学生已认识到某个力对物体做功就一定对应着某种能量的变化，而动能和动能定理就是让学生进一步深刻理解功和能之间的关系，继而再利用功能关系研究重力势能。

2. 地位作用

动能定理是高中物理中极其重要的概念，在高中物理课程中占据着核心地位。它建立在牛顿运动定律和运动学相关知识的基础之上。它承上启下，为后续研究机械能守恒定律做了重要的铺垫，扮演着关键的角色。通过学习这部分内容，学生可以更深入地理解"功是能量转化的量度"这一核心概念，进一步拓宽求解功的思路，为用功能关系处理问题提供全新的思维通道。由于在动能定理的运用过程中无须过多考虑物体具体的运动状态，因此动能定理的应用十分广泛。通过学习动能定理，学生能够更加灵活地运用物理知识解决实际问题，提升自身的物理素养和学科思维能力。

3. 知识背景

学生在初中阶段已经学过动能的概念。通过本章第一节关于功的学习，学生已经认识到某个力对物体做功就一定对应着某种能量的变化。另外，学生已经学习过的牛顿运动定律和运动学相关知识等都为学习本节课，从定量的角度了解动能定理提供了知识背景。

3. 学情分析

学生不仅是学习的核心参与者，更是自主发展的独立主体。学本课堂教学要求教师全面了解学生这一学习主体在认知、思维、情感等方面表现出的特点，把握学生已有的经验基础、学习特征以及在具体学习内容上的潜在困难，充分考虑学生思维、能力、情感多方面发展的可能性。在进行教学设计时，教师应当充分尊重学生的主体性和独特性，根据学生的既有学习水平和能力精心设计教学方法和内容。同时，教师应全面了解学生心理发展的普遍特征，依据学生的个性特点来选择相应的教学方式、教学媒体，安排不同的课堂教学结构，营造出一个适合学生学习的外部环境。通过测验、谈话等方式，教师可以密切关注并深入了解学生的知识储备和能力水平。教师应细心观察、关注学生的各类活动，并持续研究如何才能使学生的学习状态达到最佳水平。

**【学情分析案例1】高中历史——"五四运动与中国共产党的诞生"**

1. 知识基础

高一学生在八年级已经学过中国近代历史，本节课涉及的知识点，如五四运动、马克思主义的传播、中国共产党的诞生、国共合作、国民革命等，学生在初中已有一定的了解，从而对掌握本节课内容有了一个知识层面的铺垫。但是学生已有的知识是浅层次的，加上本课的教学容量大、难度较大，理解上依然存在一定难度。

2. 思维特征

高一学生思维比较活跃，但未能形成比较体系化的思考路径，因此教师应该依托相关的史实，打通各事件之间的内在逻辑联系，通过设置问题链的方式推动课堂教学，从而帮助学生建立起比较系统的思维体系。

**【学情分析案例2】高中物理——"动能和动能定理"**

1. 知识基础

学生在初中阶段已经学习过动能的概念，知道质量相同的物体，运动速度越大，它的动能越大；运动速度相同的物体，质量越大，它的动能也越大。在高中阶段，通过前面的学习，学生已经初步掌握"功是能量转化的量度"，知道能量的转化可以通过力做功来实现。这些都为学生从定量的角度研究动能和动能定理准备了条件。

2. 思维特征

高一学生已具有思维的敏锐性这一特征，且具有一定的想象能力、思维能力，因此可以尝试让学生自主推导动能和动能定理的表达式，并通过实验验证动能定理。同时，高中一年级学生具有思维的不成熟性特征，即思维发散、条理性不强、系统性不强等，因此，在教学过程中教师应注重引导。通过学习和应用动能定理，我们可以更好地理解和解释生产生活中的实际问题。例如：我们可以使用动能定理来解释车辆在行驶过程中为何需要持续加油以维持其速度，也可以利用它来设计更高效的发动机和飞行器。

课程标准对学生的要求并不是非常具体、明确的，也并不是可以直接使用的。因此，我们应该根据课程标准、教材、学生与资源等具体情况以及考试说明的具体要求，将课程标准特别是内容标准分解成具体的、可操作的、可评价的学习目标。内容目标分解后，一节课自然被分成多个时间微格，每一个时间微格内都有学习、评价，这样就增加了很多评价的机会，对于优秀而自信的学生能形成有效的引导，也可以鼓励中等或者中等偏下的学生，还能兼顾暂时落后的学生。

4. 叙写学习目标

一般学习目标均为省略主语的"动词＋名词"短句。首先，我们应该考虑行为主体（Audience）、行为动词（Behavior）、行为条件（Condition）和表现程度（Degree）四项要素（简称"ABCD"式），形成一套规范的陈述方式。其次，我们要体现四个要求：一是以学习者为行为主体描述学生的行为；二是要选用那些描述学生所形成的可观察、可测量的具体行为的动词；三是应叙写影响学生学习结果的限制条件与范围，包括允许使用的辅助手段、时间的限制、完成行为的情景等；四是应该说明学生所达目标的最低可检测度、可观察表现水准等。下表是对学习目标中的知识水平和行为动词的罗列。

**"知识与技能"知识水平结果性目标**

| 知识水平 | 行为动词 |
|---|---|
| 了解水平：包括再认或回忆知识，识别、辨认事实或证据，举出例子，描述对象的基本特征等 | 辨认，回忆，背诵，选出，举例，复述，列举，描述，识别，再认等 |
| 理解水平：包括把握内在逻辑联系，与已有知识建立联系，进行解释、推断、区分、扩展，提供证据，收集、整理信息等 | 说明，阐明，解释，比较，分类，概述，归纳，概括，判断，区别，提供，把……转换，猜测，预测，估计，推断，检索，收集，整理等 |
| 应用水平：包括在新的情境中使用抽象的概念、原则进行总结、推广，建立不同情境下的合理联系等 | 使用，应用，质疑，辩护，设计，解决，撰写，拟定，检验，计划，总结，推广，证明，评价等 |

**"知识与技能"技能水平结果性目标**

| 技能水平 | 行为动词 |
|---|---|
| 模仿水平：包括在新的情境中使用抽象的概念、原则进行总结、推广，建立不同情境下的合理联系等 | 重复，模拟，模仿，再现，例证，临摹，扩展，缩写等 |
| 独立操作水平：包括独立完成操作，进行调整与改进，尝试与已有技能建立联系等 | 表现，完成，制定，拟定，解决，安装，绘制，测量，尝试，试验等 |
| 迁移水平：包括在新的情境中运用已有技能，理解同一技能在不同情境中的适用性等 | 联系，转换，灵活运用，举一反三，触类旁通等 |

**"体验性目标"的学习水平与行为动词**

| 学习水平 | 行为动词 |
|---|---|
| 经历水平：包括独立从事或合作参与相关活动，建立感性认识等 | 感受，经历，参加，参与，寻找，尝试，讨论，交流，合作，分享，参观，访问，考察，接触，体验等 |
| 反应水平：包括在经历基础上表达感受、态度和价值判断，做出适当的反应等 | 遵守，拒绝，认同，认可，承认，接受，同意，反对，愿意，欣赏，称赞，喜欢，感兴趣，关心，关注，重视，采用，采纳，支持，尊重，爱护，珍惜，蔑视，怀疑，摒弃，抵制，克服，抵护，帮助等 |
| 领悟（内化）水平：包括具有相对稳定的态度，表现出持续的行为，具有个性化的价值观念等 | 养成，形成，热爱，建立，树立，具有，坚持，保持，追求，确立等 |

以下是对学习目标阐述的具体案例。

> **例：【学习目标案例】高中历史——"五四运动与中国共产党的诞生"**
>
> 1. 阅读史料和教材，概括五四运动的基本史实，合作探究，说出五四运动中蕴含的爱国主义精神。感受青春与时代、信仰、未来、革命、现实如何交织在一起构筑"青春的名义、信仰的力量"。
>
> 2. 从地图、史料中提取有效信息，概括并说明五四运动的发展、马克思主义的传播、国民革命的发展。
>
> 3. 结合史料，说明五四运动和中国共产党成立的历史意义。
>
> 4. 阅读史料，分析中国共产党成立对中国革命的影响，并通过梳理中共一大和中共二大的内容，说明中国共产党逐渐成熟的表现，从而增强对中国共产党的政治认同。

5. 阅读教材，结合预习任务，梳理国民大革命的基本史实，分析20世纪20年代中国人"凝聚力量"复兴国家与民族的主要表现。

以上学习目标与历史学科核心素养的关系如下：

1. 通过对五四运动、中国共产党成立等重大历史事件原因、影响等的分析，把握经济基础与上层建筑之间的辩证关系，培育唯物史观。

2. 通过李大钊的"青春"这一教学立意，围绕李大钊的"青春"发展，通过历史地图、历史图片等展现重大历史事件的时空因素，树立时空观念。

3. 通过新情境的创设和分析，历史图片以及历史文献资料的研习，培育史料实证的素养和方法。

4. 厘清五四运动、中国共产党成立以及国民大革命的历史逻辑，培育历史解释素养。

5. 通过李大钊的"青春"这一教学立意，学习五四运动、中国共产党成立以及国民大革命等知识，体会无数仁人志士用青春为中国革命付出的艰辛努力，再联系自己的青春，明确作为新时代的中国青年应具有责任与担当意识。

**例：【学习目标案例】高中物理——"动能和动能定理"**

1. 通过力对物体做功的分析确定动能的表达式，演绎推理得到动能和动能定理，理解动能的内涵，加深对功能关系的理解。

2. 情境分析，进一步加深对动能定理的理解；应用动能定理解释生产生活中的现象，解决实际问题。

3. 使用牛顿定律推导动能定理，培养演绎推理能力、分析综合能力。

以上学习目标与物理学科核心素养的关系如下：

1. 通过力对物体做功的分析确定动能的表达式，加深对功能关系的理解；通过演绎推理了解动能和动能定理，理解动能的内涵，建立物质运动的能量观。

2. 在理解领悟动能定理的过程中体会类比法、微元法的应用，实现培养思维能力素养的目标。

3. 通过应用动能定理解释生产生活中的现象或者解决实际问题，实现培养科学探究能力素养的目标。

4. 通过对动能和动能定理的演绎推理，领略物理等自然学科中蕴含的严谨的逻辑关系，体会自然界的真实美。

（二）确定教学重点与难点

学习重点是知识单元的核心和后继学习的基石，帮助学生理解和掌握学习重点，可以促进学生整体建构知识。学习难点是那些学生难以理解和掌握的知识、技能与方法，解决难点可以帮助学生清除学习障碍，更好地掌握知识内容。

教师基于对课程标准的解读、教学内容的分析、对学生已有知识和技能水平的把握，设身处地地考虑学生可能会遇到的困惑和问题，从而通过有效的教学设计帮助学生突出重点、突破难点，使教学更加符合学生的实际需求，提高学生的学习兴趣和积极性。

（三）确定"教学"方式

教学方式是指教师在完成教学任务，促使学生产生学习行为时的基本教学方法。教学方式是教学中师生互动交流、共同参与的方式。学本课堂倡导的学习方式有自主性学习、拓展性学习、研究性学习、开放性学习、合作交流性学习，与其对应的整合式教学、问题式教学、主题式教学与情境式教学是教学方式的具体表现。

确定教学方式时应综合考虑教学目的、教材内容、学生特点、学生的认知规律和兴趣、教师本身的素养、教学环境等多个因素，应指向学习方式的复合性、教学内容的真实性、教学过程与学习过程的情境性以及教学对象的普适性。在"先学后教，以学定教"的理念下，学本课堂教学方式的设计既要考虑教材内容，也要考虑真实生活与现实世界；既要考虑学生的自主学习和合作学习，也要考虑教师的适时引导和点拨。应当指出的是，学本课堂不反对传统的讲授式教学，但必须做到精讲、善导，良好的讲授依然是有效的教学方式。

（四）营造适宜的教学环境

营造适宜的教学环境是指为学生提供有助于学习和发展的物理、社会、心理和情感环境。在学本课堂教学中，教学环境的创设首先应该具有一定的舒适性，以利于学生更好地投入教学活动，融入学习氛围中，提高学习效率。其次，良好的教学氛围应该是"活起来"的，也就是说课堂的气氛应该是活跃的、轻松的。教师可以设计一些互动性强的教学方法，如小组讨论、角色扮演、案例分析等，让学生在课堂上有适当的互动、交流时间，提高学生对知识的理解运用能力和团结协作能力。最后，学本课堂教学环境的创设还应该具有多样性和创新性。教师可以设计不同的教学方法和手段，如信息化教学、游戏化教学、实践教学等，让学生在多样性和创新性中感受学习的乐趣和挑战。

教学环境为教学而服务，创设教学环境应本着服务于教学的原则，与教学设施、教学设计和教学内容相呼应。与教学设施呼应，是指教室的布局应合理，教学设备（包含教具和教学软件）功能稳定可靠、易于操作，以便课堂教学顺利展开；与教学设计呼应，是指通过教学设计能串联起由思想到方法、环境再到执行的逻辑线索关系；与教学内容匹配，是指要结合学情，针对教学内容，深入挖掘教材之外的教学资源（如网络资源、实验室、课外阅读等），以便面向不同类型的学生时能选择合适的教学方法（如讲解、演示、实验、小组讨论等）。

### （五）创设真实情境，激发学习兴趣

学本课堂教学设计高度认同并认真践行新课改理念，强调找准学生的学习起点，积极构建教学情境，激发学生的认知意识，使学生深度参与到课堂教学中。情境是推动核心素养培育的重要因素，是让知识得以呈现和应用的载体，能够将学习内容融入具体、形象、真实的生活场景中，凸显学科的价值和意义。教学情境的创设通常包括以下八类：学生所熟悉的经验情境；学生知道的、具有时效性的、典型的社会事件情境；借助一定的艺术素材或者手段创设出的艺术情境；借助学生思维想象的模拟联想情境；基于动手操作演示的实验情境；基于学科发展的历史情境；随着课堂教学的进行生成的生成性情境；基于问题发现和解决的问题情境。

情景创设要求真实和有效。真实的教学情境包括三个方面的特征：心理真实性、功能真实性和物理真实性。其中，最为核心的就是心理真实性。学生要高度投入学习任务中，首先必须从心理上认可学习任务，并感觉到学习任务是源于自己生活中的真实需求，能帮助自己解决现实生活中的真实问题，以此激活思维，增强任务驱动力。教学情境只有与学生的学习生活建立有效

联系，才能激发学生思维和行动的积极性，也才有助于学生用所学知识来解决真实的生活问题，发展核心素养。

通过合理选择和应用教学情境，可以有效地提高学生的学习兴趣和参与度，促进学生对知识的理解和应用，提升学生的核心素养和综合能力。在学本课堂教学设计中选择和应用教学情境时，应符合三个要求：第一，情境应当源于生产和生活，因为只有这样才能反映出知识的实际应用价值；第二，情境应当能够衍生出问题，因为只有这样才有利于学生进行知识的建构和应用；第三，情境应当在整个教学活动中发挥作用，以推动教学的进行和知识的传递。情境创设案例如下：

**【情景创设案例 1】高中历史——"五四运动与中国共产党的诞生"**

本节课以"历史的回声"（1919 年 5 月 4 日青年学生在天安门前游行示威）与"时代的新声"（2021 年 7 月 1 日青年学生在天安门广场庆祝中国共产党成立 100 周年）两张图片创设情境，把学生带入特定的时空，感受不同时期的青年在天安门广场发出时代的强音，承担时代所赋予的责任，激发学生对自己的青春进行思考。运用习近平总书记"未来属于青年，希望寄予青年"讲话音频渲染气氛，激发学生的学习兴趣，确定"青春的名义，信仰的力量"学习主题。同时，可将本课的教学暗线确定为"弘扬伟大建党精神，探寻中华民族伟大复兴"，突出一百多年来一代代青年在中国共产党的旗帜下，把青春奋斗融入党和人民的事业，成为实现中华民族伟大复兴的先锋力量。本课以党的二十大报告主题结束，更是为了弘扬伟大建党精神，探寻中华民族伟大复兴之路。

**【情景创设案例 2】高中物理——"动能和动能定理"**

龙卷风的风速可以达到 100m/s，海啸登陆时速度可达每小时 160km/h。龙卷风和海啸具有巨大的能量，可以拔起大树、掀翻汽车、摧毁房屋，甚至会带来毁灭性的灾害。你能用物理知识解释龙卷风和海啸的危害为什么如此之大吗？龙卷风和海啸具有的能量是什么形式的能量呢？（多媒体播放龙卷风和海啸的画面）

**【情景创设案例三】高中生物——细胞的物质输入和输出**

教师利用学生对肾健康热点的关注，确立了"再认排毒'宝脏'，享受健康生活"的学习主题，设置了原尿和终尿体积与成分的差异情境、肾脏出现暂时性炎症情境和严重肾衰竭情境，然后分别用上述情境包裹核心问题设计任务群：分析相关物质进出肾小管上支细胞的方式、特点及影响因素，探索利尿剂缓解肾炎的原理、人工肾利用的生物学原理，驱动学生深度参与学习。

## （六）设置任务驱动，推动思维进阶

在教学中，学科知识的难度是螺旋上升的，学生思维的发展也是逐层进阶的。因此，学本课堂的学习任务应是教师在对教学内容理解整合的基础上，按照学生的认知特质和课程的知识逻辑来设计的。教师应认真分析学生已知的事实、概念、清晰度和组织结构，分析学生的认知逻辑，从学生的"所思所想"出发，抓住学生的"最近发展区"，在学生的"能思能想"范围内，确定好学习任务的着力点，设计适当的挑战性学习任务，设置"任务链、问题组合、思维导图"学习支架，整体上使各学习任务之间的情境相通、知识相联和思维延展，从而使学生经历从感知到理解、由现象到本质、由表及里、由浅入深的学习过程，努力将学生向其潜在水平引导，使其跳起来能摘到果子，达到"应思应想"的水平。

教育家布鲁纳曾说："教学过程是一种提出问题和解决问题的持续不断的活动，思维永远是从问题开始的。"学习任务的设计应能够有效促使学生在学习过程中抓住知识的本质进行提问和质疑。这样，学生不仅能理解知识的表面含义，而且能深入探究知识的本源，不仅知道"是什么"，而且积极探寻"为什么"。学习任务的核心在于"深度提问"，而"问题串"是一种有效的"深度提问"教学策略，即通过一系列有逻辑、有层次的问题，将课程内容有机地串联起来，引导学生进行深入思考和探究，满足不同学生的需求和兴趣，使得每个学生都能够在课堂教学中获得收获和发展。这样，学生就能不断突破思维的边界，拓宽思维的空间，挑战思维的高度，高质量地完成学习任务。

教师在设计教学问题时，应首先根据主题情境设置本节课的核心问题，即大问题。这个大问题应该具有统领全局的作用，能够贯穿整个课程内容。其次，应在每个教学环节设置一个核心问题。这个核心问题应该具有针对性和实际意义，能够引导学生深入思考并解决实际问题。最后，应在这个核心问题的框架下，设计一系列具体的子问题。这些子问题应涵盖课程内容的各个方面，有助于学生全面了解和掌握相关知识。

在学本课堂教学设计中，对于不同层次的问题，教师可以分别设置探究性学习活动。在探究性学习活动中，学生在教师的启发诱导下，以自主学习为基础，以现行教材为基本探究内容，将周围世界和生活实际作为参照对象，能充分表达、质疑、探究、讨论问题，通过个人、小组、集体等形式进行多种解难释疑活动，用所学知识解决实际问题。

**【学习任务创设案例 1】高中历史——"五四运动与中国共产党的诞生"**

在确立教学主题为"青春的名义，信仰的力量"后，教师针对教材的四个子目，整合教学内容，分别从"青春与时代的相遇：五四运动""青春与信仰的邂逅：马克思主义的传播""青春与未来的憧憬：中国共产党的诞生""青春与革命的碰撞：国共合作与国民革命""青春与现实的思考：责任与担当"五个方面阐述青春，升华教学主题，涵养家国情怀和时代使命感。

针对五个学习主题，教师分别设计了五个合作探究学习任务，分别是感悟五四运动爆发的时代脉搏；分析说明马克思主义如何逐渐成为凝聚民心的信仰；归纳概括中国共产党成立的条件；探索第一次国共合作的背景、过程及大革命失败的原因；感悟个人成长成才与时代、国家的关系。这五个学习任务以核心素养为指引，旨在激发学生认识五四爱国运动的历史意义，认识马克思主义在中国的传播与中国共产党成立对中国革命的深远影响，彰显教学立意，涵养家国情怀，培养时代使命感。

**【学习任务创设案例 2】高中物理——"动能和动能定理"**

本设计的内容包括两个方面：动能和动能定理的得出；动能定理的实验验证。

首先，通过展示能够体现动能的图片或视频引入新课。接着，学生展开实验：用手弹玻璃球以及钢球从斜槽滚下撞击小车的实验，定性描述动能的影响因素，唤醒学生的感性认识，继而提出问题：物体的动能与其质量和速度的大小有怎样的定量关系呢？通过两个递进情境的创设，引导学生通过演绎推理得出功与能量的表达式，继而引导学生总结动能和动能定理的概念。最后，"探究 $a$ 与 $F$、$m$ 之间的关系"的实验装置验证动能定理，采取教师引导、学生自主探究的方法，促使学生对动能定理有进一步的理解和把握。在学生对动能定理有了比较深入的理解之后，引导学生利用所学知识解决他们遇到的实际问题，让学生感觉物理可学、能学、会用，从而实现培养学生物理核心素养的目标。

**【学习任务创设案例 3】高中生物——"细胞的物质输入和输出"**

在"细胞的物质输入和输出"一轮复习课堂教学中，学生通过完成学习任务一——分析肾小管上皮细胞对不同物质的重吸收过程，初步构建了物质跨膜运输知识体系；通过完成学习任务二——分析和完善物质跨膜运输影响数学模型，设计探究实验，厘清了物质跨膜运输的方式及影响因素，提升了科学思维和科学探究能力。在此基础上，教师从学生的已知出发，在学生能知范围内，设置挑战性学习任务三，要求学生利用"近端肾小管上皮细胞重吸收模式图"，分析利尿剂治疗水肿的原理。通过搭建支架引导学生达到应知水平，实现知识的迁移运用，养成学以致用、造福人类的科学精神，增强社会责任感。通过以上任务的逐层实施，学生经历了概念体系建构、科学思维发展、探究能力提升、社会责任感养成的动态学习过程，逐步培养了生物学科核心素养。

## （七）评价学习效果，检测目标达成

学习评价包含"对学习的评价"、"为学习的评价"（发展性评价）和"学习内评价"三种类型。学本课堂教学设计主要是设计"为学习的评价"（发展性评价），即为了改进、优化学生的学习过程而进行的评价活动，应将学生的知识、能力、情感、态度、价值观等核心要素纳入评价内容指标，既考查学生对基本知识的掌握程度和学习知识的态度、情感等因素，又考查学生学习之后所掌握的实际能力、思想态度、思维方式等，力图实现对学生整个学习过程的多面体式的评价，其结果将为学生进一步学习、教师优化教学提供有效的反馈信息。

学本课堂教学评价应遵循客观性、整体性、指导性、科学性与发展性原则。从评价主体来分，包含他评和自评两种方式。他评，能尽量确保评价的客观性，主要是从教师（同伴）的视角对学生的学习态度、学习积极性以及学习自觉性等学习过程进行评价，再通过测试题对学生的学习结果进行评价。自评，即学生的自我评价，其主要目的是培养学生的自我意识和自我评估能力，以使学生更清醒地认识自己，优化学习过程。从学生学习的时间过程来看，教学设计中主要采用诊断性评价、过程性评价和总结性（阶段性）评价三者相结合的方式。诊断性评价是在教学活动开始之前进行的评价，目的是了解学生的学习基础和基本情况，为后续的学习奠定基础；形成性评价是在教学过程中进行的评价，可以用来了解学生的学习过程是否存在问题、有哪些问题等；总结性评价是一个教学阶段结束后进行的评价，目的是了解教学目标的完成程度和教学任务的完成情况。

基于教、学、评一致性原则，学本课堂教学中的学习评价内容与教学目标有着直接的对应关系。一方面，教学目标为学习评价提供了前提和依据，是评价学习结果时必须考量的重要标准；另一方面，评价作为一种反馈一矫正系统，可以评价教学过程中的每一步骤是否有效。此外，学本课堂教学评价方式和标准应先于学习活动组织开展就确立好，其目的是确保教师在设计教学内容之前能构建完整的知识体系，对教学目标与重难点形成清晰的认知，这是开展整体教学的前提。

**【教学评价案例1】高中历史——"五四运动与中国共产党的诞生"**

在课堂教学过程中，教师一方面要求学生分析各种图文材料，回答问题，另一方面引导学生使用表格等工具对相关事件发生的原因、过程和结果进行归纳概括，及时解决生成性问题，同时根据作答情况对学生进行形成性评价。

|  | 旧民主主义革命 | 新民主主义革命 |
|---|---|---|
| 领导力量 | 资产阶级 | 无产阶级 |
| 指导思想 | 平等自由、民主共和观念 | 马克思主义 |
| 革命前途 | 建立资产阶级民主共和国 | 完成民主革命任务后进入社会主义社会 |
| 革命发动的深度 | 纲领不彻底群众发动不充分 | 纲领科学彻底广泛发动群众 |
| 革命任务 | 反帝反封建（不彻底） | 反帝反封建（彻底） |
| 性质 | 资产阶级民主主义革命 | 无产阶级革命 |

**【教学评价案例2】高中生物——"细胞的物质输入和输出"**

在"细胞的物质输入和输出"一轮复习中，教师首先根据课程标准，明确了本课应达到以下学业发展要求：①阐明质膜具有选择透过性；②举例说明有些物质顺浓度梯度进出细胞，不需要额外提供能量；③有些物质逆浓度梯度进出细胞，需要能量和载体蛋白。然后设置了如下评价任务检验学生的课堂学习情况。

**【评价任务一】** 如图①～⑤表示物质进、出小肠上皮细胞的几种方式，下列叙述正确的是（　　）。

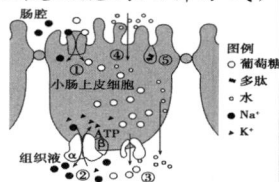

A. 葡萄糖进、出小肠上皮细胞的方式不同

B. 钠离子主要以协助扩散运出小肠上皮细胞

C. 多肽以方式⑤进入细胞，以方式②离开细胞

D. 口服维生素 D 通过方式⑤被吸收

**【评价任务二】** 农作物吸收氮元素的主要形式有铵态氮和硝态氮。已知作物甲对同一种营养液（以硝酸铵为唯一氮源）中铵态氮和硝态氮的吸收具有偏好性（铵态氮和硝态氮同时存在时，对一种离子的吸收量大于另一种），请回答下列问题。

（1）作物甲对硝酸铵中铵态氮和硝态氮的吸收具有偏好性的根本原因和直接原因是什么？

（2）请设计实验对这种偏好性进行验证，要求简要写出实验思路、预期结果和结论。

【评价任务三】分析资料，请用所学知识解释肾病治疗的生物学原理。

呈现资料：肾脏有炎症或病变后会引起组织液增多而导致水肿。治疗肾水肿时，医生会用一些利尿剂（呋塞米片、托伐普坦片等），让肾小管中的原尿更多地转换成终尿排出体外，达到缓解水肿的目的。

子问题1：请利用本课中的"近端肾小管上皮细胞重吸收模式图"，分析推测呋塞米片、托伐普坦片等利尿剂作用于肾小管上皮细胞的哪些结构，从而来增加终尿的形成。

子问题2：当出现严重的肾衰竭时进行透析治疗的生物学原理是什么？

## （八）板书设计突出重点难点，形成知识体系

板书设计就是对黑板板面书写的设想和规划，包括板书和图示两方面的内容。板书能将教师对教材的深刻理解用精要的书面语言展示给学生，能将教师的教学思路以直观、清晰的形式呈现给学生；能把教学重点、难点和知识点串珠成线，结线成网，形成结构，使学生一目了然；能用较快的速度吸引学生的注意力，引导学生的思路，把学生顺利引入教学情境；能为学生提供词语概括与归纳的最好示范，以实例反映教师炼字炼句的功夫；能明晰地教给学生思维的方式，开启学生的智力；能建立起教学信息系统，将教材中的多个知识点纳入其中，有利于学生保持记忆，温故知新。

设计板书应注意以下几个问题：一是要有明确的目的性，应突出重点，体现难点，防止形式主义倾向和随心所欲的自由主义倾向；二是要有较强的针对性，应针对不同教材的文体特点及内容特点、不同学生的特点、不同课型的特点，从实际出发，因文制宜，因人制宜，因课制宜；三是要有高度的概括性，要做到紧扣教材，挑选关键知识点，严格筛选，以简驭繁，以少胜多，利于理解，便于记忆；四是要有清晰的条理性，做到书之有序，要揭示出教材内在的事理间的逻辑关系、作者的思想脉络、教者的教学意图；五是要有周密的计划性。要对板书内容出现的先后、内容间的联系和呼应、位置的安排和调整、文字的大小去留、虚实的配合、符号的选用、板书与讲述及其他教学活动的配合等周密计划，力求顺理成章、水到渠成；六是要有适当

的灵活性，要在尽可能周全地设想出能够实现的板书方案外，适当留有余地，主动给学生留出"填补空白"的思维机会，使之产生发现和创造的乐趣。

---

**【板书设计案例】高中历史——"五四运动与中国共产党的诞生"**

**第 21 课　五四运动与中国共产党的诞生**

1. 青春与时代的相遇——五四运动
2. 青春与信仰的邂逅——马克思主义的传播
3. 青春与未来的憧憬——中国共产党的诞生
4. 青春与革命的碰撞——国共合作与国民革命
5. 青春与现实的思考——责任与担当

---

## （九）课后作业设计，巩固延伸学习成果

课后作业是课堂学习的延续，具有巩固新知识、检验学习效果、提升思考能力的作用，因此，教学设计应包含适当的课后作业。

---

**【课后作业设计案例】高中历史——"五四运动与中国共产党的诞生"**

阅读材料，回答问题。

中国共产党百年历史上发生的四件大事铸就了中国共产党百年辉煌。开天辟地：中国共产党在新民主主义革命时期完成救国大业；改天换地：中国共产党在社会主义革命和建设时期完成兴国大业；翻天覆地：中国共产党在改革开放和社会主义现代化建设新时期推进富国大业；惊天动地：中国共产党在中国特色社会主义新时代推进并将在本世纪中叶实现强国大业。

——曲青山《中国共产党百年辉煌》，2021 年 2 月 3 日

从上述材料中任选一个历史时期，拟定一个主题，并结合所学知识予以阐述。（要求：观点明确，持论有据，表述清晰，200 字左右）

学法引导：教师通过解读四件大事，让学生明白本节课的重要性，先教会其如何拟定论题，比如：中国共产党的成立是开天辟地的大事；中国共产党成立后中国革命面貌焕然一新；中国共产党在国民大革命中成长起来……也可以结合四件大事抓住关键词，比如第一件大事中的"开天辟地、救国大业"，可以拟为"中国共产党领导中国人民完成救国大业"，后面三件大事以此类推。

---

示例：主题：中国共产党领导中国人民完成救国大业

阐述：中国共产党成立以后领导中国人民进行了一系列的革命斗争：1927年发动南昌起义，开始武装反抗国民党的反动统治，逐渐探索出农村包围城市、武装夺取政权的革命道路；1931年日本发动九一八事变，中国共产党领导全民族开展抗日战争，最终打败日本侵略者；抗战胜利后，面对美帝国主义支持的蒋介石政府坚持发动内战，中国共产党领导中国人民予以坚决还击并最终取得胜利；1949年中华人民共和国成立，标志着中国新民主主义革命的基本胜利，说明中国共产党领导中国人民完成了救国大业。

总结：中国共产党的成立是开天辟地的大事，中国共产党领导中国人民取得了新民主主义革命的基本胜利，给灾难深重的中国人民带来了光明和希望，实现了国家的独立，完成了救国大业。

设计意图：五四运动是新民主主义革命的开端，为中国共产党的成立做了思想准备。学生通过本节课的学习，更加认识到中国共产党的初心使命，更加理解了中国共产党开辟革命新道路的历史意义。回顾百年党史，四件大事铸就了中国共产党百年辉煌。学生可结合本节课所学习的知识及通过预习后面的知识，再加上已有的初中知识以及百年党史学习背景下积累的知识，通过自己的感受任选一件大事，拟定一个主题予以阐述。不同层次的学生通过本课学习，都或多或少对中国共产党诞生后的中国有自己的感想，引导学生选择其中一件大事，拟定主题并结合所学知识阐述，能培养学生探究历史问题的能力，能发散学生思维，打开学生的历史视野，发掘不同学生的学习潜能。

学生根据已有的知识经验进行探究，既是对本课知识内容的升华，也是对接下来要学习的内容进行铺垫。在学本课堂教学中，教师应真正对学生进行立德树人教育，涵养家国情怀，充分发挥历史学科以史为鉴、将历史与现实相结合的作用，充分发挥历史学科在党史教育中的作用，促使学生真正做到学史明理，汲取思想养分；学史增信，筑牢信仰根基。

# 第二节　学本课堂导学案设计

美国著名心理学家布鲁纳提出的发现学习理论认为，学生的学习是主动发现的过程，而不是被动接受知识的过程。教育心理学家奥苏伯尔提出了有意义学习理论，他认为学生应自主探究、自主学习。瑞士心理学家皮亚杰提出的建构主义理论更强调学习者的主动性，认为学习是学习者基于原有的知识经验生成意义、建构知识体系的过程。发现学习理论、有意义学习理论和建构主义学习理论的核心观点都要求培养学习者的学习主动性。与此同理，新课程改革也积极倡导自主、合作、探究的学习方式，要求教师开发各种学习资源，大胆改革、优化课堂，在教学中探究新方法、新模式，形成开放性的课堂，突显学生的自主学习，促进学生全面素质的发展。

"以学习为中心，以学生发展为本"的学本课堂将教案改为导学案，就体现了先学后教，教学合一的教学理念，与发现学习理论、有意义学习理论和建构主义学习理论一脉相承。

## 一、导学案的内在要义

导学案是用于指导学生自主学习、主动参与、合作探究、优化发展的学习方案，由"学案"和"导学"两个有机部分组成。"学案"是教师根据学生的认知水平、知识经验编写的供学生预习和自学所用的书面的学习方案。"导学"则是教师根据教学目标引导和指导学生学习的具体做法。导学案应当经教师集体研究、个人备课、再集体研讨确定，其编写要以新课程标准为指导，以素质教育要求为目标。

### （一）着力于学习活动设计

导学案是学生自主学习的方案，是学生学会学习、学会创新、自主发展的路线图。导学案应遵循学生的学习规律，按照学生的学习全过程设计，将学习过程前移，充分体现课前、课中、课后的发展和联系。它包含五个要素，即学案、导学、探究、点拨、练习。与之对应的有五大环节：课前预习导学—课堂学习研讨—课内训练巩固—当堂检测评估—课后拓展延伸。

导学案将知识问题化。利用导学案开展学本课堂教学，是在先学后教的基础上实现的教与学的最佳结合。它在充分尊重学生主体地位的前提下，积极发挥教师的主导作用，通过科学有效的训练，达到课堂教学效益的最大化。学习活动是教师设计导学案的着力点，它包括学习内容和学法指导，如观察、联想、对比、归纳、思考、讨论等。除此之外，还要明确培养学生何种思维方法，训练何种能力，指导何种解题方法等，使静态的学习内容动态化。同时应充分考虑学生的个体化、认知水平的差异化，通过具有启发性和趣味性的问题设计和情境设计，激发学生兴趣，达到引导全体学生自主学习的目的。

（二）落实到系列问题探究

导学案的基本构成方式是问题式导学，即将知识问题化、能力过程化。教师把学生应该掌握的知识和能力浓缩在一系列的问题之中，设计"提出问题—提示方法—明确要求—学生学习"的行动路径。

无论是新授课、复习课还是拓展延伸课，都应以"问题"主导教学的全过程。"问题"是编写导学案的核心，既是教师"导"的基本思想策略和方法的体现，又是学生"学"的过程的体现，因此问题的设计必须遵循"导"的规律和"学"的规律；对问题的解答是学生知识和能力的集中体现，所以教师设计的问题必须具有科学性、针对性和实效性；问题在导学案中既起着引导作用，又应具备启发功能，因此问题的设计必须具有艺术性和启发性。另外，要关注问题的难易、数量、大小等。

学生在使用导学案的过程中，主动探究的方式多样，如个人探究、分小组探究、小组之间交流与合作等，充分体现了学生的主体地位。学生自主探究，对疑难问题进行探索，可以弄清事物规律的来龙去脉；通过小组合作情境探究，学生可以在知识上有所收获，在思维上有所启迪，在合作交流上有所提高。

（三）服务于师生的教学活动

导学包含"导"和"学"两个方面。"导"是指教师要立足于"主导"地位，即：创设情境，明确任务；组织学习，适时点拨；合理评价，情感推动。"学"包括扫除显性障碍，提出疑难问题，梳理学习内容要点，以及明确重点学习目标。应当注意的是，教师的"导"为学生的"学"服务，学生的"学"是在教师的"导"下进行的，"导"和"学"两个方面相互配合，相辅相成。导学案中应有明确的学习目标、学习主线、难点解释、问题探究、学法指导、思维拓展等内容，能对不同层次的学生起到导学的作用，能让学生步步深入，各得其所。

在使用导学案教学时，学生是主体，教师是主导者，训练是主线，能力培养是主攻方向。课前，教师要把编写好的导学案发给学生，并在教学过程中同步使用。下发导学案后，教师可设置精当的导语引出课题或直接入题，指导学生在导学案上明确自学的知识目标，交代清楚自学的方法和应该注意的问题，使学生了解学习的重点、难点，为探究做好心理准备，调动学生主动发现问题并尝试解决问题的积极性。

## 二、导学案的价值定位

编写和使用导学案有助于落实"先学后教，教学合一"的教学理念，培养学生主动学习的意识；有助于落实学生的主体地位，把学生的上课行为由被动接受的"听"转换为独立自主的"学"，让学生成为学习的主人，而教师成为助学者；有助于激发学生的内在动力，激发探究愿望，激活课堂，提升学生的知识迁移能力。学生和教师成为学习共同体，也有助于强化组织教学，优化教学程序，落实教学目标，更好地完成教学任务。

### （一）利用导学案落实学生的主体地位和教师的主导地位

学本课堂教学以集学案、教案、练案为一体的导学案为载体。课前，学生使用导学案进行结构化预习，教师利用导学案进行结构化备课；课上，师生利用导学案，将自学、合作、探究活动相结合，由课前拓展到课中，再延伸到课后，充分发挥师生的主导、主体作用，促进教与学过程的最优化。导学案还能将知识获取问题化、问题解决情境化、能力培养趣味化，真正实现课前预习有目标、当堂学习有过程、课后巩固有依据、训练提高有指向，使课堂教学的内容和过程更具有激趣价值，蕴含多元思辨，促进学生合作探究，提升学生的思维能力。

导学案教学的各个环节都体现了对"学为中心"的坚守，它给予学生更多的自学时间，教给学生自学的方法，发展学生的思维能力，使学生由"学会"向"会学"转变，为学生以后的自我发展打下了良好的基础。学生通过导学案可以明确了解学习目标，掌握学习重点，并自觉地进入学习状态。通过导学案，学生能掌握大多数的基础知识，并发现和确认学习过程中的重点、难点和疑点，自觉做好课前准备。课上，学生在教师的动态点拨和导学案的书面指导下，或自学或互学，或自我钻研，或小组讨论，或研讨或探究，自觉参与学习之中，真正成了学习的主人。

从研制导学案开始，教师就已进入指导角色。学习目标的确立，学习方法的设计，学习内容、学习环节的设计，无一不是教师个体和群体的智慧体现。课堂上教师适时把握和调节学习环节和节奏，并根据教学环境随时给予帮助和点拨，有利于促进学生知识的生成和能力的提升。在学本课堂教学中，运用导学案，教师既不是目中无人的讲解者，又不是冷眼袖手的旁观者，而是参与到学生的学习中，成为真正的启发者、点拨者和引导者。

### （二）导学案有利于学生养成思考和交流的习惯

只有让学生在平时的学习中学会思考问题，学会主动寻找解决问题的途径，他们才可以有足够的信心去独立面对问题、思考问题、有效解决问题。教师在设计导学案时，应充分考虑各层次学生的认知水平，设计具有一定难易梯度的学习问题，充分调动所有学生的学习积极性，并给予学生充分的时间去独立思考和交流探讨。这样，既能真正锻炼学生自己解决问题的能力，又有利于学生有效地进行合作学习，促使学生在合作探究的过程中相互学习，共同提高。

### （三）利用导学案实现异步学习、精准教学

导学案中已明确了具体的学习要求和方法，但它并不是一个僵化的教条，而是一个动态的学习线路图，学生完全可以自主地、自由地设计和实施自己的学习策略，可以有不同的学习方式、学习策略和学习速度，可以根据自己

的需要或独立钻研，或请教老师、同学，也就是要让不同水平层次的学生自主选择适合自己的学习方式，教师则根据学生的学习状况，进行集体点拨或个别指导。教师应将主要精力放在那些更需要帮助的学生身上，根据他们的特征做好针对性指导，实现异步教学、精准教学。

### 三、导学案的编写策略

#### （一）导学案的编写原则

导学案的内容源于教材和课程标准，是有效学习教材的辅助材料。编写导学案，必须符合新课改的指导思想，在其形式、内容和问题的设计上集中体现"自主、合作、探究"的学习特点，既有利于学生自主高效地学习、练习、研究，又便于学生在课内进行充分的合作、讨论、展示。

编写学本课堂导学案，应注意以下六个原则。

1. 单元课时性原则

以核心素养为导向的学本课堂要求教师在更高的站位上思考教学，编写导学案。教师既要依据课标，以大概念统整教学内容，适当拓展，又要分课时编写导学案，明确每一课时的学习目标，确保能有计划地完成教学任务，实现知识的系统化和结构化，使学生的学习既见树木，又见森林，最大限度地提高课堂教学质量。

2. 目标清晰化原则

导学案的学习目标应清晰、可测。设定学习目标是编写导学案的重点。在教学活动中，教师和学生的目标是一致的。如果将学习目标比喻为学生可以到达的目的地，那么最好的教学方式就是让学生通过自己的努力到达目的地。要实现这个目标，学生必须首先明确目的地在哪儿（学习目标），再根据现实情况（已经掌握的知识）规划（运用学习策略）出自己的路径（学习流程）。学习能力的提升就是策略的积累，策略积累得越多，对策略思考得越多，学习能力就提升得越快。

让学生清清楚楚地上课、明明白白地学习是提升其能力的第一步。学生越清楚自己要做什么，他们能想到的办法就越多；学生如果对目标认知不够，就不知道该怎么做，只能等、靠、要。所以教师要不遗余力地让学生了解应该做什么，能够做到什么，以激励学生明确目标、认同目标，积极参与课堂学习。

学习目标的设定要做到清晰、可测，使其成为学生能力提升的标准。学生明确了学习目标，能够获得"我要学什么""应该怎么评价""我需要做什么""怎么做"等重要信息。能定位学习目标，也是学生学习能力提升的表现。

### 3. 启发指导性原则

导学案将知识点转变为具有启发性和探索性的问题点、能力点，通过对知识点的设疑、质疑、解释，有利于激发学生主动思考，逐步培养学生的探究精神以及分析、归纳、演绎的能力。导学案的编写，要遵循以问题为线索的原则。精心设计的问题能够使学生意识到：要解决教师设计的问题不看书不行，看书不看详细也不行，光看书不思考不行，思考不深不透也不行。要让学生真正从教师设计的问题中找到解决问题的方法，学会看书，学会自学。

授人以鱼，不如授人以渔，导学案中既有学习内容的指导与要求，又有学习方法的指导，不仅有利于学生学到知识，更能从所学知识中总结相应的学习方法。同时，要注意学法指导的基础性与发展性，强调导学性，发挥路线图作用。

### 4. 主体参与性原则

学生是学习主体，导学案的编写一定要坚持学生主体参与性原则。教师在编写导学案时，要努力创设有梯度的学习问题，以学生生活实际作为出发点和落脚点，通过充分挖掘教材，给学生创造足够的思考空间，为学生提供尽可能多的机会进行辩论、演讲、表达。同时，要给予适当的学法指导，尽量让每一名学生都能参与到课堂教学中且学有所获，以提高学生的学习积极性和主动性，增强学习自信心。

### 5. 结构层次化原则

教师在编写导学案时，要将难易程度不一、杂乱无序的学习内容处理成有序的、阶梯性的、符合各层次学生认知规律的学习方案。要分层、有序编写学习内容，由低到高，由易到难，由简到繁，螺旋状上升，体现知识的逐步生成过程，以引导学生由浅入深、层层深入地认识教材、理解教材，引领学生的思维活动不断深入。同时，应满足不同层次学生的需求，使优秀生能从导学案的设计中感到挑战，一般的学生能得到激励，学习困难的学生也能尝到成功的喜悦，最大限度地调动全体学生的学习积极性，真正实现让每个学生都学有所得的目的。

6. 时代生活化原则

导学案的编写应该紧贴时代，符合学生生活实际，遵循生活化原则，从学生的生活经验出发，寻找与教育教学相联系的切入点，让学生在理解知识时能更好地代入自己的生活和情感体验，做到理论联系实际，学以致用。编写导学案时，教师要善于用中华优秀传统文化、民族精神和时代信念陶冶学生心灵，让学生从中汲取养料，提高人文素养，树立正确的世界观、人生观和价值观，得到真善美的熏陶。

（二）导学案的编写要求

导学案是学生自主学习的方案，也是教师指导学生学习的方案。导学案通过知识问题化、问题探究化、问题层次化、问题情境化的过程，达到实现"知识与技能，过程与方法，情感、态度与价值观"三维目标的目的。

1. 知识问题化

教师应该将教学内容转化为发人深思、引人探索的问题，把知识的形成过程及结论隐藏在解决问题的过程中，而不是直接呈现给学生一些概念性、结论性的内容。设计的问题应具有探索性、挑战性、趣味性，促使学生积极进行思考探索、合作探究活动。

2. 问题探究化

在传统教学中，学生只是被动地接受知识，教师的说教代替了学生的思考。学本课堂则注重培养学生的创新精神，要求学生能够积极主动地学习、发现、探究。只有学生能主动对学习过程中遇到的问题加以探究时，学生的学习体验才是深刻而有意义的。因此，在设计导学案时要通过知识点的设疑、质疑、解疑，来激发学生的思维能力，培养他们分析、归纳、演绎的能力。

3. 问题层次化

为了使不同层次的学生都能在课堂上有所收获，教师在设计导学案时，要注重问题的分层性，即要根据不同学生的学习能力和认知能力来设置具体的问题。问题的设计可以按以下四个层级进行：一是识记级，旨在了解学生对基本知识的掌握情况；二是理解级，旨在考查学生是否已理解所学知识；三是应用级，旨在检验学生是否将所学的知识迁移到具体的生活实践中；四是拓展级，要求学生积极使用多学科知识对问题进行分析处理。

导学案问题设置的不同难度，有利于不同水平的学生都学有所获，激发学生的学习兴趣和自信心，让学生在学习过程中一步步得到提高。

4. 问题情境化

把抽象的概念性的知识转化成具体的问题当然离不开情境创设。创设好的问题情境，有助于激发学生的学习兴趣，促使学生头脑中形成新知识与原有经验之间的联系，从而完成知识的建构；也能促使学生更好地理解所学知识的价值。在编写导学案时，教师可根据学科知识、学生生活实际或社会热点创设课堂教学情境，让学生在熟悉、生动的情境中积极探究问题，落实知识点，并用所学知识解决实际生活问题，获得情感体验与能力提升。

（三）导学案的编写内容

1. 学习目标

学习目标是学生应达到的学习目的和标准。教师在编写导学案时，应以学习目标为出发点和落脚点，为教学活动设计指引方向，为教学评价提供依据。学习目标具有可测量、可考察、可操作的特点，便于学生看得清、学得透、拿得准。学习目标还具有一定的层次性和梯度性，便于学生分清主次目标并有序化学习，循序渐进地突出重点、难点，满足不同层次的学习需求，实现高效学习。

---

**案例：【初中语文】七年级下册第五单元第 8 课时**

1. 通过讨论交流，能说出托物言志写作方法的操作要点，完善征文评分标准，发展语言运用能力。

2. 通过阅读教材，明确文从字顺的要求，完成相关评价标准制定，发展思维品质。

3. 通过写作训练和展示交流等，运用托物言志的手法，抒发自己对自然、社会、人生的感悟，提高创意表达能力。

---

2. 学习重难点

学习重点是学习过程中需要准确理解并全面掌握的重要知识与技能，学习难点是指学习过程中教师教学难度大、学生学习难度大的知识点。编制导学案中的学习重难点时，要根据新课程标准，在研读教材的基础上从宏观上进行规划，帮助学生科学分配学习时间与精力。同时，应根据学生已有知识储备与能力素养，准确把握重点、难点、易混点、易错点、关键点、高频考点，结合案例对重点知识进行剖析，使学生能更深入地学习相关教学内容，确保课堂教学的实效性。

### 3. 学法指导

学法指导是对学习方法、复杂问题的提示，在导学案中占据着举足轻重的地位。教师应结合教学内容、课程目标以及学生情况采取合理有效的学习策略，促使学生找寻到适合自己的学习方法，全面提升学习效率与学习质量。编写导学案时，教师应注重帮助学生掌握恰当的学习方法，制订高效的学习计划，有效开展课前预习自学、小组合作探究、课堂成果展示，利用网络资源收集资料，使用纠错本反思学习过程等。编制导学案时，要凸显导学案的导学特征，从而使学生不仅能参与知识生成过程，而且能获得方法上的指导。

### 4. 课前自主学习

课前预习是学生高效学习的关键步骤，也是编制导学案的重要因素。课前预习不但能培养学生的自主学习能力，而且能引导学生独立思考，培养自主探究能力。预习导学案的内容不应是简单的对知识的机械重述，而是要将所学内容的基本知识点按一定的思维逻辑构建成思维导图体系，以填空题或问题的形式呈现，引导学生进行课前自主学习。在学习目标的引导下，学生能积极思考并尝试解决教师设置的预习问题，初步形成知识线索并标记疑难点，能带着问题快速进入课堂学习，从而提高学习效率。此外，还要设置预习自测环节，旨在对自主预习的成果进行自我检测与评价。预习自测一般以少量的基础判断题为主，不仅能使学生了解自己的预习效果，进一步明确知识点，建立知识体系，明确学习目标、重难点内容，还能为课堂探究的方向提供现实依据。

### 5. 课中合作学习

课中合作学习是导学案的重要组成部分。教师应根据课程标准、教学内容和收集的课前自主学习问题，有针对性地设计相应的学习任务，使目标知识化、知识问题化、问题任务化、任务探究化、探究层次化。通过学习小组内的合作探究、展示交流和教师的引导点拨，帮助学生加深对重难点知识的理解和掌握，突破难点、扫清障碍，厘清知识间的关系，建构知识体系，进一步培养探究、合作交流的意识和能力。

### 6. 课堂习题检测

课堂检测不仅是对探究结果的巩固与运用，而且是对学习效果的检测与评价，更是对学生是否达到学科素养指标的测量。因此，编制高质量的课堂巩固练习题时要注意以下几个方面：一是针对性，课堂检测习题应与学习目标、学习重难点相吻合，使学生能通过学习成果检测，提升知识归纳能力。二是层次性，应按题型难易程度设置判断题、材料分析题等多种题型，使各层次学生的学习需求得到满足，帮助学生快速理解并全面掌握各项知识。通过课堂习题检测，将学生真实的学习状况反馈给教师，有利于教师及时补充教学内容并调整教学方式，不断完善教学中存在的问题。

---

**案例：【初中语文】七年级下册第五单元第 8 课时：**

热身：回顾《紫藤萝瀑布》《一棵小桃树》《爱莲说》《陋室铭》《落花生》《石灰吟》《白鹭》《马诗》等课文，说说它们使用的共同的写作手法是什么。

任务一：联系课文，探寻"托物言志"方法。（指向目标1）

选择《紫藤萝瀑布》或《一棵小桃树》，说说它是怎样托物言志的。（指向目标1）

2. 小组讨论，共同完善下面的征文评分标准设计。（检测目标1）

温江二中七年级"草木缘情，花果寄意"征文评分标准（一）

| | 评价维度 | 满分 | 得分 |
|---|---|---|---|
| 会用托物言志（60分） | "状物"：合理安排写作顺序 | 30 | |
| | "言志"：运用恰当的方式（对比等）表达感悟；语言凝练，富有哲理 | 20 | |
| | "物"与"志"的联系：能恰当揭示出物的特点与所抒发"志"之间的相似点 | 10 | |

续表

任务二　依托教材，学会"文从字顺"表达。（指向目标2）

1. 自主阅读课文，勾画相关内容，完成以下评价标准。（指向目标2）

温江二中七年级"草木缘情，花果寄意"征文评分标准（二）

| | 评价维度 | 满分 | 得分 |
|---|---|---|---|
| 做到文从字顺（40分） | 准确：表达清楚，无歧义 | 20 | |
| | 连贯： | 20 | |

2. 七年级（5）班进行了托物言志的写作练习，某同学对她喜爱的景物进行了描写。她自己读了一遍，总觉得有问题，你能帮她指出哪些地方不符合"文从字顺"的要求吗？（检测目标2）

①夏天，小河大概是怕晒吧，很早就穿上了荷叶与荷花编织成的衣裳。②这些荷花有的还是怒放的花蕾；有的早已凋谢，只留下了青绿青绿的莲蓬。③荷叶如同一条条舞女的绿裙，为小河遮住了那烫人的阳光。④片片荷叶中还时隐时现着朵朵美丽的荷花，淡淡的芳香也氤氲在小河的四周。

任务三　学以致用，尝试"托物言志"创作手法。（指向目标3）

1. 选择触动你心灵的一个景物，运用托物言志的手法写一个150字左右的片段，注意以上评分标准的体现。（指向目标3、检测目标3）

同学点评：

根据评分标准为同学的片段作文写评语，然后在全班分享。（检测目标3）

7. 课堂小结与课后反思

控制论之父诺伯特·维纳指出："有效的行为一般需要根据获取的反馈信息评估是否实现预期目标。"课堂小结与课后反思是导学案教学中不可或缺的环节。课堂小结不是对教学内容的机械性重复，而是梳理相关知识的内在联系，将分散零碎的知识点以文字式、图表式或线索式小结的方式构建成知识框架，做到聚点成线，最后形成面，帮助学生巩固与强化所学知识，进而提升教学效果。课后反思是师生对教学中存在的问题与收获进行的反思。教师通过回顾本堂课的教学设计与处理方式，积累教学经验，提升教学能力，在反思中快速成长。学生通过课后反思，记录一些没有理解或解决的问题，优化学习方法，进一步理解学科知识，提高自我反思能力，促进自我发展与完善。

> **案例：【初中语文】七年级下册第五单元第8课时：**
>
> 1. 你能说出托物言志的写法要点吗？
> 2. 你能说出今后在哪些情况下会用到托物言志的写作方法吗？

### 8. 课后拓展作业

课后拓展是对课堂学科知识的巩固与延伸，能促进学生进一步巩固知识、发展能力。课后拓展作业的设计应该遵循以下策略：第一，联系生活实际，围绕本课学习目标、重难点、易错点进行针对性设计。第二，根据新课程标准要求，设置开放性题目，锻炼学生的发散性思维与开放意识。第三，设置不同难度的题目，满足不同层次学生的学习需求：针对优等生设计具有探究性、拓展性的问题；针对中等生设计一些适度能力提升的问题；针对学困生设计一些基础性与知识性问题。教师应及时回收并批阅导学案，将分层施教与分层辅导相结合，促进学生完善与发展，即针对学生普遍存在的共性问题，在课堂上集中讲解；针对部分学生存在的特殊问题，在课后为其提供单独辅导。

> **案例：【初中语文】七年级下册第五单元第8课时：**
>
> 将上面的片段写作进行扩展，把人与物的故事讲完整，参加学校学生发展中心开展的"草木缘情，花果寄意"征稿活动，完成一篇托物言志的作文，表达自己的志趣或生活态度。

> ### 学本课堂导学案设计模板
>
> 一、课题名称
> 二、学习目标
> 三、学习重难点
> 四、课前自主学习
> 五、课中合作学习
> 学习任务1、学习任务2、学习任务3……
> 六、学习达标训练（或测试）〔提示：对照学习任务精心设计练习或测试。〕
> 达标练习1.
> 达标练习2.
> 达标练习3
> ……

| |
|---|
| 七、课堂小结反思［提示：从四个角度反思：学会了哪些知识？怎样学会的？存在的问题？弥补的方法？］<br><br>　　八、课后拓展练习 |

## 四、"导学案"使用要求

在使用导学案的过程中，教师应加强对学生的"导"，导学、导思、导练，让学生从训练、做题中解放出来，主动参与到课堂活动中，发挥导学案的作用。只有发挥出导学案中"导"的作用，才能提升学生的学习质量，促进学生综合素质的提升。教师应注意提出问题，引导学生不断质疑、思考、创新、归纳、总结、感悟、内化，掌握解决问题的方法和步骤。

### 1. 课前自学生成问题

教师在上课前下发课堂导学案，一般不布置别的书面课外作业，主要指导学生使用导学案。在使用导学案时，要确保学生明确学习目标，根据要求进行自学，独立思考，并尝试解决；引导学生主动记下疑惑，生成问题，由学科代表收集学生个人问题重组后交给学科老师，将问题集中呈现在课堂上解决。教师在上课前应检查学生完成导学案的情况，以了解学情进行二次备课，根据自学内容和学情，及时调整课堂教学时间、内容和方法，有针对性地进行学法指导，明确学习的时间、内容和方法步骤。

### 2. 课中合学解决问题

在授课环节，教师应充分利用问题发现生成单，设置有效情境，对重难点知识进行点拨指导，引导学生分析探究（独学、合学）、展示交流（展学）、共同解决问题，得出结论，最终形成问题解决展示单。在展示解决过程中，教师只需适时点拨、归纳，更多的是要调动学生积极展示，鼓励每个学生积极参与、大胆质疑。之后，教师重点对难以解决的问题加以指导，对解决不到位的问题进行质疑和补充，并利用典型题例进行训练巩固。在教学过程中，教师应善于引导学生感悟新知，梳理总结。学生在感悟、自学、合作、质疑过程中，在学习知识、解决问题和方法提炼的过程中，回顾旧知，总结规律和方法，完善知识体系，使自己掌握的知识更条理、更系统、更完善。

教师要放手让学生主动探索新知，讨论学习的重点和疑点。同时，要注重拓宽学生的思维，例如：引导学生通过充分的思考来获取知识，及时发现学生思维过程中的困难、障碍、疑问和错误；寻找学生思维的闪光点，及时给予鼓励和引导。

3. 课后检学拓展问题

针对教学重难点和学生共性问题，教师精选习题，组成拓展训练单。学生利用拓展训练单进行分析、归纳、演算，并构建知识树、形成知识网，以达到检学的目的。

---

**导学案设计案例：《五四运动与中国共产党的诞生》**

【课标要求】

了解五四爱国运动的历史意义，了解马克思主义在中国的传播与中国共产党成立对中国革命的深远影响；了解中国共产党开辟革命新道路的意义；了解国共合作领导国民革命的历史作用。

【学习目标】

学习目标1：通过阅读史料和教材，概括五四运动的基本史实，合作探究，说出五四运动中蕴含的爱国主义精神。

学习目标2：通过阅读史料，分析中国共产党成立对中国革命的影响，并通过梳理中共一大和中共二大的内容，说明中国共产党逐渐成熟的表现，从而增强对中国共产党的政治认同。

学习目标3：通过阅读教材，结合学习任务3，梳理国民大革命的基本史实，分析20世纪20年代中国人"凝聚力量"复兴国家与民族的主要表现。

【评价任务】

完成学习任务1和检测任务1，达成学习目标1。

完成学习任务2和检测任务2，达成学习目标2。

完成学习任务3和检测任务3，达成学习目标3。

【教学重点】掌握五四运动、中国共产党的成立和国民大革命的基本史实。

【教学难点】了解中国共产党成立的意义。

【学法建议】

1. 本节课的学习重点在于简述五四运动、中国共产党成立及国民大革命的主要史实，理解这些事件对中国新民主主义革命产生的影响。

2. 学习方式：重视阅读教材，在阅读教材过程中做到自主、全面、扎实，要有所勾画、标注；积极研读导学案中的材料和探究活动，深化对知识点的理解认识，感悟中华民族英勇不屈的精神，了解中国共产党为救亡图存和国家复兴而做出的努力。

【学习过程】

学习任务1：五四风雷·新开端（预计12分钟）

探究1：阅读材料，回答下列问题。

材料一：第一次世界大战持续四年零三个月，涉及三十多个国家，卷入人口超过十五亿，参战人员多达七千多万。在一战期间，欧洲国家暂时放松了对中国的经济侵略，但日本加紧了对中国的侵略，提出了灭亡中国的"二十一条"，完全违背了国际关系的基本准则。

材料二：1918年2月1日，皖系引奉军入关，劫走大批直系军火；

1918年5月15日，鲁迅在《新青年》发表《狂人日记》；

1918年9月5日，上海永安公司在南京路正式开业；

1918年11月15日，李大钊发表《庶民的胜利》。

请回答：根据上述材料，结合所学知识，概括五四运动背景。

探究2：阅读材料，回答下列问题。

材料一：中国历史上不乏爱国主义精神，从岳飞"精忠报国"、文天祥《过零丁洋》诗篇、顾炎武的"天下兴亡，匹夫有责"，到郑成功收复台湾、邓世昌壮烈殉国，都洋溢着伟大的爱国主义精神。然而，只有五四精神才第一次把爱国、进步、民主、科学紧密地联系在一起，把启蒙与救亡紧密联系在一起，从而使传统的爱国主义具有了现代性的神髓。这是五四运动所孕育的爱国主义精神的独特性所在，也是五四新文化运动之文化觉醒的重要体现。

——胡伟《从近代史到现代史的转折点》

材料二：五四运动之前，倡导新文化的报刊仅有《新青年》及发行才数月的《每周评论》《新潮》《国民》等。五四运动之后，自1919年6月起，年余之间，新出的周刊、旬刊、半月刊、季刊，多达400种左右，其中很多都是介绍十月革命、社会主义和马克思主义的，如《晨报》《民国日报》。

材料三：中国的土地可以征服而不可以断送！中国的人民可以杀戮而不可以低头！

——《北京学界全体宣言》

请回答：五四运动有何影响？青年人的爱国运动彰显的斗争精神使五四运动具有哪些重要的历史价值？

检测任务1：

1. 习近平总书记在一次纪念大会上指出：它"改变了以往只有觉悟的革命者而缺少觉醒的人民大众的斗争状况，实现了中国人民和中华民族自鸦片战争来第一次全面觉醒"。这次大会纪念的是（　　）

A. 义和团运动　　B. 新文化运动　　C. 五四运动　　D. 国民革命运动

2. 比较旧民主主义革命与新民主主义革命的异同。（建议从社会性质、革命任务、革命性质、领导阶级、指导思想、革命前途、革命范畴等角度对比）

学习任务2：日出东方·新天地（预计15分钟）

探究1：阅读材料，回答问题。

材料：这一开天辟地的大事变，深刻改变了近代以后中华民族发展的方向和进程，深刻改变了中国人民和中华民族的前途和命运，深刻改变了世界发展的趋势和格局。

——习近平：在庆祝中国共产党成立95周年大会上的讲话

请回答：共产党的诞生带来了什么开天辟地的新希望？

检测任务2：

1. 习近平总书记指出："中国产生了共产党，这是开天辟地的大事变。这一开天辟地的大事变，深刻改变了近代以后中华民族发展的方向和进程，深刻改变了中国人民和中华民族的前途和命运，深刻改变了世界发展的趋势和格局。""这一开天辟地的大事变"发生在（　　）

A. 1919年　　　　B. 1920年　　　　C. 1921年　　　　D. 1922年

2. 中共二大发表的宣言说：中国的广大农民有极大的革命积极性，是革命运动中的最大要素；小资产阶级因遭受极大痛苦会加入革命的队伍里来，工人阶级将会变成推倒在中国的帝国主义的革命领袖军。这表明当时中国共产党（　　）

A. 正确认识到当时中国的国情　　B. 强调农民阶级主力军地位

C. 主张国民革命实施国共合作　　D. 重视革命武装力量的作用

学习任务3：国共合作·新征程（预计8分钟）

探究1：阅读材料，回答问题。

材料：中国现有的党，只有国民党比较是一个国民革命的党……中国共产党须与中国国民党合作，共产党党员应加入国民党。

——《关于国民运动及国民党问题的议决案》（1923年6月）

请回答：根据材料，结合所学知识，归纳国共两党合作的必要性。

探究2：阅读材料，回答问题。

材料一：帝国主义对北伐战争开始是持"中立"态度的，但随着北伐胜利进军，受其支持的吴佩孚、孙传芳直系军阀迅速败溃，特别是工农群众运动蓬勃高涨，他们为了维护在华利益，公然干涉中国的国民革命。1926年9月5日，英国帝国主义军舰炮轰四川万县（今重庆市万州区）县城，屠杀中国军民，制造了"万县惨案"。1927年2月，美国建议将上海划为中立区。

材料二：不仅列宁相信，而且托洛茨基，甚至是斯大林都相信，俄国革命只有与世界革命结合起来，才能取得彻底的胜利……但也正是这样看似成熟于俄国革命的革命观念和革命经验，使他们不可避免地会严重脱离中国社会的实际。

——杨奎松《"中间地带"的革命》

请回答：根据材料，结合所学知识，指出国民大革命失败的原因。

检测任务3：

1. 歌曲是时代的产物。《松花江上》《大刀进行曲》这两首歌曲（　　）

A. 反映了寻求救亡之道的时代主题　B. 推动了土地革命的最终胜利

C. 体现了中共反帝反封的革命任务　D. 促进了中华民族意识的形成

2. 中国大地从南到北、从珠江三角洲到长江三角洲，处处燃烧着革命的火焰，使"孙中山先生致力国民革命凡四十年还未能完成的革命事业，在仅仅两三年之内，获得了巨大的成就"。这一"革命的火焰"（　　）

A. 促进了国共两党进一步合作　B. 完成了民主革命任务

C. 实现了孙中山的革命目标　D. 动摇了帝国主义统治中国的根基

【课堂收获】

【课后延展】学习本课知识，建构五四运动、中共诞生、中共一大、国共合作、国民党一大、国民革命之间的关联。

【课后检测】

1. 广州农民运动讲习所是第一次国共合作时期中国共产党培养农民运动干部的学校，1924年7月至1926年9月举办过六届，培养了800多名学员，为中国革命输送了大批干部。广州农民运动讲习所的开办（　　）

A. 为革命发展提供了人才资源　B. 反映出农民阶级领导革命的趋势

C. 加速了农村土地制度的变革　D. 说明农民运动成为党的中心工作

2. 有学者认为，早在 19 世纪末 20 世纪初，"中国几千年历史是黑暗的皇权专制的历史""国民性需要改造""个人解放""民主科学"等母题已经建构，五四新文化运动只是将其"扩大化"为一场社会运动。该学者意在强调（　　）

A. 维新变法开启了思想解放的潮流

B. 五四运动植根于思想启蒙的传承

C. 辛亥革命使社会核心价值观嬗变

D. 新文化运动缺乏理论创新的动力

3. 1927 年第一次国共合作破裂，"中国向何处去"的问题引起了经历大革命失败并关注中国前途的学者们的思考，引发了一场持续十年之久的中国社会性质大论战。论战议题为：中国是否有过奴隶社会？中国封建社会起讫时间、特点以及接续其后社会的性质，即是否有"商业资本主义社会"。这反映出（　　）

A. 先进人士对中国命运的思考　　B. 救亡和启蒙成为时代的主题

C. 唯物史观主流地位已经确立　　D. 学界对时代的认识逐渐趋同

4. 中共二大宣言指出，农民以独立耕种的小农和佃农、雇农占绝大多数，因为地主剥削和军阀暴征等因素，生活在贫困和痛苦之中，但他们有很大的革命性，是"革命运动中的最大因素"，"而且那大量的贫困农民能和工人握手革命，那时可以保证中国革命的成功"。据此可知中共（　　）

A. 提出了彻底的反帝反封建纲领　　B. 正确分析了中国革命的性质

C. 坚持工农武装割据的革命道路　　D. 已意识到农民是革命主力军

5. 中国共产党第一次全国代表大会期间，围绕如何处理无产阶级与资产阶级的关系发生了争论。一方坚持无产阶级应与资产阶级合作，可进入资产阶级政府担任官员；另一方反对合作，认为合作会导致无产阶级放弃自己的原则，成为叛徒。后来双方都做了一定妥协，（　　）。

A. 使新民主主义的道路得以确立　　B. 为国共合作留下政治空间

C. 表明了革命奋斗目标尚未明确　　D. 否定了资产阶级的革命性

# 第三节　学本课堂的作业设计和实施

　　作业是学生为实现学习目标、完成既定任务而开展的学习活动。对有效作业的判断，可以从质量与过程两个基本视角进行。从质量视角看，有效作业就是有效果与有效率的作业，即能达成或超过预期目标的作业。从过程视角看，有效作业是在特定的教学环境与条件下，师生之间通过交流与互动以实现预期的学习目标的实践活动。有效作业的设计，不是照抄照搬教辅资料，不是做重复、机械、枯燥的训练，而是教师基于学科课程标准、教材、考纲和学情的精心思考和设计，最终指向提升学生的核心素养。

## 一、当前作业设计的现状

　　经调查，当前中小学生作业的设计普遍存在以下多个方面的问题：一是作业的设计缺乏从课程标准到教学再到作业的系统性思考，因而作业目标不清晰，过分强调对教学中知识和技能的巩固，忽略了对学生多方面能力的培养；二是作业内容和形式单一化，缺乏多样性和综合性，识记类作业和理解类作业较多，很少涉及实际应用和问题解决类问题，缺少实践操作类作业；三是作业设计缺乏创新性和个性化，很多教师设计作业时忽略了学生的个体差异，使用统一的标准来要求学生，使用统一的教辅资料来布置统一的作业内容；四是作业设计缺乏层次性，对于一些基础较差的学生，他们可能会感到难度过大，而对于一些基础较好的学生，他们可能会觉得过于简单，收获感较差；五是作业设计缺乏整体性、延续性和内在的结构性，很多作业都是零散的、独立的，缺乏整体的设计和规划，不能有效帮助学生将各个知识点有机地串联起来，形成完整的知识体系。此外，当前作业的评价方式过于单一，往往只是通过简单的对错来判断学生的成绩。

　　以上问题导致教师设计的作业无法激发学生的学习兴趣和探究欲望，让学生感到疲惫甚至厌烦，不利于学生的个性化发展，也不利于培养学生的创新思维和创新能力，进而影响他们的身心健康和学习效果。

针对上述问题，2021年7月教育部发布了《关于进一步减轻义务教育阶段学生作业负担和校外培训负担的意见》，明确要求学校全面提高教育教学质量，坚决扭转一些学校作业数量过多、质量不高、功能异化等突出问题。学本课堂教学改革中的作业设计和实施则积极响应国家"双减"政策，更加关注学生全面发展、身心健康成长。

## 二、学本课堂教学中作业设计的依据

### （一）基于经典教育理论进行作业设计

基于人本主义和建构主义教学理论，学本课堂教学中的作业设计要求教师在设计作业前必须了解学生现有的知识储备情况，注重新旧知识的联系。根据教学内容，联系学生生活经验，调动学生主动去探索解决问题，真正改变传统作业完成过程中学生的被动局面。

基于多元智力理论观点，学本课堂教学中的作业设计更加尊重学生的发展差异，根据学生的个体差异设计分层作业，尽可能多地丰富作业类型与内容，使作业多元化。此外，作业评价时不能"一刀切"，只看结果，而应关注学生完成作业的过程，倡导多方面、多维度的评价，使学生在现有的基础上得到高效、全面发展。

根据最近发展区理论，学本课堂的作业设计既基于学生身心发展特点和现有知识水平合理，设计具有差异性、层次化的作业，又设置有挑战性的任务，让学生"跳一跳"就能够得着，最大限度地在作业过程中挖掘学生潜力。同时，教师应做好学生学习的督促者与引导者，充分关注学生的动态发展过程，及时对其作业进行变化调整，帮助学生实现由实际发展区到潜在发展区的跨越。

### （二）基于课程标准和教材进行作业设计

教育部2017年修订印发了高中各学科的课程标准，2022年修订印发了《义务教育课程方案和课程标准》。这一系列课程标准要求学校以核心价值为引领，以学科素养为导向，以关键能力与必备知识为支撑，努力培养每一位发展中的学生个体。作业设计作为教学过程中的重要环节，理应以纲领性文件为依据。

下表为各个学科课程标准中的学科核心素养。

| 语文 | 语言建构与运用、思维发展与提升、审美鉴赏与创造、文化传承与理解 |
|------|------|
| 数学 | 数学抽象、逻辑推理、数学建模、数学运算、直观想象、数据分析 |
| 英语 | 语言能力、文化意识、思维品质和学习能力 |
| 物理 | 物理观念、科学思维、科学探究、科学态度与责任 |
| 化学 | 宏观辨识与微观探析、变化观念与平衡思想、证据推理与模型认知、科学探究与创新意识、科学精神与社会责任 |
| 生物 | 生命观念、科学思维、科学探究、社会责任 |
| 历史 | 唯物史观、时空观念、史料实证、历史解释、家国情怀 |
| 政治 | 政治认同、科学精神、法治意识、公共参与 |
| 地理 | 人地协调观、综合思维、地理实践力、区域认知 |

课程标准是实施教学的指导性文件，各学科教师在作业的设计上必须聚焦学生核心素养的培育。对新课标基本理念研究分析，笔者认为作业设计要注意以下几点。

第一，从"学"知识转变为"用"知识。新课标要求学生从不同学科的角度提出问题、理解问题，并用所学学科知识解决问题，从中培养学生应用各学科知识的科学思维和意识。

第二，从"向老师学"转变为"师生共同探究"。新课标要求学生建立合作探究的学习方式，在作业设计的内容形式上，教师要大胆放手，给予学生足够的开放性空间，让学生去体验、去思考、去设计。

第三，从"单学科"转变为"多学科"。不同学科间的内容相互联系、相互交融，新课标提倡让学生了解自然界事物的相互联系，注意学科间的联系与渗透，关心科学技术发展给社会带来的影响。

教材是作业设计的目标引领，作业设计应牢牢把握教材特点，立足教材，深挖作业资源，依托教材来夯实基础知识，实现综合素质的稳步提升。教师应着力研究教材内容，精准把握单元与单元之间、课时与课时之间横向与纵向的逻辑联系，为作业设计指明方向。教材本身也有多种经典作业板块，包含基础知识过关、拓展应用、整理归纳，这些也可以为作业设计指明方向。此外，教材中有多种作业类型，包含整理归纳、收集资料、调查统计、实践操作等，可为作业类型设计提供参考。

（三）基于学生实际情况进行作业设计

学生是作业活动的主体，设计高质量作业的前提是做好学生学情分析。只有充分了解学生的心理特征、认知水平和能力、兴趣和爱好及其所关注的社会问题和现象等，才能有针对性地设计作业。学本课堂的作业设计应着重考量学生自身的知识储备、经验累积和思维认知上的差异，注意作业设计的情境性、趣味性、综合性、应用性、实践性、创新性，用目的明确、层次清晰、丰富多元、真实有效的作业来唤醒学生自身的知识储备，让学生利用自己的经验和认知去解决新的问题，培养学生的核心素养，使学生的综合素养在完成作业中获得最优发展。

### 三、学本课堂教学中作业设计的原则

学本课堂教学理念认为，作业是教师组织教学进程或引导学生开展自主学习的重要因素。教师在不同的学习环节，应选择设计不同功能的作业来支持学生有效学习。构建"以学习者发展为中心"的作业体系，应做到以下几点：以应用为线索，把作业活动与研究解决情境中的实际问题结合在一起；强调学生"学"的过程，在传统的巩固性作业中，强调学生学习方式向"自主、合作、探究"转变；在作业取材上，打破学科界限，关注学科间的综合；打破传统作业的即时性，强调中长周期作业和专题学习作业，使学习活动更具连续性；注重作业形式的多样性、层次性和差异性，增加学生的选择性；关注独立作业与合作作业；强调作业不仅是巩固知识的需要，更是学生整个学习过程的反映，应将学生的"三维学习目标"体现在作业过程之中；揭示综合实践活动与作业的联系。

为此，教师为了设计出"有我""有境""有思""有味"的作业来支撑学本课堂生态的达成，应当遵循目标针对性、主体自主性、科学性、层次性、

系统性原则。

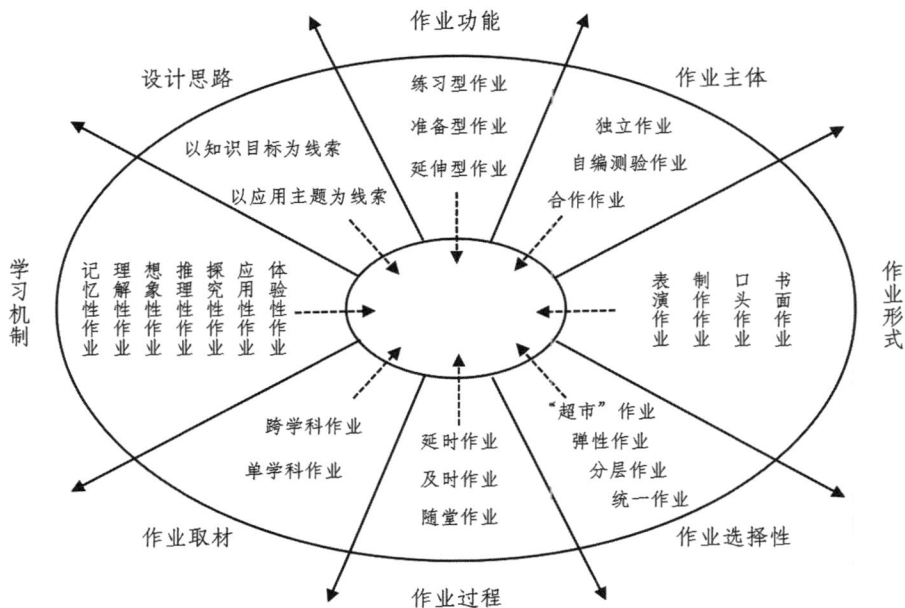

以学习者为中心的作业新体系示意图

### 1. 目标针对性原则

学本课堂教学中的作业设计应紧紧围绕教学目标，聚焦学科核心素养，关注学生必备知识基础与关键能力的培养。第一，作业设计应指向教学内容，体现学习重难点，有效帮助学生落实基础知识，掌握基本技能。第二，作业设计应符合学生的年龄特征和认知水平，设计与学生思维水平、生活经验相吻合的问题情境或实践活动，以此发展学生的思维能力及应用能力。第三，针对不同课型，作业设计也要有所侧重。例如：新授课的作业，应强调对学科核心概念内涵外延的巩固认识，弄清基本事实和规律；复习课的作业，应重视知识框架的梳理及综合问题的解决。

### 2. 主体自主性原则

瑞士教育家皮亚杰指出："学生认知能力不是从外部形成的，只能由学生自身的发展来决定。真正的学习并不是由教师向学生灌输知识，而是出于学生本身的自发性和主动性。"学本课堂强调"学为中心，成长为本"，学生是学本课堂的主体，作业自然要为学生的核心价值、必备知识、关键能力和核心素养的发展服务。因此，在设计作业的过程中，教师应以学生为中心，充分考虑学生的需求、兴趣和能力，尊重学生的主体地位，采用多种形式和手段，设计题型丰富、内容有趣、形式新颖、结果开放的作业，最大限度地激发学生主动作业、高效作业的学习动机，发挥学生的主观能动性，促使学生在完成作业过程中掌握基本知识、形成基本技能，学会思考，优化学习方法，发展自主学习能力。

案例一：初中语文老师在设计九年级第二单元的作业时，以"于议中见智，于论中悟理"为主题，考虑不同学生的差异性，设计了如下课前作业：

孟子谓万章曰："颂其诗，读其书，不知其人，可乎？"为进一步"知其人，读其文"，请同学们完成梁启超、雨果、利哈乔夫、毕淑敏等四位作家的小传及其作品卡片。

案例二：高中语文组在设计《沁园春·长沙》一课的作业时，呈现了"万山红遍，层林尽染""鱼翔浅底""百舸争流""鹰击长空""橘子洲"等几幅图片，要求学生观察图片，说说画面里有哪些意象，表达了作者怎样的情感。

【案例评析】案例一通过课前自主阅读的方式，让学生走近名家，掌握基本的文学常识，学会借助工具书查找收集资料，养成利用课前预习提示、课下注释掌握相关知识的习惯。本任务设计中的名家信息与名作推荐能反映学生的知识能力基础，推荐理由能体现不同学生的认知风格、学习兴趣，学生完成任务后可依据学生自评、小组互评评价量表及时开展评价反馈活动，充分体现学生的主体性。

在案例二中，学生通过对图片的欣赏，学习从语言、形象、情感特点等不同角度欣赏作品，感受不同作品的意向，表达交流自己领悟的作者情感，获得审美体验，提高文学作品的鉴赏力，生成个体对作品的独特认识。

### 3. 系统整体性原则

《学记》曰："杂施而不孙，则坏乱而不修。"教学如果杂乱无章，就会陷入混乱中，得不到成效。朱熹说，"读书之法，循序而渐进，熟读而精思"，"未得乎前，则不敢求乎后；未通乎此，则不敢志乎彼"。捷克教育家夸美纽斯也强调："秩序是把一切事物交给一切人们的教学艺术的主导原则。"因此，在设计学本课堂作业时应确保作业内容与教学目标一致，结合单元教学理念，通过创设真实的作业情境和作业任务，以知识的发生顺序或问题的解决顺序建立作业任务群之间的逻辑关联，让学生在学习过程中形成清晰的学习路径，明确每个阶段的学习目标和任务，从而实现作业的逻辑性、关联性、结构性和进阶性，形成完整、系统的训练体系，提高学生的学习效率。同时，教师应通过有序的训练，帮助学生由浅入深、由点及面、由外到内理解和掌握知识，建立完整的知识体系，发展技能。

4. 趣味多样性原则

内容枯燥无味、形式单调的作业无法调动学生的学习积极性，甚至削弱学生的学习兴趣，降低作业效能。诸多教学理念告诉我们，学生对作业内容产生兴趣时，能极大地提升其完成作业的参与动机。因此，教师在设计作业时既要考虑学生已有知识能力基础，又要兼顾学生的兴趣爱好，更多地取材于学生日常生活或自然现象，创设真实有趣的情境，增强作业的趣味性，使学生从抵触作业的状态转变为期待作业内容，感受到作业带来的乐趣和成就感。

在设置作业情境时应该以培养学生解决实际问题的素养为指向，融入各种真实性元素，例如真实的情境、真实的内容、真实的参与者、真实的观众等，创造无限接近现实世界的学习情境。通过创设开放的、复杂的、具有挑战性的问题情境，搭建学生与现实世界沟通的桥梁；将作业学习任务与学校、社会或相关职业相联系，使学生体会到所学知识与自身的关联性，感受到学习内容的真实性。适切的情境作业能最大化地给学生以熟悉感、温暖感，产生发现问题、分析问题、解决问题的冲动和喜悦。

此外，每个学生都是独立的个体，他们的认知水平、兴趣爱好及学习能力等不尽相同，因此要设计出不同类型的作业满足他们的发展方向。教师在进行作业形式选择时应把握好"四个着眼点"：一是着眼于学生的学习特点，作业形式因人而异，视情况而定。二是着眼于特定的学习内容，作业形式与不同的学习内容高度关联。形式是为内容服务的，特定的内容需要特定的呈现形式：人文学科作业应选择背诵、阅读、辩论、写作、陈述等形式；数理类学科作业应选择计算、测量、绘图、实验、探究等形式；艺体类学科作业应选择赏析、模仿、创作、训练等形式。三是着眼于学生的学习方式。特定的学习方式对于作业形式也有重要影响。如在小组合作学习中，应更多设计交流分享、实践、实验等形式的作业；在项目式学习中，应更多选择中长期的项目作业或综合类作业。四是着眼于学生的学习基础，对于不同学习基础的学生，应采用不同的作业形式，如辩论、实验、探究等适合高年级的作业形式不能简单地复制到相对较低的年级，反之亦然。

作业类型的多样性划分依据比较多，比如可以分为书面作业和非书面作业、合作类作业和独立作业、短周期作业和长周期作业。常见的书面作业有判断题、选择题、填空题、简答题，还可以是思维导图式、串联方程式、总结性表格、调查报告、模型构建、方案设计、研究报告等。操作类作业有听说类、动手操作类、社会实践类、合作类、综合应用类、非书面其他类、书面呈现类等。

再简单地谈一下实践类作业。杜威认为，活动是儿童认识世界的主要途径。实践是知识转化为能力、外部教育转化为受教育者身心素质的必由之路。新课标要求教师在教学中积极引导学生参与操作、实践、考察、调查等活动。因此，学本课堂要求教师设计一定数量、操作性强的实践性作业，使学生在完成作业的过程中多想、多看、多交流、多动手操作，重视学生的直接经验，尊重学生的个人感受和独特见解，从而培养学生的动手能力和合作精神。

学本课堂多样化作业部分案例

案例一：【高中历史】2023年5月1日，三星堆博物馆新馆项目室外新建的中央大道和游客广场部分区域有序对外开放，游客可近距离观看新馆整体风貌。2023年8月，新馆正式对外开放，三星堆第二轮考古发掘的文物正式与大家见面。三星堆遗址昭示了长江流域与黄河流域同属中华文明的母体。请选择中华文明起源时期一处文化遗址作为探究对象，梳理该遗址的时代、活动区域、生产生活等方面的内容作小组分享。

此作业通过对中华文化遗址的主题探究活动，培养学生收集史料、辨析史料并从史料中有效提取信息的能力，有利于学生认识中华民族多元一体的历史发展趋势，形成对中华民族的认同感。

案例二：【高中化学】"纳米药物分子运输"技术可提高肿瘤的治疗效果。下列有关说法错误的是（　　　）

A. 葡萄糖、酒精等这类含碳化合物属于有机物

B. "纳米药物分子运输车"属于混合物

C. "纳米药物分子运输车"分散于水中所得的分散系属于胶体

D. "纳米药物分子运输车"中的二氧化硅属于酸性氧化物

此作业以抗癌为情境，通过分析运输治疗肿瘤药物的"纳米药物分子运输车"，阐明该"运输车"的化学属性，体会化学知识在实际生产生活实践中的应用，提升社会责任意识。

案例三：【高中化学】材料阅读：月饼可运用月饼保鲜剂进行保存。月饼的保存主要存在两个方面的问题：一是月饼中微生物指标超标。食品包装容器内的大量氧气会引起耗氧性细菌和霉菌的快速增长，导致食品霉变和腐败。二是油脂酸败。月饼中的植物油脂在空气中容易被氧气氧化，产生异味，从而导致月饼酸败，影响月饼的品质。

请你调查了解防腐剂的类型、成分及防腐原理，说说从氧化还原反应的角度看，脱氧剂起什么作用？它可能含有哪些主要成分？如何判断脱氧剂完全变质？

设计意图：通过分析传统节日食品月饼的霉变和腐败现象，调查了解防腐剂的类型、成分及防腐原理。从氧化还原反应的角度，说明脱氧剂所起的作用，提高分析问题解决问题的能力。该案例关注食品安全，有利于提升学

生的社会责任与意识。

案例四：【高中生物】"野池水满连秋堤，菱花结实蒲叶齐。川口雨晴风复止，蜻蜓上下鱼东西。"这是唐代诗人王建描绘的野外池塘的景象，请你运用本节所学的关于生命系统的结构层次的相关知识，用自己喜欢的方式向同学们介绍鲁家滩湿地公园。要求内容积极向上，健康文明。

本题以本土湿地公园为情境，要求学生结合古文诗词，在情境中找寻生命系统的结构层次。在落实基础知识的同时，不仅弘扬了中国传统文化，还宣传了家乡特色，有利于学生养成健康积极的生活态度。

案例五：【高中数学】《西游记》《三国演义》《水浒传》《红楼梦》是中国古典文学瑰宝，并称为中国古典小说四大名著. 某中学为了解本校学生阅读四大名著的情况，随机调查了 100 名学生，其中阅读过《西游记》或《红楼梦》的学生共有 90 位，阅读过《红楼梦》的学生共有 80 位，阅读过《西游记》且阅读过《红楼梦》的学生共有 60 位，则该校阅读过《西游记》的学生人数与该学校学生总数比值的估计值为（　　　）

A. 0.5　　　　B. 0.6　　　　C. 0.7　　　　D. 0.8

此案例通过调查某校学生对四大名著的阅读量来判断给定集合间的包含关系或相等关系。此情境不仅消除了学生与数据的距离感，而且弘扬了传统文化。

案例六：【初中道德与法治】以小组为单位做新闻播报分享，上台展示小组成果，老师点评总结。新闻播报是培养学生学科素养和综合能力的活动。本作业通过要求学生收集新闻信息培养学生的信息获取、收集、整理能力，通过播报新闻信息提升学生的语言表达能力。

5. 发展性原则

发展性原则既是作业设计的起点，又是作业设计的终点。发展性原则强调作业设计着眼于学生核心素养发展，着眼于学生未来发展。要用发展的眼光看待学生，充分挖掘学生的学习潜能。在知识更新速度非常快的当下，人们必须具备善于学习的能力。"教会学生学习"是学本课堂教学改革的一个重要目标。学本课堂教学中的作业设计应着眼于使学生掌握学习策略，把基本方法、基本技能、思维方式等贯穿于作业之中，把学习策略中的计划、操作、监控、检查、矫正等一系列环节与作业结合起来，让学生在完成作业的同时领悟、发现、掌握、更新知识理念。培养反思的习惯，学会反思的方法，从而达到提高学习质量的目的。教师在布置作业时可以根据设计意图适当地向学生提示完成作业的方法，帮助学生理解设计意图，优化学习方法。

案例一：【高中生物】探究以下问题：除去特殊时期供需不平衡以外，为什么市场上的猪肉价格一般是粮食价格的5倍左右？

案例评析：设计这类真实的问题，能让学生体会生物知识与生活的密切联系，提高知识应用能力，对学生具有极大的诱惑力，为学生开展探究学习提供了充足的动力。为保障探究活动的有效进行，教师在活动前还应依据课程标准对学生需要掌握的知识和能力进行梳理和模块化分解，全程跟踪学生的探究活动，了解探究活动的效度和深度，适时答疑解惑。

在完成本作业的过程中，教师组织一部分学生去市场上调查粮食价格和猪肉价格，以及养猪场中猪的食物来源、饲料的成分等，以此培养学生的社会实践能力。还组织一部分学生探寻食物中能量在猪体内的利用、转化和散失等问题，以此建立相应的能量观念。最后在班级内进行分享交流，促进综合素质的提高。

### 6. 差异层次性原则

学生是一个个鲜活的独立成长个体，受主观和客观等多种因素的影响，学生之间必然存在学习能力的不同，其最近发展区也会有所差异。教育要面向全体学生，就是要尊重学生的差异性，使每一个学生都能得到良好的发展。因此，设计学本课堂作业时要根据学生已有认知水平、兴趣爱好、能力水平等进行，要做到在难易上有梯度，在内容上有区分，贴合不同学生的最近发展区。增强作业的选择性，体现作业的个性和弹性，突出作业目标的层次性和差异性，提高作业的有效性。既要减轻学生作业负担，解决学困生"跟不上"的问题，又要解决部分学生"吃不饱"的无奈，使得每个学生都有收获和成长。考虑以上因素，学本课堂的作业层次可分为基础性作业、发展性作业、拓展性作业，学生可以根据自身的需求选择不同层次的作业。

案例一：【高中历史】请概述中日之间在19世纪和20世纪发生的两次战争对中国社会发展的影响。大胆设想一下：如果中日两国再次开战，你认为可能的远因和近因会有哪些？影响双方胜算的因素又有哪些？

这样的作业就比较明显地体现了不同难度层次的要求，前面的要求基本上处于史实的记忆层面，后面的要求变得很开放，具有挑战性，并且需要学生陈述自己的判断和见解，认知要求明显提高，知识考查面也明显拓宽，它有利于激发不同层面学生对历史学习的兴趣，提高学习效率。

### 7. 开放综合性原则

基于新课程理念，学本课堂认为学生学习的主要目的是认识学科知识与人类生活的密切关系，关注人类面临的社会问题，培养社会责任感、参与意识和决策能力。为了有效达成这一目标，教师应设置一定数量的开放性作业。

开放性作业是相对于传统的封闭性作业而言的：在结构形式上，开放性作业具有组成要素的非完备性和解题答案的不确定性；从解题过程和解题策略来看，开放性作业具有发散性、探究性、层次性、创新性等方面的特征。通过设计和完成开放性作业，能有效提高学生灵活运用学科知识解决实际问题的能力，促进学生更好地走向社会、适应社会。

综合性作业是指有意识地让学生采用多学科融合的方法和语言对一个中心主题、观点、问题或实际经历进行探究的过程，综合性作业包含以下几个方面：一是用另一学科的知识对当下学科的作业进行分析；二是用平行的学科知识对同一问题或事件进行多角度分析；三是相关学科知识的比较与综合；四是用跨学科的观念来处理生活实践中的问题或对学科知识进行全面理解。综合性作业不以某一学科为局限，而是注重跨学科的学习和现代科技手段的运用。综合性作业为学生发展提供了一个良好的平台，有利于学生在查找资料、收集和整理资料中培养收集和处理信息的能力，培养合作态度和参与意识。

案例1：【高中生物】每至深秋时节，校园内泛着金色光芒的银杏叶应和着各种绿色生物，给我们带来了五彩斑斓的色彩。请收集校园内不同植物的叶片，以及同一植物幼嫩与衰老发黄的叶片，比较它们叶绿体中色素提取的难易程度，以及在滤纸上的色素种类、顺序、宽窄度等指标，并解释出现该结果的原因。试从叶片色素的种类和含量角度分析：秋天银杏为什么变黄？红色的枫叶、淡黄的桂花、色彩丰富的秋海棠呈现的颜色原理与银杏相同吗？

案例评析：利用校园中唾手可得的学习资源，通过实验分析绿叶中的色素种类及变化，培养学生发现问题和解决问题的意识和能力，引导学生认识和发现校园之美。

案例2：【高中生物】结合生物学和化学知识，调查、分析治疗尿毒症的血液透析原理。

设计意图：通过将化学与生物学科融合的方式，运用多点关联思维分析解决问题，让学生感受不同学科知识在材料、健康等领域所起的重要作用，从而认同学科间相互协作、相互渗透提高自身综合能力的重要作用。

### 四、学本课堂教学中作业设计的流程

教育的最终目的是促进学生的全面发展，作业设计指向的是学生。因此，作业设计应以促进学生发展为目的，帮助学生消化课堂知识、拓展能力。学本课堂教学改革中的作业设计流程如下：第一，依据课程标准、教材、教参和学情确定课时学习目标和课时作业目标；第二，将课时作业目标细化、分解为单个作业目标；第三，依据单个作业目标，选用、改编或原创作业题目，考虑作业题目的知识内容承载、能力层级设定、问题情境设置、作业分层处理等因素，给予相应的完成作业的策略指导；第四，设计出单个作业题目之后，依据作业目标制定评价标准，制定出科学、细致的评价量规或细则；第五，对设计好的作业进行施测，并进行作业反馈、可行性分析，对单个作业的目标达成度、作业难度、作业用时和作业分层效果等进行评估，如单个作业题质量符合要求则完成设计，把作业录入作业题库，如不符合要求，则对其进行修改，再施测评估，直至符合要求为止；第六，进行评价与反馈，总结该作业对学生学习活动的导向作用，汲取成功经验并有效推广。

确定作业目标 ── 学习目标 ─┬─ 课程标准
　　　　　　　　　　　　　├─ 教材、教参
　　　　　　　　　　　　　└─ 学情分析

设计作业题目 ─┬─ 选用题目 ─┬─ 知识内容承载
　　　　　　　├─ 改编题目 ─├─ 能力层级设定
　　　　　　　└─ 原创题目 ─└─ 问题情境设置

制定评价标准

作业施测评估 ─┬─ 作业施测 ─┬─ 目标达成度
　　　　　　　├─ 作业反馈 ─├─ 作业难度
　　　　　　　└─ 可行性分析 ─└─ 作业时间

不满意　满意

录入作业题库

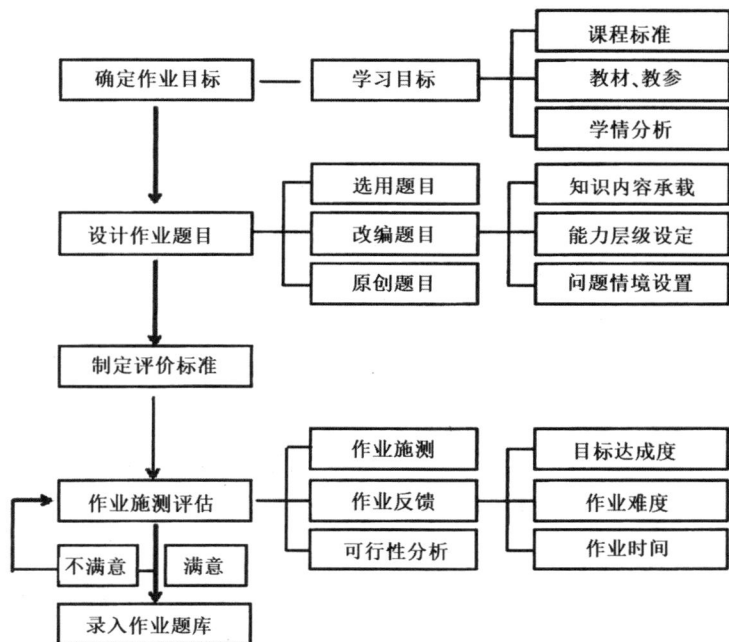

**学本课堂教学中作业设计流程图**

## 五、学本课堂教学中作业的有效完成

学生掌握完成作业的策略是提高作业有效性的关键。在学本课堂教学改革中，教师应在学生完成作业的过程中对其在思维和方法上给予相应的指导，从而提高作业的有效性，减轻学生负担，增强学生作业收获感。

### （一）指导学生掌握有效的学科思维

学科思维方法是联系各类知识的纽带，是学科概念、理论的本质所在，是处理学科问题的指导思想和基本策略，是知识转化为能力的桥梁。学生在完成作业的过程中，灵活运用学科思维方法可以提高作业有效性。完成学科作业的主要思维方式有：

1. 整体化思维

整体化思维要求学生从整体上对学科问题进行观察、分析、处理，从全局把握条件和结论间的联系，抓住问题的本质，从中发现解决问题的办法，使问题变得简洁、明晰。整体化策略通常在解题中表现为多向立体思维，思路探索中的反馈、评价、调控，以及解题后进行全面反思等方法。

### 2. 模式识别思维

模式识别思维的关键在于会辨别题目的类型，使得题目与已有知识经验产生联系。不同的问题可能与不同的模式相联系，同一问题也可能有不同的模式。模式主要是在解决问题的过程中，根据问题的特征逐步总结出来的。模式具有规律性，在新问题情境中能正确识别和辨认，是运用这一策略的前提。此策略的范围包括对已有定理、公式的辨别，对已有解题规律、方法的辨析，以及对类似问题方法的迁移等。

### 3. 转化思维

转化思维也称巧化思维，即将问题转化为一个比较熟悉、比较容易巧妙解决的问题，从而解决问题。

## （二）指导学生完成作业的有效方法

学生要掌握解题方法，不是教师把某一方法教给学生就可以了，而是教师与学生一起探索某一类问题的解决办法，共同总结出解题规律，这样才能促进学生有效掌握解题方法。在指导学生完成学科作业方面，教师应该做好以下几点：

### 1. 帮助学生建立良好的学科认知结构

学生具有良好的学科认知结构是解题的基础。学科认知结构是学习者在学习过程中逐渐积累起来的在学科方面的观念系统，是学生按照自己理解学科知识的深度、广度，结合自己的感觉、知觉、记忆、思维、联想等认知特点，组合成的一个具有内部规律的整体结构。它包括三种类型：基本观念（言语信息或表象信息）、学科具体方法的观念、学科问题解决策略的观念。教师应引导学生厘清头脑中的学科知识结构，并及时予以评价反馈，帮助其形成更加完善的学科知识体系。

### 2. 指导学生联想迁移

联想就是从学科作业问题的表征中提取线索，去建构脑中有关的知识体系，即通过联想把抽象知识与具体问题对应起来，使它们之间产生联系。如果学生的领会水平较低或领会错误，或已有知识不牢固，就不能产生联想，难以激活已有的知识结构，或者即使有所联想，但联想内容错误，也无法解决问题。教师应针对学生联想过程中所出现的问题给予正确的引导，例如：指导学生联想已有经验，把作业中的条件和目标与已有知识和经验联系起来，认真分析并联系每一个细节，抓住问题的本质，明确它在根本上属于什么类型的问题。

迁移存在于学科学习的整个过程，迁移能力对提高学科作业的有效性具有重要意义。学生在完成学科作业中的迁移，分为以下三种类型：

第一，学科基础知识、基本技能的迁移，即在解题活动中借助基本知识和基本技能，类比和联想，再认具体对象，应用已有知识完成解题任务。

第二，学科思维方法和过程的迁移，即在解题活动中形成思维定式。教师应指导学生在解决学科作业问题的过程中形成思维定式，关注问题的条件是否有变化、结论是否有变化，助力学生超越旧的思维定式，形成新的思维方式。

第三，解题习惯、兴趣等非智力因素的正向迁移，这是指在解题中表现出的情感态度迁移，如克服疑虑、恐惧等心理，把坚韧、积极和战胜困难的决心等情感迁移到新的问题中去。教师在学生完成作业时，要引导学生把积极的情感态度迁移到学习中去，鼓励学生克服困难。

这三种类型的正向迁移对制订解题方案，寻求解题途径和实现解题目标有着重要的作用。

3. 立足学生发展，关注思维能力

部分学生不能完成作业的主要原因是不会思考问题。因此，教师在向学生传授知识的同时，还要教会他们思考问题的方法，助力学生改善思维方式，使学生对事物的思考方式更客观、更理性。

有效的学科作业有利于促进学生掌握学科知识，同时促进学生整体发展。作业的有效性不仅取决于适当的练习数量，而且取决于作业对于学生思维广度与思维深度的影响。学生完成一百个无意义的题目也许一无所获，而完成一个有意义的题目可能需要思考一小时、一天甚至几天时间，即使花费更长的时间，但学生的收获可能很大。学生每完成一个有深刻意义的题目，学科思维能力就可能上升一个层次。因此，好的学科作业内容既涵盖重要的知识，又蕴含学科思想和方法。

4. 关注学生的学科表述能力

学科教学实践证明，学生在做作业的过程中，有时已掌握解题方法，却不能清晰地把解题过程描述完整。因此，教师应指导学生抓住问题关键表述清楚、言之有理。描述解题过程，既可检查学生的学科基础知识，也可检查学生的学科基本能力，包括灵活运用学科思想方法的能力，正确理解和运用学科符号、学科语言表达的能力，推理与证明的能力，阅读理解能力，正确形成解题思路、建构推理链的能力。

5. 引导学生对作业内容进行类化或形式化

类化就是概括问题的本质特征，并将这一问题归入已知的抽象知识结构或解题模式中去，形成一种概括化或形式化的思维方式。类化不是很快就能够掌握的，教师应引导学生在平时做作业的过程中有意识地将问题进行归纳、概括并将其类化或形式化。学生在解题过程中要反复审题、联想、解析，直至最后类化。有些学生虽然能将问题解决，但仍将其视为一个特殊个例，不能将其纳入相应模式的类别，当他们再遇到同类问题时，仍觉得遇到了不熟悉的新问题。在类化过程中，教师应引导学生注意以下几点：一是定向的类化方式，表现为从高级转向低级，从抽象化为具体，从复杂化为简单，把新问题化为老问题；二是一般问题特殊化，即当问题不易解决时，可将问题转化为较容易解决的特殊情况来解决。

学生完成学科作业不是为了解决某一个或某些学科问题，而是为了建构学科知识体系，使学习的新知识与头脑中已有的知识建立系统性、结构性的联系。学生学科知识体系的建构水平直接反映在其学科思想方法的选择和优化中。学生在完成作业之后，应归纳总结作业中所用的概念、原理、思维方法和蕴含的学科思想，根据这一作业的特征总结解题规律，把解题的方法和规律向外推广。教师在指导学生回顾作业的同时，也要注意总结作业的类型、所用方法和规律，避免出现题海战术、重复作业的现象。

## 六、学本课堂教学中作业的评价

评价是日常教学过程中不可或缺的重要环节，是教师了解教学过程、调控教学行为、提高教学质量的重要手段。学本课堂教学作业评价以学生发展为本，以学科课程内容、学业质量标准为依据，聚焦学科核心素养，促进教师的教和学生的学更好地发展。

## （一）评价原则

学本课堂教学中作业的评价应遵循立德树人的指导原则，指向学生学科核心素养的发展，既有利于促进学生核心素养水平的提升，又能推动教师教学水平的提高，实现评价者和被评价者共同发展的目的。总体来说，作业评价应遵循三大原则。

第一，教育性原则。德国著名教育家赫尔巴特认为，教育的全部工作及主要任务可以归结为道德培养。由此看来，道德教育是教育的根本目的，德行是一切教学活动的主旨，教学是实现这一目的的手段。作为教学活动中的一个部分，作业理应注重学生道德品质的培养，这与立德树人的学科育人理念相一致。具体而言，作业不是冰冷的文字、数字或符号，而是充满温度的情感表征，即使是错误百出或杂乱无章的作业也蕴含着学生的某种情绪情感。因此，作业评价不应只是判断对错，还应发现学生的情绪状态、情感态度，并通过适当的方式引导学生树立正确的价值观，使其形成乐学、向善的性格品质和道德水准。此外，作业还是学生试错的载体。学生在作业中可能出现各种错误，作业评价是对学生作业行为的综合评价，既包括对显性知识、能力的评价，也包括对隐性的旨趣、道德等方面的评价。通过作业评价，可以帮助学生了解日常生活中的一些规则要求，促使学生遵守社会伦理、规则，形成正确的道德观念。

第二，主体多元化原则。评价主体可以是教师、学生、学生的父母，通过不同的评价主体能从不同角度提供学生发展过程中的更多信息，还能有针对性地提供更多的指导方案，最终促进学生的学业发展。作业评价属于学业评价，其评价主体多元化也应成为常态。首先，作业的完成情况并不能完整地反映学生的学习情况，学生参与作业评价能更完整地展示学生的真实水平。其次，作业只能反映学生个体对学业的理解，并不能代表其所学知识的边界和阈限，同伴参与作业评价的过程则能展现更多的可能，让学习内容的体系更清晰、阈值更明确。最后，作业考查的是专业知识，仅有学习者及其同伴参与的作业评价，往往无法确证学业水平和学业进阶路径，教师是作业评价的导航者，决定学业发展方向，缺少教师参与的作业评价是残缺的。此外，家长、学科专家、教育管理者等其他主体适时参与作业评价，有利于学生的学业发展。

第三，指导性原则。作业是课堂教学的必要补充，对巩固课堂教学效果，提高学生学业水平具有重要作用，作业评价的指导价值必须得到有效体现。有研究发现，教师忽视作业的反馈与改进、对作业评价注意力不够、指导不足等做法，对作业有效性的负面影响较大。还有研究提出，有效信息的及时反馈和有针对性的指导是提高作业有效性的重要策略。因此，教师作为学生学习的引路人，应该发挥好指导性角色的作用。

### （二）评价方式

学本课堂教学中的作业评价要求教师全方位、全过程关注学生的发展，淡化作业评价的筛选功能，强化作业评价的育人功能，尊重个体差异性，创设个性化的评价方式，注重层级性、形成性、发展性的评价标准构建。作业评价要立足于学业质量标准，以教学目标的达成为依据，既要关注学生知识技能的掌握与核心素养的达成，也要关注其学习方法、学习态度与习惯。教师要基于对学生的评价，反思教学过程，总结经验、发现问题，提出改进思路。

#### 1. 创设科学的多维度作业评价表

基于作业评价的原则，教师可创设多维度作业评价表，如下表所示。

**多维度作业评价表**

| 评价内容 | 评价标准 | 评价方式 | | |
|---|---|---|---|---|
| | | 学生自评 | 同伴互评 | 教师评价 |
| 作业前 | 备齐用品，做好准备 | | | |
| | 积极对待，主动完成 | | | |
| | 做好规划，达成目标 | | | |

| 评价内容 | 评价标准 | 评价方式 | | |
|---|---|---|---|---|
| | | 学生自评 | 同伴互评 | 教师评价 |
| 作业中 | 仔细审题，专心做题 | | | |
| | 表达规范，卷面整洁 | | | |
| | 自主完成，不去抄袭 | | | |
| 作业后 | 按时提交，从不拖沓 | | | |
| | 及时订正，分析错因 | | | |
| | 整理错题，归纳总结 | | | |
| 反思与收获 | | | | |
| 教师评语 | | | | |

教师将此表附在每课作业后，渗透多维度评价作业及双边反思评价作业理念。多维度作业评价按照作业前、作业中、作业后三个阶段开展，让学生自己、同伴及教师共同参与到作业评价中，每一项均采用1～5分的打分方式，分数越高，表现越好。最后还设有学生对作业的反思与收获和教师的评语，方便学生对上次作业的订正做出评价以及反思本次作业，并通过两次作业对比，找差距、促进步。同时，教师对学生的作业给予语言评价，真诚地予以建议或鼓励，可以增强学生学习信心。

基于作业类型的多样性，不同的作业类型亦可设计出有针对性的评价量表，例如在评价交流表达类作业时，要注重学生在不同情境中表现出来的好奇心、求知欲及思维能力的提升。评价思维创新类作业时，要关注学生在活动中的思维角度和解决问题的方式方法，培养学生积极思考的习惯，促进学生思维敏捷性、灵活性的提高。

2. 采用多元评价方式

从评价主体来看，学本课堂教学中的作业评价可以采用学生自评、学生互评、教师评价的方式。

（1）学生自评

教师可设计评价量表，首先让学生自评。自评作业应充分发挥学生的主体性，他们可以在第一时间反思知识的掌握情况，分析自身在作业完成过程中存在的优势与不足，及时形成自我认知强化。

《遗传的分子基础》单元内容自评表

班级：_____　　　　　　姓名：_____

| 项目 | 知识内容 | 存在问题 |
|------|----------|----------|
| 1 | 肺炎双球菌的体内和体内转化实验的过程与结论 | |
| 2 | 噬菌体侵染细菌的方法、过程、结论 | |
| 3 | DNA 为什么是主要的遗传物质 | |
| 4 | DNA 的分子结构 | |
| 5 | DNA 双螺旋结构的特点 | |

（2）学生互评

采用学生相互评价的方式，可以有效调动学生的学习积极性。学生之间可通过相互交换作业及对应自查表，在回顾知识的过程中，尝试将小组内难以解决的问题以小组为单位汇总上交，完成单元错题分组细目表。在互评的过程中，小组成员可从同伴的角度去分析、评价，有助于被评价的学生接受多样的学习方法与思路，从而更好地形成学本课堂的学习氛围。

《遗传的分子基础》单元作业错题分组细目表

| 组别 | 作业目标 | 知识内容 | 题目类型 | 失误原因 |
|------|----------|----------|----------|----------|
| 1 | | | | |
| 2 | | | | |
| 3 | | | | |
| 4 | | | | |

学生互评还可以用作业展示的方式来进行，比如对学优生正确率高但书写不够美观、学困生书写整洁但正确率有待提高的作业进行对比展示，让学优生和学困生都能看到自己的优点和需要提升的部分。这样的作业反馈是一种彼此欣赏和激励，有利于学生在作业中找到自信。学校可以搭建优秀作业展示平台，固定时间开展各年级、各班级优秀作业的展示、评比和交流活动，为全校学生创造分享和学习的机会，使学生相互交流、取长补短、共同成长。

（3）教师评价

教师对作业的评价可以采用"面批"、评语式评价、口头评价等方式。

"面批"是指教师利用课前、课后或自习课等时间当面批改学生作业并加以分析、指导,是促进学生学习的好办法。"面批"能使学生直接接收反馈信息,明确自己的错因及改正方法,及时进行纠错。

此外,要将学科教学与学科育人相结合。教师在批改作业的同时还应关注学生的日常生活,要走进学生的生活中,让学生产生存在感和归属感,从而激发学习热情,并能够积极主动地完成作业。在评语式评价中,传统的作业批阅仅以"√""×"和"阅"字等简单粗略的形式反馈,学生从中获取的信息是模糊的,这样可能降低学生订正作业的效率。评语式反馈既是教师对学生作业的反馈,也是教师对学生人文关怀的表现。评语具有多样化的特点,不仅有对学生作业正误情况、作业完成度、作业书写规范等方面的评价,还有对学生学习态度、能力、情感、价值观等方面成长性变化的评价。采用评语式评价时,应注意作业评语的针对性和可操作性,因为这样才能实现对学生的鼓励、引导和启迪等积极作用。此外,教师还可以及时找到学生作业内容呈现的优缺点,当面对作业完成情况进行评价,并给予学生耐心的辅导与帮助。

### 3. 注重表现性评价

表现性评价是指教师让学生在真实或模拟的生活环境中,独立运用先前获得的知识解决某个新问题或创造某种新作品,考查学生知识与技能的掌握程度,以及实践、问题解决、交流合作和批判性思考等多种复杂能力的评价。表现性评价具有真实性、全面性和深刻性等特征,是培养学生核心素养的一种有效评价方式。依据表象性原理的典型性、分析性、验证性原则,学本课堂教学改革应实施如下表现性评价流程:第一,确定评价目标,细化核心素养内容,选择相应的表现内容;第二,在教学(作业)过程中向学生呈现活动内容和评价标准;第三,学生投入活动,形成多样的表现"产品(作业)";第四,师生共同评价"产品",验证目标达成度;第五,师生综合判断核心素养达成情况,分析原因,规划后续的教学活动。

案例:【美术】"画人像"

在教学"画人像"一课时,教师可从学生的观察能力、绘画动作、作画步骤和画面效果进行跟踪观察,判断学生是否真正掌握了画人像的方法。

这名学生目光专注，双眉高扬，鼻孔微翁，双唇紧闭，在一边观察一边模仿 MODEL 的神态，显然发现了对方的美感，并且正在思考，可见该生具备发现美的能力。

这名学生在作画过程中眼睛靠近桌面，手部动作紧张，可见其注意力比较集中，能够投入感情，但是动作不够自然舒展。从其作业来看，能够按照老师传授的步骤作画，显得有条不紊。

从作业效果来看，造型比较准确，人物神态生动，线条流畅，到位率达到 100%。不足之处是构图偏小，长线条不够到位等。

综合以上几个方面来判断，该生观察能力较强，基本掌握了人物画的知识和技能，在美术表达方面很有提升空间。

4. 探索更加多元的评价方式

作业评价不能拘泥于某种特定的方式，应该灵活多样。比如可以从SOLO 分类理论视角综合设计评价方式，根据作业评价确定学生所处的SOLO 层次，即根据学生的知识储备、思维过程、回答结构等，将评价结果划分为五个层次，然后根据评价结果，指出学生存在的问题，给予针对性指导，最终实现学生的思维进阶和能力提升。

当然，评价不是目的，评价只是手段，评价的意义在于促进学生的发展。作业评价不是为了依据评价结果将学生区分成几个等级，而是让教师能关注到学生学会了什么，掌握了什么，是否有进步，还存在哪些问题，是否还有提升的潜力，需要教师对其做怎样的引导与帮助等。教师只有合理科学地利用评价结果，才能激发学生的学习兴趣，增强学生的学习信心，帮助学生养成良好的学习习惯，促使学生全面发展。

最后，在作业评价实施过程中，教师不仅要关注全体学生在核心素养上的发展水平，而且要重视个性化的评价结果反馈，关注学生个体的成长历程，利用大数据全面分析学生的个性特征，并对学生个体进行适时有效的指导。与此同时，教师应当认清教学中存在的问题，认真总结反思，优化教学方式方法。

学本课堂教学改革是教育理念现代化的重要体现，关乎教学质量的提高与学生综合素质的全面发展。推进学本课堂建设，涉及教学观念、教学方法、教学资源、教学评价等诸多方面的改革，是一个系统而又渐进的工程，需要切实可行的行动路径和操作路径。

清晰可行的学本课堂建设路径，使学本课堂教学从理念走向实践，从主观愿望转化为行动实践。本章遵循渐次推进原则，从多角度阐释如何铺就学本课堂的行动路径：立足当前课堂教学改革，明确推进的原则，强调因势利导；创建其乐融融的学习场，让学习场成为学生全面发展的生命沃土；开发丰富的学本课堂教学资源，为学本课堂提供坚实的条件支撑；构建系统和完整的学本课堂教学操作模型，引导学生主动学习，获得深层理解。

# 第一节　遵循学本课堂推进原则

中共中央、国务院印发《中国教育现代化 2035》，聚焦教育发展的突出问题和薄弱环节，提出了推进教育现代化的八大基本理念：更加注重以德为先，更加注重全面发展，更加注重面向人人，更加注重终身学习，更加注重因材施教，更加注重知行合一，更加注重融合发展，更加注重共建共享。在这一新时代教育愿景下，学本课堂强调以立德树人为核心，致力于推进素质教育，对新时代的课堂教学进行价值重构，在一定程度上重塑了学本课堂育人理念下的教师观和学生观。作为课改的重要阵地，学本课堂教学理念正在打破传统的教学模式，主张把学生的学习权和发展权真正还给学生。

要落实学本课堂教学行动，促使学本课堂教学理念真正深入人心，就要严格遵循学本课堂的系列推进原则，找到课堂教学变革的突破点，实现学本课堂的真正转型。

## 一、整合有度原则

"整合"就是通过某种方式，把一些零散的东西进行衔接，并最终形成有价值、有效率的整体，着力实现资源共享和协同工作。"整合有度"即整之有度，合而有序。

就学科整合来说，我们不能只用一种固定的模式去笼统覆盖所有意义性的教学活动，不能因为整合而改变学科原有的属性，而要注意学科本身的特性。在对内容进行整合时，教师要掌握好"度"的问题。内容整合绝非各种相关内容的简单叠加，而应在强化目标意识、文本意识、学情意识、思维意识的前提下，适度、有机地拓展内容以有效优化教师的教和学生的学，使教与学更具张力，使课堂教学得以有效优化。

此外，整合点不仅表现在知识与技能方面，还表现在过程方法的掌握和情感、态度、价值观的建立上。在运用整合有度原则时，要有效利用学科教材，使教材由厚变薄再由薄变厚，即"剪裁教材，取舍有度"；同时，要灵活高效地整合身边无穷无尽的课外资源，让资源由多到少再由少到多，即"整合资源，曲径通幽"。

（一）目标有度

教学目标作为教学活动的核心，不仅决定着教学的起点和终点，而且直接影响和指导着教学程序的规划和教学策略的选择。为了实现有效的课堂教学整合，我们应紧紧围绕单元主题和教学目标，特别是教学重点与难点，进行多维度和多角度的整合。在此基础上，要深入理解和领会文本的精髓，进而深化教学目标。任何偏离教学目标的拓展和延伸都如空中楼阁、水中之月，看似美好却无法触及实际。因此，我们应始终坚持以教学目标为中心，确保教学活动既满足目标要求，又能真正促进学生的全面发展。

例如：高一"函数单调性"的学习目标可确定为：

1. 从数和形两个角度考查一次函数、二次函数、反比例函数，描述函数的变化趋势，提升直观想象素养。（理解层级）

2. 能借助具体函数图像直观、符号化的过程，抽象出函数的基础性概念，发展数学抽象素养。（分析层级）

3. 能利用函数图像写出函数的单调区间，能利用定义证明一次函数、二次函数和反比例函数在某个区间的单调性，提升逻辑推理素养。（创新、应用层级）

4. 积极参与同学间、师生间的交流活动，知道符号化表达数学概念的意义，体会数学概念学习的一般思路和方法。（迁移、评价层级）

高一阶段，学生对函数单调性的认识将经历感知、想象、概括、固化、应用、结构六个重要节点，教师应当剖析认知进程，从而确定实现目标的条件和达成目标的方式。依据学生知识特点，学习目标从简单的函数入手设计，层层递进，实现数学核心素养培养的阶段性、层次性和发展性，科学、准确地表达进阶式教学目标。

（二）内容有度

在课堂教学中，教师有必要对教学内容进行整合。任何一种教材都不可能完全符合某一特定学生群体的学习需要，教学内容的整合在宽度和深度上应立足学情、依据课程标准。拓展的内容应紧紧围绕学习目标，便于学生的理解与内化。

例如，对教材中很少出现甚至未提及但又具有很高应用价值的应加以补充，以利于学生掌握规律，触类旁通。在学习"串联电路的等效电阻"时，通过实际练习，引导学生归纳整理出串联电路的电压分配规律 $U_1 : U_2 = R_1 : R_2$ 和 $U_1 : U = R_1 : (R_1 + R_2)$；学习"并联电路的等效电阻"时，利用同样的方法由学生归纳整理出并联电路的电流分配规律 $I_1 : I_2 = R_2 : R_1$；学习"电功率的测量和计算"时，归纳出串联电路、并联电路中电功率与导体电阻的关系。

这样的教学内容有利于提高学生分析问题、解决问题的能力，加快学生的解题速度。但又不能过分补充，比如非常特殊的混连电路的求解，学生理解起来比较困难，也超出了学生学习能力范围，就不宜补充进来。

拓展教学内容在量上应恰到好处，过少不能达到拓展、延伸的效果，过多则达不到提质增效目的，反而给学生带来不必要的负担。

例如，在物理课上分析共点力作用下的物体平衡问题时，开始只能设计一些基本的、典型的三个或四个力的平衡，如果课堂上直接增加动态平衡、特殊解法的平衡问题等知识，内容就显得多，方法也杂，学生掌握起来困难，其结果就是学生似懂非懂，不能达到本节课要求的学习目标，反而可能起反作用。

（三）技术有度

教学技术如果用得过多，就会步入"满汉全席"的泛滥误区；如果用得太少，则达不到提高教学效率之目的。对技术的运用，我们经历了从"传统媒体""电教媒体"到"电子白板多媒体"再到现在以"视频翻转"为载体的"混合式"学习方式变革……不管是何种教学手段和形式，还是未来会发生什么变化，技术的运用始终应当是为人服务、为教学服务。只有选择最佳时机适时运用，有的放矢，才能提高课堂教学有效性。

**二、适时拓展原则**

适时是指"当用则用"；适度是指"用在恰当之处"。适时拓展，即在课前、课始、课中、课末、课后的不同时段，教师选择恰当的时机进行内容的拓展、学科的融合，实现情境切合及教学拓展和深化。适时拓展的度包括广度、深度、高度和角度等多方面。一节课的高度在哪里、深度在何处、广度的范围如何，主要取决于教师的能力、教师的格局、教师的素养以及教师的积淀。怎么把握拓展的"度"，既取决于教师自身的专业素养，也取决于学生的最近发展区。教师应根据学生的学习进度和理解程度，恰当引入或拓展相关知识和背景信息，以帮助学生更好地理解和掌握学习内容。通过拓展，学生可以在原有知识的基础上，建立更加完整和深入的知识体系，提升自身的综合素质。

在学本课堂教学中，教师应充分考虑学生的实际情况，灵活调整拓展内容和方式，确保拓展内容与学习目标紧密相关，避免过度拓展导致学生负担过重。同时，教师应注重拓展内容的趣味性和实用性，把握好时机，从而达到事半功倍的效果。

（一）课前拓展

课前拓展，重在让学生提前了解学习内容，进而激发学习兴趣，提高认知，为课堂学习储备更多的能量。为此，教师可以通过阅读教材、收集信息、补充资料等方式进行课前拓展。

例如，在学习"速度改变快慢的描述——加速度"这节内容时，由于学生是第一次接触加速度这一物理概念，这一概念在高中阶段又是一个非常重要的物理知识，如果学生不能很好地理解这节内容，后面的内容几乎无法学习。因此，教师可在课前通过"问题生成单"，让学生充分观察、领悟教材中的图片信息，充分理解相同时间内速度变化量，相同速度变化量与时间长短的关系，课前完成教材基础练习，逐步领悟速度变化的快慢，为加速度的学习打下基础。

（二）前段拓展

教学新课伊始，教师应针对学生知识和生活经验，根据学习目标，积极进行拓展导入，充分调动学生的学习兴趣和探究热情，使其形成学习期待，为深入理解教学内容做好铺垫，为课堂教学创设良好的学习氛围、提供适宜的时机。

例如，在教学《地震中的父与子》一课时，可通过视频再现"5·12"汶川地震发生时一个个普普通通的父母形象。这样经过情境再现的适度拓展，学生在开课伊始就能真切地感受到无私的父母之爱，为接下来的阅读体验做准备。

## （三）中段拓展

在课堂教学过程中，教师应及时捕捉学生遇到的难点、疑点，补充相关素材，拓展相关内容，帮助学生在对原有学习内容深入理解、研读的基础上进行信息对比和整合，进而形成新的认识。适度的课中拓展，能帮助学生有效解决问题，培养学生的思维能力。

例如，在物理课上教学"追击相遇"内容时，可进行如下拓展：在道路上，假设一辆汽车的正前方有一辆自行车，与汽车同向以每秒 5 米的速度行驶，而汽车则以每秒 15 米的速度向前追赶自行车，两车经过多长时间会第一次相遇？在汽车追上自行车后，立刻刹车，将速度降至每秒 2 米，那么两车再次相遇需要多长时间？第一个问题的难度相对低一些，可以通过套公式的方式轻松解决。但是，在第二个问题中，就出现了物理课上常见的"陷阱问题"，即刹车陷阱问题。针对这种情况，学生仅套用公式进行简单计算，显然是难以获得正确答案的。此刻，学生就要进行思维拓展，对汽车减速到零的时间进行分析，分析这段时间是车辆做匀减速运动，还是匀减速运动的同时存在中途静止问题，这是解决第二问的关键，也是问题思考严谨性的重要体现。

## （四）末段拓展

课末拓展是在课堂教学任务基本完成之后，教师巧妙地引导学生拓展眼界、拓宽思维，巩固课堂所学知识的活动。

例如，在完成《一夜的工作》一课的教学后，教师及时补充了"总理最后一段日子的工作时间表"，教师在低沉的音乐声中动情地朗读了这个时间表。此时，许多学生都被周总理那忘我工作、与病魔顽强抗争的精神深深感动，情不自禁地流下了泪水，内心充满了对周总理的崇敬爱戴之情。

## （五）课后拓展

课后拓展是在完成课堂教学任务后，教师给学生布置一些实践性、体验性、操作性强的作业或任务，让学生将课堂所学知识运用到生活实践中，或在生活实践中验证课堂学习内容，进行知识的拓展与延伸。恰到好处的课后拓展能让课堂教学更加开放、高效。当学生学完一课内容后，教师可有针对性、有计划地向学生推荐相关的课外读物，布置有关的课外作业。

比如，在完成语文阅读教学任务后，教师可以推荐与教材相同或相异的文本进行课后阅读拓展。再如，在学习"浮力"之后，某物理教师设计了一个课后实验：如何让鸡蛋在水中浮起来？有学生先把鸡蛋放在盛有清水的玻璃杯中，可以清楚地看见鸡蛋沉入水底。当在碗中慢慢加入食盐后，却惊奇地发现鸡蛋浮在了盐水中。随着加入食盐的增多，鸡蛋竟浮到了水面。若再向碗中加入一些清水，鸡蛋又会慢慢沉到杯底。这样的内容拓展，不但丰富了课程资源，让学生积累了学科知识，还增强了学习的趣味性，提高了学生的学习兴趣。

## 三、得理需要原则

"得理"指有依据；"需要"是指学习者感到某种缺乏而力求获得满足的心理倾向，是学习者产生一定学习行为的心理准备。得理需要原则强调学本课堂教学应依据需要而定，以需要为出发点。

需要是学本课堂教学的出发点与可靠保证。推进学本课堂教学实践，顺应了新时代教育高质量发展的需要，能满足师生发展的需求。只有立足得理需要这个基本点，学本课堂才更具有意义与价值，更能激发和唤醒学生的学习潜能，提升学本课堂的综合育人价值。具体而言，学本课堂教学的得理需要原则主要表现在以下两个方面。

## （一）因学活教

学本课堂以"学生主体"为行动根基，教学的最终目的是"学"，若没有"学"的有效实现，即使最精彩的"教"也没有意义。在学本课堂教学中，学习活动的主体是学生，没有学生的自学活动，就没有现代意义上的教学。教师要转变陈旧的、被动的、灌输的教育教学方式，尊重学生的主体地位，发挥学生的主体作用，以学生的主体性学习为本。

因学活教原则是学本课堂教学的灵魂。要判断一个教师的教学是否高效，可通过学生的"学"来评价，具体可以从以下三方面来看：一是看教师是否有针对性地对学生提出的问题进行了教学；二是看教师是否及时有效地解决了学生提出的问题；三是看教师是否持续激发了学生的学习兴趣。

基于因学活教原则，课堂教学形态从"被教"走向"主导"，从"主导"走向"活教"。因学活教原则以培养学生的终身学习能力、创新力、社会实践能力为目标，学生的思维迁移随课堂活动展开，课堂活动随着学生的思维发展而开展，进而逐渐形成因学活教的行动策略，引导学生自主体验，让学生在学本课堂上真正实现"心动"和"行动"的统一，让"教"真正成为学习活动的载体，也让"教"的形式多元化。

（二）多学少教

基于多学少教原则，学本课堂要求教师站在为实现学生可持续发展的高度，突出学生、突出自为、突出会学、突出发展，为学生学会学习而积极努力。

高质量的课堂教学主要表现为教师的"少教"，教师应通过不断对教学策略的优化，充分调动学生的学习积极性，帮助学生在最短时间内集中注意力投身于课堂学习中，进而实现学习目标。具体而言，教师的"少教"是指：一是有针对性地教。教师要从学生的个性出发，根据每个学生的不同特点，实施有针对性的教学。二是启发性地教。教师要转变"灌输式"的教育模式，积极鼓励学生自主思考，合作探究，寻找与课程内容有关的问题，并通过所学知识解决这些问题。三是创造性地教。教师要做好对教学情境和问题链的设计，增加课堂反馈性评价设计。四是发展性地教。教师要以学生已有经验以及多元发展为依据，促使教学方式更适应社会开放性需求。

教师通过"少教"，激发学生在课堂上"多学"。教师不是把知识点全部灌输给学生，而是要循序渐进地鼓励学生自主学习，引导学生独立思考。"少教多学"能有效增加学生在课堂上的学习时间，培养学生自主学习的习惯和能力。具体而言，学生的"多学"是指：一是积极主动地学习，即能主动探究问题、发现问题、解决问题，全方位投入认知形成过程，并学会将所学知识迁移应用到实际生活中；二是能独立自主地学习，学生通过个体研读或者小组合作商讨来完成学习任务，解决学习问题并实现知识的自主迁移；三是要有求知精神，学生要在理解现有知识的基础上深度探索，实现更深层次的学习，努力"多学"，逐步实现自我驱动。

### 四、双线并进原则

学本课堂教学是一个系统推进的过程，教师的"教"与学生的"学"能否密切配合、共同作用，取决于教学过程中教师与学生双方是否能够同频共振、联动共生。无论单一、孤立地强调哪一方，都会影响课堂教学效果。因此，只有教师与学生"双线并进"，共同努力，才能促进学本课堂教学踏上一个新台阶。

要推进学本课堂教学，就要遵循双线并进原则，即抓住"以学定教"和"以教导学"两条主线，以学习为纽带，促进"教""学"相融。

#### （一）以学定教

学本课堂教学的本质是"学"而不是"教"，教师的"教"是为了学生的"学"。建构主义理论认为，知识是人建构的，而不是客观存在于人脑之外。学习过程不是学习者被动地接受知识，而是积极地建构知识的过程。学习是个体在已有知识基础上对外部信息选择、加工、建构的过程，是新旧知识经验碰撞与融合的过程。所以，课堂教学决不能任凭教师自己的主观臆断，教师应重视学生基于相关经验对问题的某种解释，实时掌握动态学情，并将此作为促进学生建构知识的依据。在学本课堂教学中，教与学是和谐统一的关系。

第一，以学定教理念强调教师的教应服务和作用于学生的学，学生的"学"是教师"教"的起点、目的及追求。以学定教将学生的"学"置于教师的"教"之前，并不是否定和忽视教师的"教"，相反，这一理念更注重教师对学生学习的适时指导和帮助。以学定教也不是扩大化地以"学"来全权决定教师的"教"，而是主张教师在了解和确定学情的前提下，遵循课程标准的目标和内容，精选和组织教学内容。

第二，以学定教原则重视学生学习信息的反馈。教师可利用课前任务单、课堂练习检测、课堂提问、个别谈话、家访及单元测试等形式掌握学情，开展教学活动。

第三，以学定教原则重视教学设计的先导性和针对性。在学生自主学习时间内，教师应及时且适时地提供指导和帮助，尽可能使其学有所得、学有所获。教师要能够预见学生可能面临的问题，在课堂学习前给予学生方向性的指导，在实际学习过程中给予具体方法和技能的指导。

第四，以学定教原则要求教师根据学生的自主学习情况和已有知识水平进行教学的设计和组织，并依据不断变化的学情进行调整和优化。如果学生能通过自主学习解决和完成的问题，教师就不必在课堂上讲授。教师应认识到，每个学习个体的学习能力和学习基础是有差异的，教学应适应不同层次学生的多元性发展。

### （二）以教导学

教的本质在于对学的引导。以教导学，就是教必须从学出发，引导学生更好地学习。教与学就是一个辩证统一体，教师的主导地位和作用贯穿教学全过程。教师是教学的关键，多数教学活动都是在教师的参与和组织下进行的，教师必然要在教学过程中发挥主导作用。学生主动性、积极性的发挥需要教师引导，教师要对教学的有效性负责。但是，就每个学生的学习过程而言，教师的教只是外因，学生积极主动地学、善于学，才是内因。"教得好"这一外因，只有通过学生肯学、善学，也就是"学得好"这一内因，才能起作用。

有效教学的最终目标定位于学。考量学习的有效性，主要有三个方面，即学习速度、学习结果、学习体悟。所以学科教师所要思考的就是如何在有限的时间内引导学生愉快地学会知识、掌握方法、提升能力，保证单位时间内学习活动的有效进行。皮亚杰认为："一切真知都应由学生自己获得，或由他重新发现，至少由他重新构建，而不是草率地仁慈地给他。"有效教学是促使学生有效学习的教学，可以实现学生的有效参与，激发学生主体参与积极性，增强学生学习的内驱力。

苏联著名心理学家维果茨基提出了"最近发展区理论"，他认为，学生的发展至少具备两种水平，一是学生现有的能够独立解决问题的水平，二是在他人的帮助和指导下可达到的潜在的发展水平，这两种水平之间的差距即为"最近发展区"。维果茨基的理论研究表明，"教学可以创造最近发展区"，"教学应当走在学生发展的前面"，学生的"最近发展区"在教学过程中是动态发展的。教师应精准把握动态发展的最近发展区，因为它是以教导学的重要方向。

第一，以教导学具有必要性。既然学生具有发展潜能，而且潜能的激发需要教师的协助和指导，那么教师的导学行为是必不可少的，"导"的内容、形式、水平应基于学习个体的立场，满足素养发展的要求。教师应该明确如何做，才能引发、维持、辅助、促进学习个体的学，从而最大限度地挖掘学习个体的潜能。

第二，以教导学要把针对性落在"最近发展区"。教师的教学活动不能停留在学生的现有发展水平上，也不能与学生的潜在发展水平完全脱节，应基于"最近发展区"向学生提出更高更新的发展要求。着眼于此，教师应通过各种方式精准、动态把握学生现有水平及学生可能的发展水平，将学生作为"导学"的出发点和落脚点，做到"以学定教"，体现学生在教学过程中的主体地位。

教师主导作用和学生主体作用相结合，是教学的一条基本原则。教师主导作用与学生主体地位是辩证统一的，主导是对主体的主导，主体是主导下的主体。教师的主导作用发挥越充分，越能保证学生学习的积极性、主动性和创造性；而学生的积极性、主动性和创造性越是充分发挥，越能体现教师的主导作用。只有将二者有机辩证地结合起来，才能收到良好的教学效果。

### 五、循序渐进原则

循序渐进原则，是指在课堂教学中，教师要遵循教育教学规律、生命成长规律和学科自身的规律，逐层展开，既不能违背规律而拔苗助长，又不能停滞不前。在遵循循序渐进原则时，教师要重点抓住"序"字。这里的"序"主要包括人的发展顺序和知识的逻辑顺序两个方面。而这两方面根据组合顺序的不同，可细化为四种：认识活动本身的顺序、学生心理发展的顺序、学生认识能力发展的顺序和教材内容的逻辑顺序。例如，在对低年级学生进行讲授时，教师的语言富有直观性，表情生动，语调丰富，而到了高年级，教师的讲授语言则应注重逻辑性、准确性和简洁性。

在学本课堂教学中，教师要循序渐进地进行教学，切实把握四个基本要求：（1）按教材的系统性进行教学。教材都是按照一定的逻辑结构、编排顺序编排的。无论是在目标的序列性、内容的层递性，还是实施的操作性、评价的多元性上，都是遵照学生的身心发展特点展开的。教师在进行教学时，切勿抛弃教材而自由发挥，但也不能盲目地照搬教材，要在遵循教材基本结构与顺序的基础上适时进行调整、补充。（2）有序突破教学重难点。每门学科都有教学重点与难点。这些重难点影响、制约着学生的发展。为此，教师在引导学生进行重难点的突破时，应按照学生的身心发展特点与接受能力，一步一步地展开，先易后难、循序渐进地推进，既不能拔高要求，也不能降低梯度，要让学生"跳一跳就能够摘到桃子"。（3）应按照由浅入深、由易到难、由简到繁的顺序进行教学。在课堂教学中，教师应按照学生认知能力的发展顺序和知识的内在逻辑顺序，遵循由近到远、由易到难、由浅入深、由简到繁的顺序进行教学，强化学科知识的掌握，提升学生的认识能力，着力培养学生良好的学习习惯。（4）将系统连贯性与灵活性、多样性结合起来。无论哪一门学科，都具有很强的系统性，是一个密不可分的、连贯的整体。这里的系统性既指教材内容的系统性，又指教学方法的系统性、作业练习的系统性等。在把握系统性的基础上，教师还要注重教学的灵活性，动态抓住课堂生成契机，灵活采取多样的教学方法。同时，教师应采取多种教学方式丰富课堂教学内容，采取多样的评价方法增强过程的激励性，促进课堂教学效果的快速提升。

### 六、任务驱动原则

在进行课堂教学时，教师以任务为纽带，让学生带着任务或问题，在强烈的问题动机或任务的驱动下，借鉴、利用、开发各种有利的学习资源，进行自主、合作、探究，在完成既定任务的同时提升自己的综合素养，即遵循任务驱动原则。学生通过对任务的分析、对比、归纳，找出解决这些任务的方法、途径、步骤，设计实验进行实验探究等，提高自己的问题解决能力，进而不断夯实自己的学科素养。任务具有一定的开放性，这就给学生提供了一定的探究空间，让学生在完成任务的过程中，培养了自学能力、想象力和创造力。

以"能源与可持续发展"一课的教学为例，在教学活动开始前，教师可以利用信息技术手段进行导入，向学生展示部分地区公路沿线的巨型"风扇"的图片，为学生介绍将动能转化成电能的风力发电技术，在吸引学生关注的同时引入本课重点内容"能源与可持续发展"。在讲解这部分内容的过程中，教师可以结合日常生活中汽车和能源的相关知识，为学生展示汽车行驶时的功率分配比例图，让学生分析汽车做功所带来的环境污染及能源消耗，以真实情境唤醒学生的学习动机，增强学生的绿色环保意识。在学生对所学内容有了一定的探究欲望后，教师可以引入以下任务，以宣扬环保理念：（1）请你思考并回答"能量既不会凭空产生，也不会凭空消失，能量在转化和转移的过程中，总量是保持不变的。那么我们为什么要节约能源"这一问题；（2）请你从能量转化和转移的角度总结保护资源的重要意义，在此基础上结合生活现象，描述一些生活用品中能量转化的过程；（3）请你与小组成员共同撰写《资源节约、环境保护倡议书》，写完后在班级进行分享，总结任务成果。

当然，在着力完成任务的过程中，教师要将学习任务与学习活动相结合，不断激发学生的学习动机，让学生带着任务进行学习与钻研。为此，教师要充分运用任务驱动策略，做好以下工作：一要创设真实的、与任务有关联的教学情境，引导学生带着真实的任务进入学习情境，让学生的学习更加直观和形象化；二要选择与当前学习任务密切相关的真实性任务作为学习的中心内容。三要进行自主合作学习，即让学生根据任务自主获取有关信息资料，并通过同伴的讨论和交流，着力解决当前的任务。四要开展效果评价，即在学生提交任务解决方案后，教师要对学生提交的解决方案进行评价，对任务完成情况进行评价，对学生自主合作学习过程进行评价。

### 七、教学相长原则

"学然后知不足，教然后知困。知不足，然后能自反也；知困，然后能自强也。故曰：教学相长也。"这句话出自《礼记·学记》。其中的"教学相长"原指人与人之间相互教和学，是教授者和学习者相互促进的过程。在学本课堂教学中，师生同为学习者，因此，教学相长指的是教师和学生之间通过相互学习、促进成长的过程。

教学相长是教与学的相辅相成。"教学相长"的内涵可从两方面进行理解：一是从横向来看，教学相长深刻揭示了教与学的辩证性。教与学之间是相互制约、相互渗透、相互促进的既矛盾而又统一的关系。在教学过程中，师生之间是相互促进的：教师的教促进学生快速发展，而学生在教学中呈现的难题又引发教师深入思考，在学生发展的同时教师也得到了成长与进步。这样，师生之间就实现了相互促进，相互提高，共同发展。二是从纵向来看，教学相长也为教师的自我提高、持续发展指明了方向。教师施教的过程也是教师学习和提高的过程，即教师通过教而不断成长，不停进步。为此，在学本课堂教学中，教师既要把握住师生关系，将师生看成一个发展共同体，在师生互动中推动各自发展，又要立足自身的发展，在教学中发现自己不足，促进自己教学质量的提高。

## 八、多元互动原则

课堂就是师生围绕信息进行多向互动的过程。教师应从师生沟通渠道入手，遵从多元互动原则，让信息通道从封闭走向开放。从信息论角度来看，教学过程就是一个信息流通的过程：教师传递信息→学生接受信息→教师接受学生反馈的信息而调整自己的教学方式方法，进而改进教学。在课堂推进过程中，课堂的多元互动主要表现在以下三个方面。

一是横向相连，构筑一个较为完整的学科体系。

例如，在习作教学中，教师根据各年段的习作教学目标，针对不同类型的习作，进行了课例研究、问题探究、课堂观察，形成了较为成熟的习作教学模式：低段起步课——从说到写，即在训练中遵循"看清楚、想明白、说通顺、写下来"的基本模式，采取画画说说写写、听听说说写写、做做说说写写、玩玩说说写写、读读演演写写、吃吃说说写写六种起步方式，培养学生的习作兴趣。中段入格课——从读到写，即在训练中遵循"悟读、观察、仿写、会写"的基本模式，采取读读看看写写、读读做做写写、读读演演写写三种方式，结合作文教学来安排阅读教学，读写紧密结合，让学生在阅读中感悟文章的内容、结构、表达的方式方法等。高段超越课——从议到写，即在训练中遵循"品读习法、互议交流、随写达情、拓展提升"的基本模式，采取读读议议写写（读写结合）、做做议议写写（合作学习）、思思议议写写（思维训练）三种方式，关注学生思维的拓展、能力的提升，促使学生实现自我发展、自我超越。

二是纵向相承，架构起一个前后贯通、循序渐进的发展脉络。

例如，教师在数学学科形成了"提出问题→自主探究→合作交流→深入反思"的教学范式；科学学科形成了"深入实践→提出疑问→提出假设→设计实验→实施实验→分析数据→得出结论→解答疑问→新的疑问→进一步探究"的自创自主探究"十步曲"。

三是畅通信息反馈渠道与机制，推动各种信息的筛选、集结与整合，进而将信息进行有效的反馈，更好地改进教学工作。在学本课堂上，教师要以信息反馈为要务，让课堂信息由单向传递变为双向传递，即学生把自己的学习成果通过各种渠道输送出去，然后收回外界评价，以检验学习效果和掌握程度，从而在原有知识的基础上进行调节和改进。

开展学本课堂教学工作旨在真正实现以学生为中心的教学理念。通过转变教学方式，激发学生的主动性和创新精神，培养他们独立思考和解决问题的能力。在实施过程中，我们应始终坚持"学为中心，成长为本"的原则，确保学本课堂教学工作有效推进。

# 第二节　创建其乐融融的学习场

学本课堂的核心理念是"一切为了促进学习者全面、和谐成长"，学本课堂理念下的学习场则是促进师生共同学习的重要认知活动场，也是师生共同成长的生命能量场。因此，创建其乐融融的学习场，营造良性的学习生态环境，有助于唤醒师生的内在生命能量，提高学习效率和质量，促进师生和谐健康发展。

## 一、创建学习场的意义

在学本课堂教学中，学习场包含教学环境、教学方式、师生相互关系等众多因素。其中，教师、学生和媒介、环境四者通过相互作用形成有机的内部学习场，共同推动学习的发生，进而为师生提供全面、个性、科学的学习环境和资源，促进师生的全面发展和成长。

### （一）教师——学本课堂的智慧导学者

无论国际教育形势如何变化，无论国内教育政策如何变革，课堂教学依旧是育人的主阵地，但教育者在课堂教学中的角色已发生根本转变。不同于传统的课堂教学，学本课堂所强调的是教师和学生的"双主体"地位，不是教师的"一言堂"，也不是通过削弱教师的地位来突出学生的主体性，而是教师通过智慧地"导"，促进学生主动地"学"，做学生的"智慧导学者"。

首先，引导学生进行课前高质量预习。传统的教本课堂注重先学后教或者先教后学，而学本课堂倡导的是先学后导，即学生先进行自主学习，教师再根据学生的自学情况给予有针对性的指导，从而培养学生的自主学习能力。学生学会预习是实现自学的前提，因此，教师有必要为学生提供高质量的预习指导，如引导学生使用结构化预习方式来提升自学质量和效率。

其次，指导学生课中参与独学、合学、展学。在学生学习的过程中，教师要善于使用多元激活策略，给予其智慧引导，帮助学生实现自我导学。

再次，指导学生课后进行总结、评价、反思。"教是为了不教"是学本课堂的最高境界。教师通过指导，促使学生做到对学习过程有回望、对学习习惯有总结、对学习问题有思考、对学习态度有评价，将被动学习转化为主动思考，并固化为良好的学习习惯，同时催生新的学习能力，促进学生更加适应学本课堂教学。

### （二）学生——学本课堂的创生力量

在学本课堂教学中，学生是学习的主体，是主动的学习者，是能动的创造者。在学习场中，学生主动参与学习过程，积极理解和建构知识，和老师实现同频共振，提高课堂效率和学习的质量，促进知识更好地生成。

我们认为，判断学生是否主动学习，可以从以下四个方面进行：一是自我驱动。学生对自己的学习目标有清晰的认识，积极参与课堂活动，能够独立制订并完成学习计划，主动承担起学习的责任，主动进行自我激励，不是被动地听课或看书，不需要依赖外界的压力和奖励。二是自主探索。学生能够根据自己的认知进行深度思考和知识应用，在某一件事情上拥有自己的主见并主动探索新的知识和技能，自主寻找更多的学习资源，而不仅仅是被动地接受和记忆知识。三是乐于合作。学生愿意与他人合作学习，能够从他人那里学到新的知识和技能，同时能够帮助他人学习。四是自我反思。学生主动规划并完成学习任务，定期进行总结，反思学习经验，不断调整和优化学习方法。

### （三）媒介——学习课堂的信息交互资源

媒介作为学习场的重要信息交互资源，扮演着至关重要的角色。在信息技术的推动下，教育方式和手段正在发生深刻变革，传统教育媒介和现代教育媒介的融合成为教育领域的一大发展趋势。传统教育媒介，以其深度、权威、系统化的特点，为学习者提供了扎实的学习基础；现代教育媒介则以其便捷、快速、互动性强等特点，为学习者提供了更加灵活和个性化的学习方式。在学习场中，新旧媒介的交融，为学习者提供了多元化的信息获取和交流方式，也为教育创新提供了广阔的空间。具体而言，包括：

第一，新旧媒介的交融使教学资源能够更加广泛地共享传播。新旧媒介的交融使得教师可以利用网络平台，将教学资源（如课件、教案、视频等）上传至共享平台，学生可以随时随地访问这些资源，从而打破了时间和空间的限制，提高了教学效率。

第二，新旧媒介的交融为教学内容和教学形式的创新提供了可能。教师可以利用新媒介技术，如多媒体、网络课程等，将文字、图片、音频、视频等多种形式的教学内容融合在一起，以更加生动、形象的方式呈现给学生。

第三，新旧媒介的交融为个性化教学的实现提供了有力支持。教师可以根据学生的兴趣、需求和能力，为他们制订个性化的学习计划。例如，通过在线教学平台，教师可以根据学生的学习进度和反馈，及时调整教学内容和方式，以满足学生的个性化需求。

第四，新旧媒介的交融为师生之间的互动提供了更多渠道。教师可以通过在线教学平台、社交媒体等与学生进行实时互动，解答疑问、讨论问题等。这种互动方式可以促进师生之间的沟通，提高教学效果。

第五，新旧媒介的交融使得教学效果评估更加便捷和准确。教师可以利用在线教学平台的数据分析功能，实时了解学生的学习进度、成绩等数据，从而对教学效果进行及时评估和调整。这有助于教师发现问题，改进教学方法，提高教学质量。

此外，信息技术媒介的日益成熟给教育注入了新的活力，新媒介的出现，为学习场带来了丰富的信息资源，冲击着学生的思维方式，改变了其认知方式、交流方式和表达方式。

## 二、创建学习场的具体方略

构建一个有温度的、高质量的、互动的、个性化的学习场，可从师生关系、同伴互助关系、学习模式、文化建设等方面促进师生的全面发展。

### （一）亲师爱生，学习场的情感基础

马克思认为，人是一切社会关系的总和。在学校这个微型社会，师生关系影响着学生的人格塑造与学业发展。和谐的亲师爱生关系，可以带给学生亲近感和信任感，能有效激发、调动学生的学习积极性、参与性和主动性，为学习场的构建奠定坚实深厚的情感基础。当下，师生关系由原本注重教师对学生的单向知识传授渐渐转变为师生共建"学习场"、师生共寻生命价值的双向奔赴关系。因此，构建良好的亲师爱生的师生关系，须从"心"出发，提升师生相处的技与艺，促进师生共同成长。

#### 1. 尊重——真诚地倾听

尊重是理想的学习场的基调。尊重是沟通的前提，有了尊重，才会有和谐的师生关系。

教师和学生同为学习场中的主体，师生之间的尊重不应只强调"尊师重

道"，还应该强调师生之间自由平等的表达、相互的倾听和耐心的反馈。教师也要对学生给予充分的尊重，教师对学生的尊重，意味着对学生权利和尊严的认可，教师若真诚倾听，学生就更愿意真诚表达。尤其是在处理学生问题时，教师不应以师者自居，不用固有的经验认知随意评论学生，而要耐心倾听学生的分享，尊重学生的立场和观点。学生在感知到自己被尊重、被理解，自己的情绪被老师所接受和认同后，自然愿意亲近和相信老师，也更容易和老师产生情感共鸣。

2. 欣赏——赞赏的目光

欣赏学生是一种积极的教育态度，是教育中非常重要的一部分。教师在教学中坚持多元评价，发现学生的闪光点，给予学生真诚的适度赞赏能让学生受到尊重和重视，不仅有助于学生建立自信心，还能促进他们的个人成长和全面发展。师生之间的积极情感由此也可以得到更好的激发，学生的学习内驱力也随之提高。

3. 关爱——真正的朋友

教育之道，在心灵。爱生是教书育人的基本要求。教师爱生，学生才能亲师。关爱学生，不仅是教师的重要道德修养，更是教师的重要职责。苏联教育家苏霍姆林斯基说："教育技巧的全部奥妙就在于热爱每一个学生。"只有教师发自内心地关心爱护学生，学生才会放下防备、敞开心扉。教师是学生在学校里的重要他人，学生感受到教师的关爱后，也会感受到自己的存在和价值被认可，并由此产生集体归属感。此时，学生不再忌惮教师权威，愿意把教师当作朋友，并反向主动关爱教师。师生之间成为亦师亦友的关系，如此，学本课堂就成为润心育人的"情感场"。

关爱学生，可以从多方面入手：一是耐心细致，注意语言艺术的智慧表达；二是深入家访，了解学生成长背景、性格特长、学习情况等；三是及时洞察学生的需求并提供暖心支持；四是帮助学生提升自我效能感，建立自信；五是以师生共同活动为载体走进学生心灵。

4. 共情——批评的艺术

批评是师生之间一种重要的交往活动。从本质来看，批评是一种社会互动。批评不仅是单一的负面评价，更是一种建设性的反馈，其目的在于帮助被批评者认识到自己的不足，进而改进和提高。

批评的艺术在于共情。有效的批评应做到师生共情，即教师能理解学生的情感和需求，并将这种共情能力作用于教学活动。教师要顾及学生的心理感受，尊重学生的人格，将学生看作一个发展中的人，接纳学生的错误，将错误作为学生探究知识的契机，引导学生产生新旧认知冲突，从而接受新知。总之，教师应宽容平和地倾听学生，帮助学生找到问题，然后对症下药解决问题。

### （二）优质教学，学习场的能量源泉

《中华人民共和国国民经济和社会发展第十四个五年规划和 2035 年远景目标纲要》的提出为我国教育事业的发展指明了方向——加快建设高质量教育体系，构建高质量课堂，这是基于教育国情对优质教学提出的要求。除此之外，中小学双减政策的贯彻落实，旨在减轻学生过重的课业负担和校外培训负担，促进学生身心健康发展，这是基于学情对优质教学提出的要求。基于高质量教育背景的双重呼唤，我们必须高度重视新型优质课堂的建设，以适应新的教育形势和学情需求，提高教育教学质量。

优质教学具有感染性、主体性和高效性、深刻性等特点。在学本课堂教学中，优质教学的三大特点相得益彰，共同营造了一个有情感渗透、有灵性启迪的学习场。

#### 1. 感染性

有趣的课堂一定是极富感染力的课堂，更容易引导学生主动参与其中。在学本课堂教学各个环节，教师可利用多种方式激发学生的学习兴趣。比如：利用开学第一课激发学科兴趣；在导入环节，以多种创新形式导入（如故事导入、游戏导入、音乐导入、演示导入、情境导入等），激发课堂兴趣；关注学生的兴趣点，创造生动有趣的教学情境；使用多种教学方式吸引学生注意力；坚持正面管教，调动学生的积极性；营造愉悦的课堂氛围，消解学习压力等。

此外，教师作为学习场的重要因素，其专业能力、言谈举止、仪表风度和心理素质等因素会通过外显的方式展现给学生并感染学生，能对学生的学习热情和求知欲望产生重要影响。如教师将深厚扎实的专业基础知识深入浅

出、娓娓道来，能自然而然地感染学生；教师运用生动清晰的语言、抑扬顿挫的语调传递知识，可营造自然、生动、有趣的课堂氛围；教师具备良好的心理素质和人格品质，将潜移默化地影响学生的学习状态。

2. 主体性

学生主体性的体现和实现是新课程改革的重要出发点，也是评价课堂教学的重要标准。学本课堂呼吁教育者走进学习者的世界，以学习者的视角开展课堂教学工作。

首先，关注学生需求。学生是学习的主体，优质教学必须关注学生的需求，以学生的成长和发展为出发点和归宿。教师应深入了解学生之间的个体差异性，如学生的性格、学习基础、个人兴趣、学习困惑、课后反馈等，并据此展开有针对性的教学，做到真启发、真评价。

其次，注重学生体验。在课堂教学中，教师应积极指导学生参与相应的实践活动或模拟真实的实践活动，引导他们从中获得丰富的感性知识，加深对理性知识的理解。如教师讲授"树立科学的消费观念"时，为加深学生对家庭消费的理解，引导学生树立科学的消费观念，进一步养成良好的消费行为，在班内采用模拟家庭的方法，让学生在亲身经历中获得直接经验。具体步骤为：1. 要求每名学生当一星期的家庭总管，管理家庭经济，记录家庭开支；2. 根据实践活动的数据，组建模拟家庭；3. 每一家庭根据自己的经济收入，制订模拟家庭消费计划，进行消费设计；4. 互评打分，即每一家庭汇报本家庭计划的依据，同伴评价打分。

此外，鼓励学生自为。学生的主体性体现在学生能充分发挥学习的自觉能动性，能够"自为学习"上。只有鼓励学生自己作为、主动作为，学生的主体力量才能从潜在转向外显，从浅表走向深刻。所谓"自为学习"是指：学生意识到学习是"为自己"而学习，即以自我提升和自我发展、实现自我价值为目的；学生能"意识觉醒"，即形成明确的自我意识，对学习进行自觉的反思、评价和调控；学生要"自己作为"，即学生通过自己的自觉行动展现自己作为主体的力量和特性。

3. 高效性

优质课堂除了关注学习结果的有效性，更应该关注学习过程的高效性。

实现高效课堂，离不开教师对教材的深入理解和精准运用，也离不开教师对课堂情境活动的有效设计。

一是深"入"简"出"。要想实现优质教学，教师就要深入理解研究教材知识，把握知识的深度和广度，掌握知识的内部逻辑联系和规律。教师只有在对知识深度学习的前提下，才能有效整合重难点，精准设计课堂活动，有效设计课堂作业，避免出现全程被动跟着课件走、"一言堂"等现象。教师能游刃有余地将知识"深"入"简"出，学生也就能更高效地获取知识。

二是创设"活"情境。课堂不是秀场，教育呼唤归真。流于形式的课堂教学中，教师为了完成任务而教，学生为了应和教师而学，这样的教学难求高效。只有"活"的教学情境，才能引发真问题，启发真思考，产生真学习。"活"的教学情境设计应与学生兴趣相关，且与学习目标相宜。当学生"身临其境"时，更易产生学习兴趣和探究欲望，培养解决问题的能力和创新思维，也能更好地理解知识在实际生活中的应用方法和意义，进而应对现实生活中的问题。教学情境在呈现方式上应多样化、形象化，如充分利用多媒体资源、实物展示、角色扮演、案例分析等方式，摆脱"死板"，让课堂"鲜活"起来。此外，根据学生在课堂中的实际表现与知识生成的需要，打破课前预设，创造性地增减或创新课堂活动，也是"活"教学的表现。

4. 深刻性

赞科夫说过，为了顺利完成自己的任务，一个教师应当掌握广博的知识。教学的深刻性意味着不是把教材看懂，而是把教材看穿、看透，从而挖掘出其中的精髓。教师钻研教材钻得深，悟出来的道理就透彻，讲起课来就简单，也能够讲到点子上，体现教学的深度。

教学走向深刻，体现在对教学内容和教学方式等的创新上。例如，教师可以结合最新的科研成果和社会热点问题，引导学生深入进行探讨，培养他们的创新思维和解决问题的能力。或者采用多种教学方式，如小组讨论、案例分析、角色扮演等，激发学生的学习兴趣和主动性。

教学的深刻性，还体现在适时适度的巧妙教学启发上。启发是有条件的，就事论事，照本宣科，是谈不上启发性的。只有当教师对教材有深刻、独到的见解，并对自己要讲的一切都烂熟于心，确信无疑，"使其言皆若出于吾之口，使其意皆若出于吾之心"，在课堂上才拥有发挥能动性的自由度，真正做到游刃有余、指点有方、循循善诱。启发的最高境界是以灵性启迪悟性。富有灵气的教师善于设疑布惑，诱导学生向着未知领域探索，把学生带进山重水复疑无路的"困境"，然后或抛砖引玉，或画龙点睛，或点拨提示，或目示点头，或取喻明理，使学生心领神会，突见柳暗花明，豁然开朗。

（三）同伴互助，学习场的推进动力

这里的同伴是指年龄、兴趣爱好、性格相似或者处于同一学业水平的人。同伴互助学习是指通过地位平等或匹配的伙伴（即同伴）积极主动地帮助和支援来获得知识和技能的学习活动。在本质上，同伴互助学习是指在教师的指导下，通过同伴示范、教育、监督、互动、互评等方式进行的互助合作的学习形式。

在学本课堂教学中，同伴互助学习旨在突出学生的主体地位，激发学生的主观能动性，强调建立师生间平等、合作、互助的关系。同伴互助的学习关系不仅能改善学生的学习状态，而且能帮助学生学会与他人正确交往，形成积极互信的人际关系。

1. 同伴互助组组建原则

组建同伴互助组，应当遵循以下原则：

主体性。在学本课堂教学过程中，老师应真正尊重以及突显学生的主体地位，给同伴互助小组以充分的信任和充足的互助时间，敢于突破创新，改变学生被老师"牵着鼻子走"的传统教学习惯。

发展性。同伴互助学习的即时效果可能不那么明显，甚至会出现滞后的情况。教师不能急功近利，否定同伴互助学习的作用，而应该从长远发展的角度去关注学生的过程性情感体验和能力增长。

差异性。尊重同伴互助组内个体间的差异，因材施教，实现小组内部多向信息传递，促进组内成员优势互补。

平等性。同伴互助关系中小组成员是平等的，学生能在各自擅长的领域充当"学师"的角色，在需要向同伴学习的领域又是"学友"的角色。组内没有等级之分，同伴之间的对话是自由、民主、平等的。

激励性。同伴互助学习强调生生之间的互动学习，肯定每一位组员的独特价值。要尽可能让组内每一位同伴的自我效能感都有提升，让每一位组员都得到发展，从而促进每一个互助个体认同与他所关联的同伴互助体，并且愿意继续向同伴贡献自身力量，且借助同伴的力量不断完善自身，得到激励。

和谐性。同伴互助小组内应该培养一种相互认同、互惠互利的团队精神，教师要协助学生提升包容力，引导同伴互助小组树立方向正确、步调一致的目标。在这一过程中，同伴之间既能在能力上相互促进，又能在情感上相互依赖，从而在组内找到归属感。

2. 同伴互助组的组建方式

不同的同伴组合方式会产生不同的合作效果。如果分组方式过于随意、专制或者搭配不够合理、科学，小组内部就容易产生一系列消极反应，如个别同学成为边缘化的"隐形人"，面对同伴的问题不愿主动提出帮助，面对共同的学习任务不作为，没有互助意愿和精神。因此，划分同伴互助学习小组时一定要尊重学生的能力和情感意愿，给予其科学合理的指导，只有这样，同伴互助学习才能收到事半功倍的效果。

（1）一对一互助结对

一对一同伴关系的组合中，成员间的亲密度和关注度更高，双向的分享交流更直接、更高效，同伴之间更容易建立信任和依赖的关系。建立"一对一"同伴互助组，分为三步：第一步，教师利月量表对学生的知识水平和认知能力进行测试，测试结果对学生保密；第二步，将测试成绩水平临近的学生进行上下范围推荐，推荐人数为 3 人左右；第三步，被推荐者根据档案信息进行双向组合选择，形成一对一的"对子"。

（2）小组互助结对

研究结果表明，四人为一组的小团体讨论效果最佳，能有效地激发团体成员更多的灵感，社交氛围也更加活跃。因此，同伴互助学习小组通常以四人组合为宜，旨在扩大学习交流的范围，提高学习分享的质量。

建立互助小组，可以采用组内异质、组间同质的原则。按照组内异质原则，可将不同特质和认知能力（比如在性格、能力、性别、心理状态、兴趣爱好）等方面存在差异的学生进行合理搭配，组成互助小组，以实现优势互补，扩大组内的认知范围，促进共同进步。按照组间同质原则，可平衡小组与小组间的整体实力，便于各组之间公平竞争，激发群体智慧，也便于使用统一的评价标准衡量小组发展状况。

但要注意的是，互助小组组合尽量兼顾异性搭配，且同性和异性数量要相当。有研究显示，异性学习者之间的思维方式有差异，异性组的学习效率更高。另外，在组内成员相互尊重的前提下，组内的认知层次最好包含高、中、低三个层次，呈现阶梯式的水平，可有效促使较低层次学生拔高。

（3）班级同伴互助

教师可利用多种形式打造班集体同伴互助文化。具体而言，包括：

巧用班会课。班会课是教师进行集体教育的最佳时机，可以选择有利于互助小组成长发展的主题。例如："感谢有你"，学生自述同伴对自己在学习和成长方面的积极影响；"与友同行"，探讨可以在哪些方面以何种方式给同伴提供帮助；"来吧，战友"，指导学生正确认识自我能力，挑选既是竞争对手又是合作伙伴的战友；"身边的榜样"，分享优秀同伴互助小组的事迹，对群体产生激励。

开展班级活动，凝聚班级人心。除了课堂学习任务驱动，课堂内外、校内校外的班级活动也是提升同伴互助小组凝聚力、向心力的有效手段。班集体成员在活动中分工协作，相互配合，担当责任，有利于充分挖掘小组成员潜能，也会产生一系列诸如暗示、模仿、感染、舆论、心理相容等社会心理现象，从而形成良好的健康的人际关系。

打造班级文化墙。在教室的黑板报或者内外展示墙上可以公布或张贴一些彰显团队精神的事例和照片，也可以开设班级合作主题专栏，营造生生互动、共同进步的和谐氛围，引导学生思考团结的力量，理解集体主义精神。在这种氛围下，没有被冷落的个体，没有孤单的奋斗者，各种形式的同伴互助组相互接纳、相互尊重。

3. 同伴互助的发展阶段与形态

（1）初始阶段

这一阶段，同伴互助小组还没有形成凝聚力，组员间的合作默契不够，需要教师出面引导，帮助互助小组树立正确的团队目标，制定合理规范的小组制度，营造融洽民主的团队氛围。可从以下三步展开：

第一步，建立同伴信任关系，相互悦纳。这一步是为了帮助组员在小组内部找到归属感。个体感受到被尊重、被接纳、被欣赏是小组良好人际关系形成的基本前提。教师要引导学生学会倾听，尊重不同的声音。只有信任关系慢慢建立了，同伴互助关系才开始真正建立。

第二步，确立共同的学习目标。共同的学习目标是互助小组凝聚力形成的关键，是指引互助小组共同前进的动力。学习目标可以是远景性的，也可以是近景性的；可以是整体性的，也可以是阶段性的；可以是知识性目标，可以是能力性目标，也可以是情感、态度、价值观目标。初始阶段的互助小组应该确定规模小、易达成且有利于小组成员默契养成的目标，小的学习目标可以让小组氛围快速升温，同伴之间的学习步调快速达成一致。如第一周的目标可以是"早读全员大声读""课堂全员积极踊跃发言""课后互相答疑解惑"等。

第三步，确定成员角色。学习目标确立以后，互助小组运转的必备条件是组员任务分工，赋予小组成员角色和身份，从而使组员对小组产生责任感，懂得合作的意义。

（2）发展阶段

这一阶段，同伴之间已基本达成默契，彼此交流增多，信任度增强。同伴互助小组基本能在小组长或者组内积极分子的带领下，在课堂内完成基础学习任务。这时，教师可变换不同的活动形式与学习形式，增加同伴互助学习的机会，再次强化分工协作。这一阶段依然是以教师指导为主，学生从积极配合慢慢过渡到互助学习。

培养组织者。在经过一段时间的课堂观察后，教师应及时选择培优对象，如可以将领导能力和责任感很强的学生推举成为同伴互助学习的榜样。互助小组内部有了优秀的领导力量，教师就可适当放权，互助小组的学习交流空间会更大。

树立中级阶段目标。互助小组发展到中期，若动力不足，组织内部随意性、散漫性渐生，成员间就会矛盾重重。因此，给予小组新的阶段性目标，能有效激发小组活力，比如在中期评选"优秀合作小组"，为了达成这一目标，小组内部就会优化重组，积极挑战。

（3）成熟阶段

互助小组在经过前两个阶段的磨合后，同伴之间的互助关系、互助意识、互助能力都得到了锻炼和发展，互助小组内部默契程度高，凝聚力强，同伴之间能实现相互督促和自我管理，对教师的依赖程度降低。这时，可根据学生的学习情况适时拔高任务难度，树立更高层级的学习目标。

互助小组可以挑战一些富有创造性的、综合性的学习活动，例如同伴群体自学、单元框架复习、组卷互考等。互助小组应树立"让每一位成员都有进步"的高级目标。这一目标能够充分体现同伴之间的同理心，促使成员积极主动地做出改变，促进集体进步。

4. 同伴互助的多元评价方式

（1）自我评价和同伴评价相结合

以学生为主体的同伴互助学习的评价应参考学生的自我评价。首先，学生从自身角度出发，进行自我反思、自我肯定、自我完善。其次，由小组同伴进行客观评价，同伴依据共同的学习目标、合作表现、参与程度、个体对小组的贡献值等因素进行评价。

（2）形成性评价为主，总结性评价为辅

形成性评价关注的重点不是学习结果，而是学生在同伴互助过程中的表现。形成性评价常用的方式有三种：一是课堂活动观察，教师应重点观察课堂中同伴互助学习的表现，设计可以记录同伴互助过程中学生的参与度、积极性、互动频率、问题解决能力、情感态度等表现的观察量表。二是档案记录，利用成长档案实时记录同伴互助过程中发生的情况。三是检查课外作业，利用作业完成情况记录表记录同伴互助组整体作业完成和提交情况。

总结性评价以纸质测验结果为参考依据，如期末考试、期末调查问卷。一般来说，学生在进行学业水平总结时，往往只关注个人的成绩是否有提升，而忽视了同伴的进步。总结性评价可通过计算互助小组的整体进步值、平均分的阶段性对比等对同伴互助小组的综合实力进行评比。根据评价结果，老师给予互助小组（而不是个人）一定的物质奖励和精神荣誉奖励，激发小组之间的竞争意识，引导学生从关注自己发展转移到关注同伴的进步上来。

（四）文化建设，学习场的能量积累

学习场，不仅是学习知识的场所，也是心灵汇聚的磁场。高质量的学习场，不仅关注知识的获得、能力的增长，更关注人的身心健康成长和可持续发展。在学习场域内，文化建设起着"润物细无声"的作用，班级文化在教育人、感染人、塑造人、影响人、发展人等方面发挥着重要作用。在学本课堂教学中，教师应该为学生创建高质量的班级生态环境，如充满"爱与自由"的生长空间、"规则有序"的发展边界等。教师应着眼学生的全面发展，不断优化班级文化建设，打造良好的育人氛围，让学生在无形的文化浸润中获得自主发展，在有形的文化建设中展示自己的精神风貌，健康成长。

1. 美育有形——创"静美"学习场

苏霍姆林斯基说过，我们应从审美角度出发，精心规划，栽种花草树木，设置图画标志，办墙报，以期充分发挥潜移默化的育人功能。班级应致力于打造一个宁静而又养眼的物质文化环境，简洁明了、美观大方，进而促使学生净化心灵，减少外部干扰，抚平内心浮躁，以一个更加心平气和的状态投入学习中。

2. 制度有方——创"人文"学习场

"人文"学习场应有共同的人文目标和人文制度。创建"人文"学习场，应做到以下几点：

第一，用共同的目标凝聚人。一个集体若有共同的目标，就容易产生齐心协力的力量。建立共同目标时应充分尊重学生的个性差异和心理需求，打牢民意基础。共同的班级目标能增强班级荣誉感，将个人利益和集体利益紧密联系起来，引导学生识大体、顾大局，促使学生做出有利于集体发展的积极行为。

第二，以人文的制度管理人。班级制度应该最大限度地尊重每个学生的尊严和权利，实现民主管理。首先，要将制定班规的权利让渡给学生。与其强调站在学生的角度去换位思考，不如让学生真正成为班级制度的制定者。教育要培养的是具有独立思考和决策能力的个体，而非需要外在监督和指挥的他人。为学生服务的班级制度，应该从学生实际需要出发。其次，要将管理权限交给学生。学生既是班级制度的制定者，也是实施者。教师把管理权交给学生，利用能担责、懂协作的班委队伍，能更好地落实班级制度。最后，要把评价的权利分给学生。教师应认真听取学生的反馈，有针对性地优化完善班级制度。

八年级某班下期——冬季班级活动

| 活动理念 | 活动主题 | 活动形式 |
|---|---|---|
| 快乐学习 | 书香育人，文化育心 | 师生共读一本书、晨诵暮读活动 |
| | 乐学善思，优质高效 | 思辨赛、错题集模拟卷比赛 |
| 融入生活 | 光荣劳动，幸福成长 | 元旦活动：争做"佼佼者"包饺子劳动技能大赛 |
| | 锤炼体魄，丰盈生命 | 周末体能打卡、班级"趣玩"运动会 |

3. 育心无痕——创"乐融"学习场

一个优秀的班集体一定有一股强大的凝聚力，这种凝聚力影响着这一群有着共同目标的人，潜移默化地改变着这个集体中每一位成员的思想和行为。这个凝聚力就是班集体的班级精神。班级精神是构建班集体这座大厦的"混凝土"，具有凝聚人心、激励士气的作用。虽然班级精神是无形的，但是教师可以主动引导学生去创造师生共同期待的班级风貌，创建其乐融融的学习场。

第一，开展主题班会。班会课被称为育人的主阵地，是集体思想的聚集地。学本课堂主题班会课以积极向上的"乐"为基调，致力于引导学生树立正确的价值观、人生观、世界观。好的班会课不仅影响着个体对生命的思考，也在无形中塑造着集体凝聚力。集体的积极态度能辐射到学习场内的每一个个体，渗透进每一个学科的教学中。

第二，利用活动育人。良好的班级精神通常在多元化的班级活动中孕育产生。班级活动可以是校内的，也可以是校外的；可以是学科融合的，也可以是综合实践的；可以是阶段式的，也可以是周期性的。总之，不管何种形式，班级活动的价值都在于促进学生全面发展，致力于构建一个其乐融融的高效学习场。

第三，开展家校协同工作。家校协同的途径多样，例如家访、开家长会、办家长学校、成立家长委员会、建立家长群、进行书信网络沟通等。多种有效的家校沟通方式，能促使家庭、学校、学生三者形成统一战线，在教育目标上达成共识，形成教育合力。这种牢固的三角关系，不仅有助于增强班级凝聚力，还可以为学生的成长筑就坚实的保护屏障，帮助学生建立积极强大的心理磁场，最大限度地提升他们的学习内驱力。值得注意的是，开展家校协同，教师和学校都应充分尊重学生的家庭背景情况、个体差异以及实际需求，而不是盲目地寻求合作。

# 第三节　开发学本课堂教学资源

在教育信息化背景下，教育方式不断革新，但如何提高课堂教学质量一直是教育教学改革的不变主题。进入"十四五"时期之后，在推动教育高质量发展的背景下，课堂教学资源的开发和优化配置显得尤为迫切。

基于新课标的要求，教师要有开发课堂教学资源的意识和行动，引导学生学会自主学习、锻炼技能、拓宽视野、发散思维、丰富个性，不断提高综合学习素养。学本课堂是开发课堂教学资源的主阵地，丰富多元的教学资源能够为学本课堂教学提供条件性支撑，助力师生及时解决学习过程中出现的问题，改善师生的教学方式和方法，提高师生的学习能力，构建高质量的课堂。

## 一、学本课堂资源解构与重构

课堂教学资源是支持课堂教学开展、为课堂教学服务的各种条件。学本课堂教学资源的合理开发与利用体现了基础教育改革的基本理念并成为新课程理念下课堂教学的一大亮点。知晓课堂教学资源的内在含义，把握课堂教学资源的开发途径，对学本课堂教学资源的合理开发与利用具有重要的意义。

### （一）观念引领，教学资源新定位

对学本课堂教学资源进行开发的前提是对教学资源的概念有充分认识。"资源"包括自然界的各种物质、生产力、资本、设备、信息技术、环境和时间等信息，"教学资源"则指的是教育领域所使用的相关资源。狭义的教学资源是指能用来开展有效课堂教学活动的各种条件，比如课堂教学环境、文本资源和教学硬件支撑条件等。广义上的教学资源除了包含狭义教学资源的内容之外，还包括其他一切对开展课堂教学有用的人力、财力、物力、信息等要素。也就是说，教学资源既包括教师的本身资源，如德育修养、专业素养、经验理论、管理能力，也包括学生的自身资源，如思想态度、认知基础、学习水平等，还包括以互联网信息技术为载体的各种资源。

学本课堂的教学资源是学习过程中能被学习者利用的一切要素的集合，包括所有条件性的和潜在性的、预设性的和生成性的、主观性的和客观性的、物质性的和非物质性的、课堂内的和课堂外的、有形的和无形的、已经被利用的和尚未被开发的一切能够更好地服务学本课堂教学活动、辅助教学目标实现的要素。

（二）科学分类，教学资源新重组

学本课堂教学资源按照不同的形态、性质、特点等有多种分类方式，笔者将学本课堂课堂教学资源分为以人为载体的教学资源、以教材为载体的教学资源、以活动为载体的教学资源和以信息为载体的教学资源四大类。以不同载体形态分类，有利于开发者更有条理、更有针对性地研究课堂教学资源的开发状况，以下是针对这四类资源的分类阐述。

1. 以人为载体的学本课堂教学资源

以人为载体的学本课堂教学资源是指参与课堂教学活动的人、人与人之间的相互联系，既包含教师、学生、教育管理者、家长、各类社会人士，也包括他们之间形成的各种关系或氛围，例如师生关系、亲子关系、班级文化氛围、家庭氛围、学校校风等。

这些资源不是静态的教材或教具，教师和学生同为学本课堂的主体，师生关系理应是最重要的课堂教学资源。良好的师生关系有利于促进学生积极性学习情感资源的形成，能够让学生积极主动地参与到课堂教学中来，使课堂氛围变得开放和谐，学习变得主动，学习效率得到提高。北京十一中学校长李希贵老师曾说，"教育学就是关系学"，和谐、平等、彼此尊重的师生关系就是课堂教学最宝贵的资源。因此，建立和维护良好的师生关系就是对学本课堂资源的有效开发。只有"亲其师，信其道"，学生才能主动参与到课堂教学中来，从"自在"学习走向"有为"学习。

2. 以物质为载体的学本课堂教学资源

苏联教育家苏霍姆林斯基认为："用环境、用学生自己创造的周围环境、用丰富集体精神生活的一切东西进行教育，这是教育过程中最微妙的领域之一。"由此可见，苏霍姆林斯基在很早以前就有了开发教学资源的意识，认识到了以物质为载体的课堂教学资源的重要意义。

"巧妇难为无米之炊"，以物质为载体的课堂教学资源是学本课堂教学开展的基础条件，影响着课堂教学的开展。以物质为载体的课堂教学资源是指能够通过物质形式来支持学本课堂教学、能够被肉眼察觉并能应用到学本课堂教学中的文本资源、硬件设备、活动材料、教学物质环境、评价工具等显性资源。常见的硬件资源有多媒体教学设备、实验器材、教学模型和教具等，常见的文本资源有各类教材、教学参考书、教辅书、报刊、书籍读物等。教材是最基础也是最重要的课堂物质教学资源，它包含学本课堂教学中需要的全部核心知识。高效的课堂教学应该对这些以物质为载体的教学资源进行有效筛选和整合，使这些教学资源最大限度地发挥其资源价值。

3. 以活动为载体的学本课堂教学资源

以活动为载体的课堂教学资源是指通过丰富多样的实践活动促进师生主动学习、合作学习和探究学习的资源。它注重活动本身的形式和内容，具有动态性和即时性的特点。以活动为载体的课堂教学资源影响着课堂教学效率和学习者的学习兴趣，主要分为趣味类活动、竞赛类活动、合作探究类活动等。趣味类活动注重活跃思维；竞争类活动注重学生之间的竞争，如机器模型比赛、知识竞赛、演讲辩论比赛等；合作探究类活动则是指学生利用观察、实验、探究等方式，以小组为单位开展合作探究，产生集体智慧的活动。以活动为载体的课堂教学资源对于促进学生全面发展和提高综合素质意义重大，教师应灵活运用，以激发学生的学习内驱力和创造力。

4. 以信息为载体的学本课堂教学资源

以信息为载体的课堂教学资源主要是指那些利用信息技术手段来支持或实施课堂教学活动的资源。常见的以信息为载体的课堂教学资源有多媒体教学资源、线上课程和模块、教育软件和应用程序、数字化电子教材、学习管理系统、网络资源、社交媒体、数据分析工具、白板和智能板等媒介资源。

多媒体教学资源主要包括：音频、视频、图片等，用于辅助知识传授和展示学习内容；线上课程和学习模块，主要通过网络平台提供课程内容，学生可以在线进行学习和复习；教育软件和应用程序，主要指专门用于教育教学的软件和应用程序，如英语软件等；数字化电子教材，即颠覆传统的以纸质教材为主要资源的数字化电子资源；学习管理系统，即用于管理课堂学习状况、进度、作业、成绩和活动的系统；网络资源，包括各种教育网站、在线论坛、权威博客、网络学术成果等，用于分享传递信息；社交媒体，即辅助教育目的达成的社交平台，它通过专业的网络平台分享学习资源；数据分析工具，例如 SPSS、Excel 等软件，用于数据可视化、数据分析处理和保存等教学内容中；白板和智能板，属于课堂教学中的互动式硬件设备，主要用于支持多媒体教学和学习状况的实时反馈。

这些以信息为载体的课堂教学资源可以帮助师生体验到更加生动、多元化、创造性的学本课堂，同时能够帮助学生更好地适应 AI 数字化学习环境，提高学生的信息媒介素养和数字信息运用技能。

## 二、学本课堂教学资源问题探究

从我国课程改革的趋势和中小学课堂教学的现状来看，凡是有助于创造出学生主动学习与和谐发展局面的资源都应该加以开发和利用。但在教学实际中，教师对课堂教学资源的开发和利用并不理想，这不仅是指教师对现有资源不能高效率利用，更重要的是指教师没有对潜在的教学资源进行有效开发。

（一）问题导向，资源问题向内求解

1. 一些教师开发课堂资源的意识薄弱

第一，一些教师对课堂教学资源的认识有限。一些教师受传统教学思维的影响，往往把教材作为课堂教学的最大资源，却忽略了其他一切能为课堂教学服务的资源。如前所述，课堂教学资源是一个多元的概念，它包含支持课堂教学开展、为课堂教学服务的各种条件，教师只有对教学资源形成正确的认识，强化开发意识，才能在课堂实践中激发学生潜能、丰富课堂形式，构建高效课堂。

第二，一些教师容易忽略自身周围的种种教学资源，比如学生资源、同事资源、环境资源等。教师是开发课堂教学资源的主体，其自身的专业知识、能力品质等也是重要的教学资源，诸如日历、指示牌、公告牌、故事书、海报、跳绳等在生活中常见的事物也都能作为生活资源应用到学本课堂中。教师对单一教学资源的选择，间接反映出教师对教学资源的认识不够全面、充分，导致大量有效资源被忽略、被浪费。

第三，繁重的教学任务和升学压力影响着教师对课堂资源的开发。一线教师教学任务繁重，时间和精力有限，再加上中考、高考等升学压力，他们倾向于把时间和精力集中在教材内容讲解和作业、试卷讲评上，多数教师更偏向以高强度的教学、练习等来提升学生的学习成绩，而对于如何开发课堂资源、丰富教学过程和提升学生素养等问题投入的时间和精力不足。

第四，课堂教学实践成果表明，部分教师只是把教学当作任务去完成，没有形成怎样才能上好一堂课的探索意识，具体表现为安于教学现状、为教学投入的时间少、备课时间短、资源观念淡薄等，难以认识到教学资源开发的重要性。

2. 一些教师开发课堂教学资源能力不足

在新课改背景下，教师的教育教学观念不断转变，构建高质量的课堂成为大多数一线教师的共同追求。多数教师积极探索丰富、多元的课堂新样态，但是在课堂资源开发利用上始终存在一定的瓶颈，对课堂教学资源的开发能力略显不足。

第一，以物质为载体的学本课堂教学资源开发程度低。对物质教学资源的挖掘不深入，主要表现在教师过度依赖学科教材，对其他资源的开发意识不够、开发程度低，因而学生对学科知识的了解仅限于教材，对其他资源涉猎不足，在学习广度和深度上也随之受限。此外，一些教师所在学校的规模较小、财力有限、重视程度不够等因素，也会导致学校出现物质教学资源配备不齐、种类缺乏、数量不足等问题。因而，教师缺少可供选择的教学活动物质工具，学生在课上无法直观体验丰富多元的物质资源，课堂体验感和课堂效率大大降低。

第二，以活动为载体的学本课堂教学资源开发缺乏尝试和创新。丰富多元的课堂教学活动可以充分调动学生的学习积极性，提升学生的综合实践能力和团体协作能力。但就课堂教学资源开发现状来看，以活动为载体的学本课堂教学资源开发缺乏尝试和创新。原因在于课堂教学活动有很大的灵活性和开放性，学生在参与过程中可能会发生无法预设的突发状况，教师必须做到机智灵活应对。同时，一些课堂教学活动需要在开展前进行全面预设和大量准备，活动内容和形式也需要根据学情进行开发创新，这就需要耗费不少的人力、物力、财力。因此，部分教师不愿意付出精力开发以活动为载体的课堂教学资源。即使一部分教师会开发课堂教学活动资源，但其主动性和持续性不强，往往是将其他教师的课堂活动照搬照抄到自己的课堂上，缺乏贴近学情的创新，因而实际效果并不好；有的教师对课堂教学活动资源开发路径和意义不明确，不知道如何改编或原创课堂教学活动，索性直接将常规老旧的活动运用到课堂上，课堂教学效果大打折扣。

第三，动态生成的学本课堂教学资源容易被忽视。动态生成的教学资源是指那些在教学活动中自然而然产生，能够丰富和深化教学内容的资源，这类资源通常来源于师生的互动、学生的疑问、观点的碰撞以及课堂上产生的教学契机。在实际的教学工作中，这些动态生成的资源有时并未得到充分的重视和利用。出现这种情况，或是因为教师对动态资源的认识不足，没有意识到动态生成资源的重要性；或是因为教师不知道如何识别和利用这些资源；或是因为教学计划过于固定，教师在教学过程中过于依赖预设的教学计划，缺乏灵活性；或是因为教师缺乏应对突发状况的能力，面对学生提出的问题或课堂上出现的意外，因缺乏准备或自信心不足，不能及时、有效地将其进行有机转化；或是因为教师忽视了学生的主体性，学生的主动性和创造性没有得到充分发挥，学生的想法和发现未能及时得到教师的重视和引导；或是因为学校缺乏适当的教学评价机制，只关注教学结果而忽视教学过程，那些不能立即体现在考试成绩上的动态生成性资源难以得到重视。

第四，教师很少接受课堂教学资源开发的专业培训，缺乏理论知识和实践经验方面的指导，也不知道具体的操作方法，没有相关的团队的帮助和指导，在开发课堂教学资源时常常感觉孤立无援，开发课堂教学资源的能力难以提高。

### （二）价值认同，资源丰富积水成渊

开发学本课堂教学资源是提高教育质量、促进学生全面发展、实现教育公平和推动教育改革的重要途径，对教育实践具有重要的现实意义和深远的影响。合理利用和开发课堂教学资源有助于实现学生知识、技能、情感、态度和价值观的全面发展，有助于学生形成终身学习的理念和能力。

#### 1. 丰富学习内容，促进学生全面发展

教师始终要明确学生是学习的主体，课堂教学资源开发的最终目的是服务于学生，促进学生发展。为促进课堂教学资源更好地发挥作用，教师要对学生的兴趣、需要以及发展性等情况有准确的了解，明确教学资源开发的指向，提高教学资源开发的直接效益。根据学科特点和学生特征，教师要对教学资源进行梳理归类与整合，提供多样化的学习素材，以丰富学生的学习内容，拓宽学生的知识视野，从而激发学生的学习兴趣和积极性。同时，每个学生都有其独特性，教师通过开发和利用多样化的教学资源，可以更好地满足学生个性化的学习需求，促进学生个性化和差异化的发展。

#### 2. 适应教育改革需求，实现教育公平

随着教育改革的不断深入，开发和利用课堂教学资源已成为适应教育改革需求、落实新课程理念的必然要求，开发学本课堂教学资源有助于推动教育创新和实现教育高质量发展。学本课堂特别强调教育面向全体学生，尊重学生个体差异，为学生提供个性化的学习支持，特别是在资源有限的农村地区，通过开发和合理利用课堂教学资源，有助于缩小城乡、区域、校际教育差距，促进教育公平的实现。

#### 3. 优化教学过程，提升教师专业能力

开发和整合学本课堂教学资源不仅有利于学生发展，也有利于优化教学过程，提升教师专业能力。首先，教师在开发课堂教学资源、丰富课堂教学内容的过程中会发现原有的教学方法已经不能满足学生的学习需求，所以他们会有意识地根据学情的变化改变不合时宜的教学方法，不断完善自身的教学理念和教学方法。其次，教师通过开发课堂教学资源，可以更好地设计和实施教学活动，使教学过程更加科学、合理和高效，从而提升教学质量，促

进学生发展。

综合来看，开发和利用学本课堂教学资源的过程是教师不断学习和成长的过程，教师对课堂教学资源的利用能力、教学管理能力和综合教学素质也在不断提高，教师的专业素养和教学能力不断提高，教师队伍建设不断完善。

### 三、学本课堂教学资源开发之策

#### （一）确立原则，基于标准选资源

开发学本课堂教学资源，应坚持思想导向兼顾现实可行的原则，既考虑科学规划又兼顾趣味实用，在立足学生发展需求的同时考虑学生实际能力，做到目的与手段、内容与形式、应然与实然的统一。

1. 思想性和操作性相结合

思想性和操作性相结合，是指坚持目的与手段的统一，既要落实国家意志和课程标准，又要确保学本课堂教学资源开发、实施和评价操作性强。坚持思想性，就是要做到体现国家意志，落实国家课程标准，树立国家认同。坚持操作性，就是要在正确的理论和观念指导下进行学本课堂教学资源的开发，兼顾教学资源开发者的实际能力，考虑教学资源实施者、实施对象的实际发展方向。思想性是目的，操作性是手段，思想性统领着操作性，操作性体现着思想性。

2. 科学性和趣味性相结合

科学性和趣味性结合，是指坚持内容与形式的统一，既要坚持学本课堂教学资源开发内容的科学程度、专业水平，又要吸引学生的注意力。科学性是指在学本课堂教学资源开发过程中，要坚持科学严谨的治学态度，确保开发教学资源的真实性、有效性、典型性和科学化；趣味性是指课堂教学资源的开发要符合开发者、实施者和评价者的知识、经验和能力的共性，同时找到其独特的个性和差异，以多元、开放、新颖、生活化的形式吸引学生的兴趣和注意力，实现教学资源主体和客体的有效性衔接。

3. 发展性和适应性相结合

发展性是指学本课堂教学资源建设和活动开发应满足学生的发展需求，

促进学生充分发展。为了实现这一目的，就要从学生的需求、目标和兴趣出发，关注学生的最近发展区，结合本地区、本校的实际情况，开发满足学生需求的教学资源。具体而言，要发展学生资源收集、分析和归纳的学科能力，发展学生发现、分析和解决问题的学习能力，发展学生沟通、合作和交流的实践能力。适应性是指在教学资源开发过程中应充分考虑课堂资源建设的计划、目标，考虑教学资源与学校、教师和学生等主体的适应状况。具体而言，包括：第一，考虑教学资源与学校的适应性，即根据学校的资源条件进行开发；第二，考虑教学资源与教师的适应性，即根据教师的专业能力、专业水平、专业态度和学科组资源整合程度进行开发；第三，考虑教学资源与学生的适应性，即适应学生实际个性和能力差异；第四，考虑教学资源与社会发展的适应性，符合时代发展的要求和社会发展的趋势。

（二）选择策略，需求导向汇资源

1. 深挖教材，学科延展拓资源

教材是开展学本课堂教学的基础资料，也是学本课堂教学资源开发的基础。教材中包含着丰富的课堂教学资源，如图片、理论知识、活动案例等。开发学本课堂教学资源，首先要认真研读教材，把握教材内容架构，深入挖掘教材中可开发利用的隐性资源。此外，教师应开发教材之外的、与教材内容相衔接的教学资源，构建内外联动资源系统，如教师可以将生活案例、社会热点等转化为课堂教学资源，帮助学生高效学习。若教师一味地依靠教材，就会导致课堂教学内容枯燥无味，难以培养学生的学习主动性和积极性。因此，教师应紧紧围绕教材不同章节和课时的教学主题，将身边的潜在资源融入课堂教学中，这样既可以实现教学资源的开发，也可以将学生生活实际与学科知识有效融合，构建学科知识资源体系。

2. 紧盯主体，师生协同创资源

在学本课堂教学中，师生同为学习者，也理应同为教学资源开发者。教师应具备课程设计和整合能力、学生引导和促进能力、教学评估和反馈能力；学生应具备自主学习能力、合作学习能力、创新和实践能力。教师和学生通过共同努力，实现学本课堂教学资源的不断丰富和发展，提高教学效果，实现全面发展的目标。

（1）开发教师资源，演绎精彩课堂

"教育大计，教师为本"，教师要认识到自身资源的重要性，发挥好自身资源优势。教师是学本课堂的引导者，教师个人的言行举止、理论修养和思想情操都会对学生产生显性或隐性的影响，成为学本课堂教学资源的重要组成部分。在学本课堂教学资源的开发中教师应充分发挥主导作用。首先，教师的一言一行会自然而然地引起学生的关注，在课堂教学中教师应当注意树立一个良好的形象，做好"课堂麦田"的守望者，实现师生的融洽交流、和谐共生。其次，教师的精神世界，以及教师个人的世界观、人生观、价值观都会潜移默化地感染学生。再者，教师独特的人格魅力、得体的衣着打扮、渊博的专业知识、风趣的教学风格都会增强学生的向师性，形成无形的内生动力。因此，教师应充分利用自身资源优势，为学生创设一个精彩的学本课堂。

（2）开发学生资源，激发内生动力

著名教育家叶圣陶曾说过："教师之为教，不在于全盘授予，而在于相机诱导。"开展学本课堂教学是为了不断满足师生的发展需求，促进学习者的成长，让不同基础水平的学生都能体会到学本课堂教学带来的安全感和幸福感。在学本课堂教学中，教师应最大限度开发和利用学生资源，将学生的知识、智慧、思想、实践经历等资源运用到学本课堂教学中来，这样既充分尊重学生的主体地位，又符合学本课堂教学的教学特点。

此外，学生资源要得到深度开发，应遵循"从生活中来，到生活中去"的资源开发理念。教师应引导学生主动建构知识，从生活经验出发，了解已有的知识储备。在所提观点和问题的基础上推进课堂教学工作，其思路是"分享生活实例→发现知识困惑→分析问题原因→解决实际问题"。因此，教师有必要进行课前调查，了解学生可能存在的问题，根据学情来设计学习活动，有意识、有目的地收集与学生生活经验相关的教学资源。

3. 动态开发，与时俱进生资源

动态课堂教学资源的开发是指教师在教学过程中根据学生的即时反应、学习进度和学习目标的变化，灵活地创造、调整和运用教学资源。这种资源的捕捉与开发是即时性的，需要教师具备一定的引导技巧和应变能力。教育学家苏霍姆林斯基提出的课堂资源观主张"教育的技巧并不在于能预见课堂上所有细节，而在于根据当时的具体情况，巧妙地在学生不知不觉之中做出相应的变动"。学本课堂教学是在师生不断互动中进行的，教师要做足预备工作，对课堂中闪现的动态教学资源进行及时的捕捉与开发，适时地将其转化为新的教学资源，将动态的课堂教学资源高效利用，辅助学本课堂教学向深入开展。

以下是一些在课堂上开发动态资源的方法。

第一，即时反馈与调整。教师应密切关注学生的课堂反应和理解程度，根据学生的反馈及时调整教学资源和教学计划。通过提问、讨论、小组活动等方式，鼓励学生积极参与，根据学生的回答和互动情况灵活进行教学。

第二，充分利用学生资源。将学生的观点、作品、问题等作为课堂教学资源，引导学生互相学习和交流讨论，鼓励学生大胆分享自己的知识和经验。

第三，创设即兴教学活动。根据学生的兴趣和教学目标，设计一些即兴的课堂教学活动，如角色扮演、模拟实验、现场调查等。

第四，进行创造性思维训练。鼓励学生进行创造性思维，通过头脑风暴、思维导图等方式，生成新的课堂教学资源。教师自身也要具备创造性思维，以便随机应变地开发和利用多种教学资源。

通过上述方法，教师可以在课堂上动态地开发教学资源，使课堂教学更加灵活、生动和有效。这种动态资源的开发不仅能够提高学生的学习兴趣和参与程度，还能够帮助教师更好地适应教学环境的变化，提升教学质量。

4. 信息加工，"旧瓶新酒"活资源

课堂教学网络信息资源的开发可以改变传统课堂教学资源单一的问题，有助于拓宽师生的学习视野，而信息技术的交互性可以使课堂交流更直观、更开放，学习方式更新颖独特，生成更多元化的课堂。以下是具体的策略和方法。

第一，充分利用互联网资源，如利用教育软件、在线教育平台、教育网站、在线课程、学术论文、教育论坛等，为学生提供更多的学习资源和途径，引导学生正确使用网络资源，培养媒介信息素养和自学能力，还可以通过互联网技术，为学生提供更加直观、生动的学习体验，激发学生的学习热情。

第二，建立学校专属教学信息资源库，包括教案、课件、视频、文章等，对教学资源进行系统分类和标签化，以便检索使用。总之，要通过建立一个功能齐全、资源丰富、信息友好的教学信息资源库，为学本课堂教学提供有力的支持。

第三，开发数字化教学资源。教师可以自行制作或改编数字化教学资源，利用数字化教学工具，提高学本课堂教学的交互性和教学效率。

第四，提升教师的信息技术能力。学校应定期为教师提供有关信息技术培训和研讨的机会，提升教师的信息技术能力和素养，鼓励教师积极参与信息技术与教育融合的实践和研究。

第五，利用信息技术手段，建立家校沟通平台。如通过家长群、学校公众号等方式，定期分享学生在校的学习情况、学校活动等信息，加强教师与家长的沟通和联系，促进家校共育。

总之，开发课堂教学信息资源需要教师、学校、家长以及相关教育部门共同努力。有效开发信息技术，有利于提高学本课堂教学质量，促进师生的全面发展。

# 第四节　信息技术赋能学本课堂

在人类文明进程中，任何一类信息媒体技术应用于教育都会对教育本身产生巨大的影响。在古代，文字使书面语言加入以往只能借助口头语言和动作语言进行的教育活动中，印刷术使批量印刷的书籍成为文化的主要载体。由此，文化得以传播，近现代教育得以普及。在当代，信息化浪潮已深入影响社会发展的各个领域，飞速发展和日益普及的信息技术正以惊人的速度改变着人们的工作方式、学习方式、思维方式、交往方式乃至生活方式，教育体制和教育模式也受到巨大冲击。在学本课堂教学改革中，教师应充分利用信息技术带来的"红利"服务教学，提高教学效率，提高教育质量。

## 一、信息技术在学本课堂教学改革中的作用

### （一）学情诊断：从预测到可视，从滞后到及时

学情信息是预设课堂教学目标、设计教学过程的重要依据。传统方式往往基于教师对学生的固有认知或者学习过程中的片段化信息，具有片面化和经验化的特点，难以全面了解学生的发展情况。信息技术赋能下的课堂教学在兼顾总结性评价的基础上更注重过程性评价，由"平台＋终端＋内容"构成信息化教学环境，以数据的形式把学生的学习过程记录下来，将过程性评价与总结性评价紧密结合，帮助教师在课前、课中及课后各环节对学情持续关注，促进学情获取及时化、智能化、全面化与可视化，使获取的学情信息更清晰、准确、可靠。

### （二）教学方式：从封闭到开发，从整齐到差异

由于传统课堂教学中学情反馈的片面性和滞后性，课堂教学主要依赖教师的教学经验预设教学的重难点，使得教学过程整齐划一，具有很强的封闭性和静态性，难以实现核心素养时代所要求的学生全面发展、个性化教育的培养目标。在学本课堂教学中，教师利用信息技术，以"数字"为依据、以"学"为中心，及时了解学生的"最近发展区"，调整教学内容、建构教学流程，实现了教学的从模糊到精准，从整齐到个性。

第一，教师利用信息技术反馈教学过程的实时数据，能在课堂上明确了解学生知识掌握的具体情况，从而精准地进行教学安排，充分利用有限的课堂时间讲重点、讲共性，将单位时间内学生的收获最大化。

第二，借助数据信息，教师很容易掌握每一位学生的学习情况，主动开展一些针对性教学和补偿性教学，进行针对性的命题测试，进行差异化作业设计和布置，及时查漏补缺。如课堂教学中适时地向部分同学提问，课后录制一些知识点或者题目的讲解微视频，推送给相关学生，指导他们自主学习，并及时进行答疑。

第三，信息技术的加持能够使课堂教学中的师生互动、生生互动更加频繁、深入，更有利于实现"每一个学生都得到发展"。

第四，利用技术还原或创造与知识教学相关的教育情境，促进学习者多感官参与课堂教学，提高学习效率。

（三）教学内容：从单一到多元，从预设到生成

教学内容是教师和学生间关系的一种媒介、桥梁。在传统教学中，教材是教师课堂教学中最主要的内容。而在学本课堂教学中，教师利用信息化技术可以丰富教学内容，适应和满足"学为中心"理念下的学习需求。一方面，互联网上有大量的教育资源，包括公开课、在线图书馆、学术论文、教育论坛等，教师通过合理利用这些资源，可以扩展教学内容的广度和深度，让学生学到更多、更全面的知识。另一方面，教师和学生可以充分利用虚拟情境，构建与教学知识相关的教育场景，增强教学内容的趣味性与情境性，为学生提供更加直观、生动的学习体验，促使学生沉浸式学习。

（四）学习方式：从被动到主动，从统一到个性

每个学生的学习方式、学习能力是不同的，因此，每个学生掌握知识的程度也各不相同。传统课堂情境创设单一，任务成果不能直观展示，评价反馈不及时不精准，往往导致学生的课堂参与度低，学习被动。借助信息技术，教师通过分析学生的学习数据，分析每一名学生的学习需求，从而精准制定个性化的教学策略，提高学习与练习的实效性。大数据平台可以将学生知识点掌握情况和程度以知识图谱的形式展示出来，学生基于知识图谱，可以设定明确的学习目标和学习计划，自主学习补救；学生利用学校建设的智慧教室、虚拟实验室、移动学习平台等智慧学习环境，充分利用网络平台和信息技术工具，开展一系列自主、合作、探究性学习，拓宽学习视野，提高学习兴趣和自主学习能力。大数据平台还能针对学生遇到的学习困难或学习误区精准推送个性化学习资源，使学生的学习更有针对性和实效性，真正实现自主学习和个性学习双提升，学生的主体地位得以充分实现。

（五）教学管理：从粗放到精细，从经验到科学

学本课堂教学变革的持续推进，需要学校借助信息技术进行数据驱动下的精细化教学管理。教学管理的依据并非简单的经验总结与直觉感悟，而是应以证据为本，将传统的政策调研和观点式决策向以大数据为助力的现代教

育治理模式转变。

要实现精细化学本课堂教学管理，就要在学校层面建立教学管理数据库，涵盖与教学过程和教学业绩紧密相关的数据指标和学习指标。其中，数据指标包括教学设计资源、课件资源、作业设计资源、学情调查数据、学生知识图谱、试题资源等，学习指标包括任务完成量、任务完成率、自学量、视频观看量、错题处理率等。在指标数出现异常时，系统能及时给出警报，并提供进一步分析处理的办法。

此外，在大数据精准诊断、分析以及优质资源共享的基础上，学校应建立包括年级维度、学科维度、知识点维度、班级维度、教师维度、学生维度等多维度、多层次、多视角的数据体系。这一数据体系应真实记录教学情况，反映学科教学质量、年（班）级发展情况、教师专业发展情况和学生发展过程，能帮助学校和师生实现科学管、高效研、精准教和个性学的目标，全面提升学校精准化、科学化的教学管理能力，促进教学管理向数字精准化管理转型。

## 二、优化学校信息化教学环境

信息化教学环境是信息化教学工作开展的基础。在大数据时代，我国教育事业广泛应用信息技术，提高课堂教学效率，革新课堂教学模式。基于此，在推进学本课堂教学改革进程中，应不断优化信息化教学环境。

### （一）建设完善信息技术硬件教学资源

#### 1. 建设数字化图书馆

数字化图书馆应涵盖各学科的电子图书、期刊、论文等资源，满足师生的学术需求。首先，在建设数字化图书馆时，应当重视前期决策，不断完善图书馆的建设方案、建设内容。在数字化图书馆建设期间，学校应当设立专门的督促承办小组，小组内部教师以及相关工作人员将针对数字化图书馆的建设需求、建设方案等各类内容进行全面分析，并由此设定数字化图书馆的建设路线，保证建设活动有序开展。在此期间，学校领导应具有数字化图书馆建设的前瞻性，聘请专业技术人员制订切实可行的建设方案，根据学校的教学需求引入网络资源和多样的信息文件资源，保证图书馆内部的资料能够全面涵盖各学科的电子图书、期刊、论文等，满足校内师生的学术需求。其次，建设数字化图书馆，需要有大量的硬件设施、软件设备予以支撑。例如，计算机采购、图书信息建设、资源库采集和购置等。在参数标准的制定过程中应充分结合前期建设方案，另外，在后期的使用过程中仍需提供稳定且充足的经费保障和技术支持，实时更新资源软件，持续维护设施设备。

2. 建设多媒体智慧教室

建设多媒体智慧教室，须引入电脑、交互一体机、摄像头、视频矩阵等，以确保课堂教学活动顺利进行，实现多媒体互动教学功能。同时，通过物联网技术，实现教室设备的智能控制和教学环境的智能调节。

3. 建设虚拟实验室

建设虚拟实验室，主要是通过 VR（虚拟现实技术），为学生提供模拟实验环境，提高实验教学效率。首先，学校应以学科实验交互为核心，有效应用 VR 设备和技术为学生打造虚实结合的实验场景。其次，构建虚拟实验室，有利于开展立体互动式教学，增加教师与学生之间的互动，提高学生的课堂参与积极性。

4. 建设移动学习平台

在优化信息化教学环境时，要对教室网络环境进行科学分析，还要建设移动学习平台，以确保学生能够利用移动设备和平板电脑实现"时时学习、处处学习"目标。

（二）优化和完善信息技术软件资源

1. 提升教师信息技术能力

教师是学本课程教学资源的应用者，也是主要开发者。因此，在课堂教学改革进程中，学校应着力提升教师的信息技术能力，提升教师的信息化教学能力。学校应积极进行培训，使绝大多数教师熟悉常用硬件媒体设备的种类与功能，了解教学工作中广泛应用的信息技术以及线上软件。在了解常用软件的使用方法后，教师应根据学生需求、教学内容独立整合处理音频、视频、图片等各类素材，制作教学课件。

2. 引进优质在线课程

在大数据时代，学校应建立教学资源库，充实文献资料，满足师生的日常浏览与阅读，也可以引入图片式、视频式教学资源，激发学生的学习兴趣，丰富学生的学习选择。在引进在线课程资源时，教师团队应针对课程资源的主要内容进行分析，综合考查课程的教学内容与资源、教学设计与方法、教学活动与评价、教学效果与影响等，确保在线课程资源能够为学生提供正确的引领，良好的导向。

### 3. 自主开发教学资源

教师是课堂教学的发起者、规划者与落实者，教师的个人能力对学生的学习有着极大的影响。学校教学资源库主要服务于校内师生，因此应鼓励本校教师自主开发教学资源，确保教学资源库能够符合师生需求。学校应积极鼓励教师制作课件、习题视频等各类教学资源，在综合审核后，将其上传至学校教学资源库，帮助学生进行自主学习、拓展探究。

### 4. 建立资源共享机制

学校在建设教学资源库时可以增设多种应用功能，例如资料检索、教学资源搜集等，建立更为完善的资源共享机制，引导校内师生通过教学平台，查询自己所需要的资料内容，真正实现校内各学科各年段教师之间的资源共享，提升教学资源的利用效率。

### 5. 建立完善的安全管理制度，保障信息安全

校内教师、校内学生、管理人员、领导人员、维修人员以及学生家长等各类人员需要应用学校数字信息化平台查询相关信息，但学校教学信息化平台往往包含部分需要保密的信息内容，因此，为保证信息资源的安全性，减少数据丢失、数据泄露等问题，应采用多层次的身份认证方式，保护用户的隐私和数据安全。

### 6. 平台维护与升级

学校信息化平台在运行过程中需要进行定期的维护与升级，以保证硬件设备正常运行、软件系统安装更新，维护网络的稳定，确保平台能够满足师生的需求，平台的实际运行效果能够符合日常教学要求。

应当说明的是，在学本课堂教学过程中，仅有实体形态的信息技术工具是远远不够的，更需要先进的教育教学思想理论（智能形态技术）作为指导。学校应通过线上线下有机配合，及时、准确地为学生的学习提供支持，增强教师指导的针对性，优化教学过程，激发学生的学习自主性。

# 第五节　构建学本课堂操作模型

教学问题主要发生在课堂，课堂问题主要表现为理念，理念主要通过一定的模式实现，建构一定的课堂教学模式对教学变革有着积极的促进作用。课堂教学模式是指教师在一定理念指导下，总结提炼教学实践经验，将教学方法、教学组织形式与教学资源等融合在一起，将教学理论与教学实践有机结合形成的课堂结构化教学形式。运用学本课堂教学模式，可以帮助教师快速厘清思路、构建课堂教学体系，提高备课质量和效率。应当说明的是，运用模式不是模式化，建模是为了提供入模的操作路径，入模不是为了定模，而是为了出模，出模才能形成独特的风格。因此，教师在学本课堂教学中应注重课堂模式的创生性、多样性、灵活性和适切性。

基于"学为中心，发展为本"的教学理念，教师可以先学后教、任务驱动、问题导学、合作学习为核心要素，建立"疑学导评悟——五环"为基础的学本课堂教学模式。该模式旨在发掘学生作为学习主体的自主性、独特性、创造力等，以期将课堂转型为学生立足学习、展示学习、交流学习、深入学习的学堂。

基于学本课堂所倡导的核心理念不变、主体不变、目标追求不变的原则，在学本课堂教学中，"疑→学→导→评→悟"可以因多次任务驱动、多次问题导学而多次循环，形成各种变式。这些变式更适合教师理解和操作，有助于提升学本课堂教学质量，更有助于促进学生综合素质全面发展。另外，"知—行"生活实践教学模式、导学案教学模式也是学本课堂倡导的教学模式。

## 一、"疑学导评悟——五环"教学模式

### （一）"疑学导评悟——五环"教学模式的市质

1. 疑：情境引发愿望，联系学习内容，积极进行思考

学习过程就是在教学情境中进行交流的过程。所谓教学情境，就是教师

着力建构的富有学习氛围的空间。著名特级教师李吉林指出，教育情境不完全等同于自然情境，需要教师进行人为优化，具有符合学生心理、富有学习情趣、充满美感和教育内涵的特点。"有境"的课堂教学能丰富学生情感体验，使学生产生积极的情绪和深切的体会。学生在沉浸式的生命体验中感知知识所蕴含的温度，进而启迪智慧，得到发展。

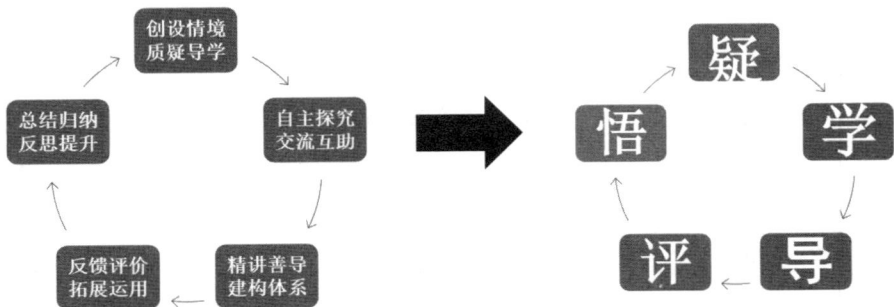

"疑学导评悟——五环"教学模式

开展学本课堂教学，可以教学情境为突破口，使学生的情绪和兴趣保持在最佳状态，全身心地投入学习，从而不知不觉实现认知活动和情感活动的有机渗透和整合，高质量达成教学目标。就知识及其源泉而言，通过适量且贴切的知识而展现的情境，能引发学生认知冲突、激发学生寻找问题的热情，使课堂教学更加充满活力。在学生的认知发展的过程中，形象知识与抽象知识作为连接现实与理论的桥梁，能有效调和感性与理性、旧知与新知的矛盾，将抽象知识具象化，帮助学生形成直观的感性认识，进一步促进其理性认知的发展。因而，创设学习情境，有计划地构建学生思维平台，有利于拓宽学生视域，激发学生的新思维，从而形成积极主动探索的新状态。

有效的情境能给学生提供认知停靠点，激发学生学习内驱力，使课堂教学灵动且生动起来，使学生成为学习的真正主人。在学本课堂教学中，教师可利用多种方式创设多种教学情境，例如：挖掘生活情境激发学生的学习兴趣；创设问题情境激发学生积极思维；利用语言情境扩大学生的想象空间；在媒体情境的辅助下激发学生的情感共鸣；创设角色情境，启迪学生的参与意识；等等。

2. 学：问题导向学习，自主合作探究，指向素养发展

所谓问题导向学习，就是把问题作为主线，把"问题解决"作为基石，引导学生在解决问题的过程中获取知识，形成自主学习能力。这一充满生机和活力的课堂教学策略充分突显了学生的主体地位，发挥了教师的主导作用，促使学生在自主学习、合作探究、展示提升三个基本环节高效学习，切实达成学习目标。

（1）自主学习：促进问题导学的能力支持

在传统教学中，学生的自主预习缺乏具体的任务布置，缺少教师的有效指导，任务完成情况无法衡量，因而难见学习效果。采用问题导学模式，学生可以导学案为载体，合理安排时间，明确学习目标、任务，发现问题。在这一过程中，教师为学生的学习提供了支持和保障条件，保证了每个学生都有独立思考的空间和时间，并为后续小组讨论和班级展示交流打下了基础。

在学本课堂教学中，为使学生的自主学习更高效，教师可从以下几个方面着手：一是以问题为导向，编写导学案，明确自主学习的目标与任务，引导学生明确从哪里开始学习，学习什么。在必要的时候，提供方法提示与归纳，指导学生在学习中获得方法，能够举一反三、循序渐进地掌握学习此类知识的方法。二是在学生进行自主学习时，教师可往返巡视、留心观察，及时给予肯定性评价、正面鼓励，激发学生的学习兴趣，调动他们的学习热情。三是在适当的时候给予学生指导和帮助。学生在自主学习过程中同样需要教师的引导和点拨，当学生的思维被禁锢或思维出现偏差时，教师应适时、适度地给予指导和帮助，提供解决问题的新思路。

（2）合作探究：推进问题导学的形式保障

合作与交流是学习的一种需要，也是一种重要的课程资源。在学本课堂教学中，合作探究可为推进问题导学提供形式保障。以学习小组的形式，推进合作探究学习，可按照以下几个步骤展开：一是以明确的、具有探究性和挑战性的问题作为探究主题，引起学生的兴趣和好奇心；二是小组成员分工合作，明确每个成员的任务和责任，相互协作，共同完成研究问题和任务；三是根据导学问题和任务，小组成员收集相关资料和信息，并对资料进行分析和整理，得出结论和发现新的知识；四是进行组内汇报交流，每个成员分

享自己的研究成果和心得体会，互相学习和借鉴；五是总结反思，即师生共同发现存在的问题和不足，提出改进措施。

（3）展示提升：推进问题导学的重要环节

展示交流活动是推进问题导学的重要环节，能促进学生深度学习，为合作学习拓宽渠道，能给学生带来成就感和满足感。此外，展示也是学生学习成果的最直观展露，通过交流展示，教师能很好地获取最直接的学情，从而优化教学进程。

课堂上的交流展示不是自主学习的重复，而是学生自主学习的延续、发展、落实和提升，展示课上应该突出学习重点，解决学习中遇到的问题。在学本课堂教学中，可从以下几个方面开展交流展示活动。

一是面向全体学生，营造积极的氛围，鼓励学生积极参与展示。以小组为单位集中展示，有利于凝聚小组成员智慧，展示个体才能，充实和完善个体智慧。教师应为不同水平的学生提供不同的机会，让每个学生都能表现出自己的优势。

二是聚焦问题，以解决问题的过程和方法作为展示交流的主要内容，进行专题化呈现。各小组在小组长组织下分工合作，如谁展示、谁质疑、谁补充、谁归纳、如何站位、如何进退有序等都要做好安排。

三是进行过程化的监控和指导。教师通过对导学案的认真批阅和小组交流过程的跟踪巡视，了解学生在自主学习过程中遇到的疑难问题，确定展示交流的主题和顺序。教师应关注全局，关注各小组展示的内容与进程，做好倾听者、指导者、帮助者、评价者。

四是鼓励学生质疑问难，大胆表达，激活学生的思维。教师应重视展示过程中出现的一些生成性问题，使其成为知识的生长点，通过设疑激趣，促使学生在质疑中提高。

五是及时评估和反馈。在展示结束后，教师应及时评估学生的表现，并给予反馈。评估主要指对学生知识和技能的掌握情况、学生的参与度和表达能力等进行评估，反馈则应该包括对学生的表现进行点评和建议，促使学生更好地发展。

3. 导：突重破难精讲，创设学习任务，促进思维发展

在学本课堂教学中，教师根据学生在课前预习过程中遇到的问题和重难

点知识进行点拨讲解，学生在教师的引导下进一步理解知识，建构完善的知识体系。在此环节，教师的关键作用在于"精导"，不能越俎代庖，不能代替学生思维，直接给出结论。

在此环节，教师除了精讲外，还应设置一系列任务将学生的思考导向深入，训练学生思维的严谨性和逻辑性，引导学生对所学知识进行深度理解与加工，进行结构化处理，将新知识纳入个体已有的认知结构。

由于学生对学科知识的掌握是螺旋上升的，学生的思维发展也是逐层进阶的，因此，教师应在对教学内容理解整合的基础上，按照学科知识的发展逻辑，设计学习任务。教师还应分析学生已知的事实、概念、清晰度和组织结构，以及整体的认知逻辑，从学生的"所思所想"出发，抓住学生的"最近发展区"，确定好学习任务的着力点，设置"任务链、问题组合、思维导图"学习支架，从而使学生经历从感知到理解、由现象到本质、由表及里、由浅入深的进阶学习过程，使其"跳一跳能摘到果子"，实现更好的发展。

4. 评：能力素养为重，形式丰富多元，反馈真实学情

恰当的评价能有效激发、维持学生的学习动机，提升学生的学习效能感，对其起到正向促进作用。同时，及时有效的评价有利于教师诊断教学问题，调整教学策略。因此，教师设计具有一定层次与序列的反馈练习，既可以真实地检验学生的知识掌握情况，又可以让学生在知识运用与创新中体验、总结解决问题的方法与规律，发展创新思维能力。

有效评价应该是一个多元化、综合性、及时性和互动性的过程。在学本课堂教学中，教师既要采用多样化的评价方式，又要制定科学的评价标准，以便学生明确了解评价的准则，保证评价的公正性和准确性。同时，教师应重视学生的自我评价和互评。通过学生的自我评价，教师可以了解学生对自己的学习情况和需求的认知，从而更好地指导学生学习；通过学生互评，可以培养学生的团队合作精神和批判性思维，同时能为教师提供了解学生情况的新视角。

5. 悟：反思优化过程，构建知识体系，优化学习方式

新知识得到建构、掌握和应用，并不意味着学习任务就完成了，因此，课堂学习结束后，教师应引导学生归纳所学的知识和方法，从"问题解决"

的基本思路、关键节点、不同方法的共性、思维受阻的原因、认知转化和心得体会等方面进行反思。此环节可以帮助学生更好地理解和掌握所学知识点，把零散的知识融会贯通，发现并改进不足，形成完整的知识体系。

### （二）"疑学导评悟——五环"教学模式一般教学流程

"疑学导评悟——五环"教学模式中的"五环"是一个灵活有机的整体。自学必出质疑，追求学的深度，巩固文化基础；讨论定有领悟，追求学的效度，培养理性思维；展示求得分享，追求学的广度，掌握分享策略；检测达到巩固，追求学的精度，强化迁移创新；评价实现提升，追求学的高度，关注个体自信心。

流程一：自学质疑——自学内容，提炼要点，质疑问难。

流程二：合作探究——疑难解析，知识梳理，领悟本质。

流程三：展示分享——学习方法，学习结果，心得体会。

流程四：检测巩固——知识累积，原理通透，迁移创新。

流程五：评价提升——知识拓展，归纳总结，个体帮扶。

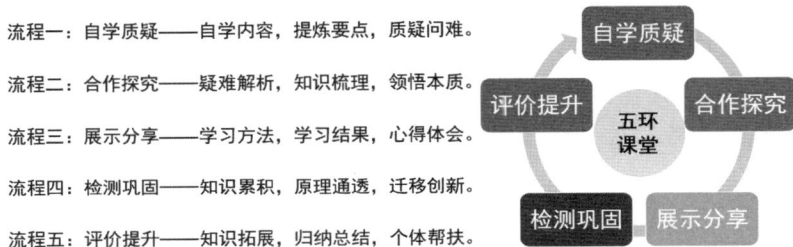

**"疑学导评悟"教学模式流程图**

1. 自学质疑

自学质疑是教学过程中的关键一环，旨在激发学生的自主学习意识和思考能力。在这一环节，学生自主研读教材，深入挖掘知识点，通过自我思考和探究，发现并解决问题；学生提出疑问，挑战自我认知，不断拓展思维的广度和深度。教师则应给予学生充分的自学空间和必要的指导，鼓励他们积极思考、勇于提问。通过自学质疑环节的训练，学生将逐渐培养起独立思考和解决问题的能力，为未来的学习和成长奠定坚实的基础。

2. 合作探究

合作探究是指学生在小组或团队中为了完成共同的任务，进行明确的责任分工的互助性学习。在合作探究过程中，每个小组成员都要明确自己的角色和任务，并思考如何发挥自己的优势来实现小组的学习目标。在交流互动中，当一个小组成员遇到困难时，其他组员帮助他解决问题，不仅可以理清自己的思路，还可以获得新的见解和观点。因此，有效的合作探究可以在小组成员间形成开放、包容的学习氛围，激励学生的学习兴趣，使小组成员间相互激励、相互促进；学生之间通过合作交流、辩论碰撞，加深、拓宽对所学知识的理解，巩固技能，可以提高学习效率；培养学生的合作精神，促进学生之间的共同进步，丰富情感体验，有利于使每个学生都得到平等参与的机会，也有利于照顾学生的个体差异，使每个学生都获得成功的体验。

3. 展示分享

展示分享这个环节是检验小组合作学习成效的重要环节，也是教师判断学生对知识掌握程度的一个重要依据。教师根据小组展示的情况查漏补缺，明确后续的教学任务，因此在展示分享环节，教师一方面要讲究一定的方法和策略，一方面要考虑学生和教师角色的作用。一个比较完善的展示分享应该从以下几个方面考虑：

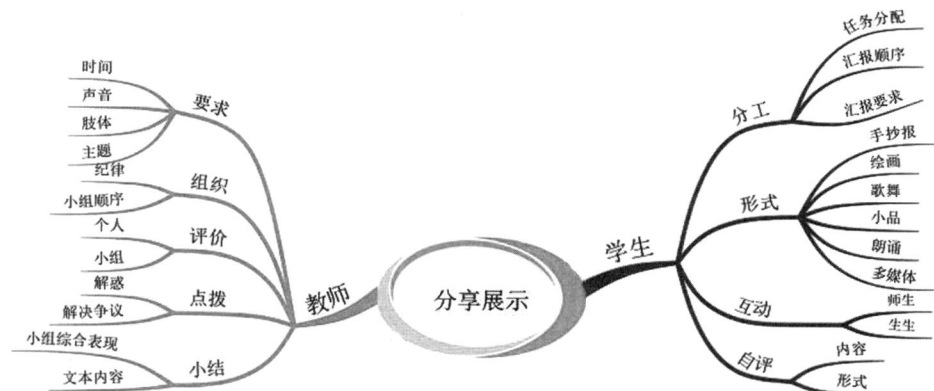

（1）小组交流时间充分，题目要有难易梯度

小组交流的时间安排非常重要，时间短了无法有效完成任务，长了则浪费时间。因此，针对不同要求和难度的学习任务，应制订不同的时间安排表。合作学习时，小组内要充分交流，群策群力，得出较为准确的结论。如果是简单的问题，应先让后进生展示，如果是有难度的展示，则让成绩优秀、胆子大的学生在前面做示范。

（2）学生充分展示，教师适时点拨

学生进行展示分享，并不意味着教师就要完全放手。教师是学生学习的指导者，在展示分享环节对学生进行点拨、追问、小结，有利于学生深刻理解知识，积累交流展示的经验。

（3）创造机会，在生生互动中学习

展示分享不是单一的展示活动，否则就容易变成小组个别展示，其余小组游离于展示分享环节之外。在这一环节，教师应抓住一切机会，引导学生提出问题，形成学习共同体间的互动。在以小组为单位进行汇报时，其他成员应认真倾听，记录问题要点，适时发表自己的不同意见。

（4）展示方式多样，支持与帮助学生选择合适的展示方式

展示方式如果太单一，其他成员就会失去兴趣，展示就容易变得机械、无效，因而，展示方式多样化尤为重要。教师应当为学生提供一些比较恰当的展示方式，可以将游戏、提问、朗诵、小品、绘画等多种方式结合进行，鼓励学生进行不同的展示。

（5）教师评价与学生评价结合

在展示分享环节，评价也很关键。在小组充分展示后，师生要对小组展示的过程和内容及时做出评价。评价的方式应多元化。老师在评价的初始阶段，可以提供示例，起示范作用。其后逐步放开，让学生自主进行组内评价和班级评价。

4. 检测巩固

课堂检测这一环节是反馈矫正课堂教学的重要途径。对于教师而言，有效的课堂检测可以帮助其更好地达成教学目标，落实教学重难点。此外，有效的课堂检测还可以帮助教师及时发现教学中存在的问题，及时进行查漏补缺，使教学更具实效性。对于学生而言，有效的课堂检测不仅能及时检测课堂听讲效果，还可以延长其集中注意力的时间，帮助学生及时巩固当堂学习的知识，进一步完善知识体系，巩固所学技能。

5. 评价提升

教师在进行教学评价时，应注重学生的个体差异，采用多元化的评价方式，如自我评价、同伴互评、教师评价等。教师对学生的表现进行及时、准确、有效的评价，有利于帮助学生了解自己的学习状况。教师应以鼓励和肯定为主，激发学生的自信心和积极性。通过评价提升环节，学生可以更好地认识自己，发现自己的优点和不足，进而调整学习策略，提高学习效率，实现全面发展。

## 二、"知—行"生活实践教学模式

### （一）"知—行"生活实践教学模式的市质特点

生活实践教学是指学生利用所学知识，以了解社会、服务社会为主要目的，以形式多样的活动为内容载体，在实践中接受教育、获得更多知识和技能的教学活动。生活实践教学关注课堂上的每一个学生，强调每一个学生在认知发展、兴趣、经验等方面的差异。生活实践教学通过广泛引入、接触和对照社会生活中的内容，激活学生对社会生活的向往和追求，培养学生强烈的求知欲望，在师生、生生的互动中建构知识体系，体验生活的乐趣和个体生命的重要性，促使生命价值意识的完善。

"知—行"生活实践教学模式有以下三个特点：

生活情境问题化，即教师引导学生从生活中发现问题，学生自主研究问题，寻求解决问题的办法，提炼学科核心问题。

课堂教学生活化，即课堂教学以生活为背景。课堂是一座桥梁，要将校外的、校内的、个人的、集体的、科学的、生活的内容连接起来。课堂是大家学习、生活的一个场所，而不只是学习知识的小天地。

课后实践素养化。在课后实践活动中，学生可用"发现"的方法解决更多的实际生活问题，增强思维的深刻性和创新性，激发思考的乐趣与学习的动力，体验成功的喜悦，同时养成关心和帮助他人的习惯，增强社会责任意识。

### （二）"知—行"生活实践教学模式的一般流程

"知—行"生活实践教学模式以实际生活为载体，并将其贯穿整个教学过程。在实施教学之前，教师首先要做到：分析教学目标，确定教学主题，对课程的三维目标做具体描述；分析学习者特征，对学习者的智力因素和非智力因素进行充分分析，确保项目设计适合学生的能力与知识水平；当涉及多学科交叉知识时，认真分析跨学科知识点，明确跨学科知识之间的关联，为完整掌握课程知识提供基础。

"知—行"生活实践教学强调让学生"动"起来，不能把学习活动和学习过程局限在有限的课堂教学时间内。教学过程可延伸到课前和课后，并且更着重于通过课前的自学活动和课后的运用实践活动开展，实现学生对课堂教学内容的深度理解和掌握。教师可将学生的学习过程分为课前自学、课中探究、课后实践三个阶段（如下图示例）。应该指出的是，与传统教学主要关注教师的授课过程和通过习题促进学生的掌握不同，这三个阶段在教学全过程同等重要。

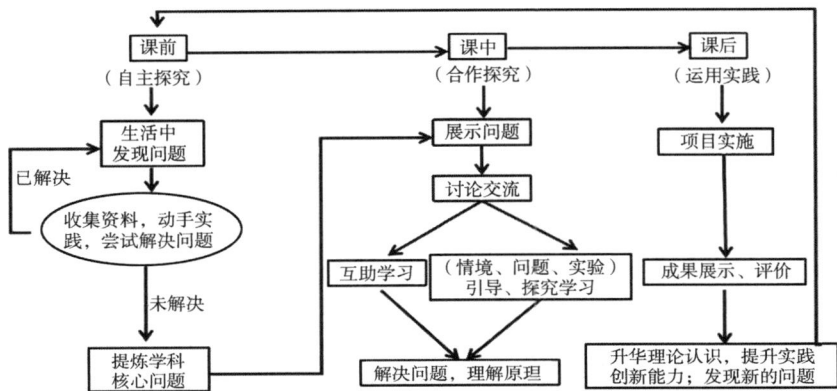

**"知—行"生活实践教学模式**

### 1. 课前——自学活动阶段

本阶段的教学主要是为了激发学生的学习兴趣，引出与教学原理教学密切相关的学科问题。学科知识大都来源于生活，将生活情境引入教学，既能够激发学生的学习兴趣，又能够引导学生关注生活，学习科学应用生活中事物的方法。教师应通过对教学内容、教学目标、学生特征的分析，精心选取与教学内容相关的生活实践项目。学生完成教师布置的课前任务（包括阅读教材、填写导学案、收集梳理相关资料、设置项目实践任务等），并将完成任务过程中产生的疑问呈现在问题记录表中。该过程不同于传统教学中只是让学生阅读教材、勾画重点内容的预习方式，而是更着重于让学生通过完成与生活实践相关的项目前置任务，调动学生的学习积极性，并通过将疑问呈现在记录表中（而不是短暂地闪现在脑海中）的方式，在后续的课堂教学中进行有针对性的学习和探究。

### 2. 课中——原理探究阶段

本阶段，教师已收集整理学生的疑问，将在课堂上展示给学生，并通过学生分组讨论交流进行互助式学习。对于学生互助无法解决的问题，教师将通过情境引入、问题导向、实验探究等方式引导学生进行有效探究，逐步提升其分析问题和解决问题的能力，从而达到理解所学内容的教学目标。该过程充分体现了以学习者为中心的思想，能够很好地发挥学生的主观能动性和积极性。在该过程的教学中，教师应预设好学生可能存在的问题，搭建好学习支架（包括情境型支架、问题型支架、实验型支架、信息型支架、程序型支架、范例型支架、训练性支架），满足学生的学习需要，避免学生在教学过程中偏离主要方向。

3. 课后——运用实践阶段

该阶段是对学生学习效果的反馈和评价阶段。教师引导学生将课堂所学运用到实际任务或项目中，训练学生解决现实问题的能力，以达到对所学知识的透彻领会和融会贯通，并在此基础上对前辈的经验进行修正或创新，乃至进行创造发明，为培养创新型人才打下良好基础。

### 三、导学案教学模式

导学案教学模式是以学生为主体、以问题为主线、以导学案为载体、以培养学生的学科核心素养为目标的教学模式。在学本课堂教学中应用导学案教学模式，能够促进师生、生生之间的有效互动，唤醒学生的学习意识，帮助学生在自主学习、合作探究中逐步建构知识体系，提高学习能力和思维水平。

学本课堂导学案教学过程分为"目标导学—自研自探—合作探究—总结反馈"四个环节。

#### （一）明方向：目标导学

目标导学是导学案教学模式的核心，也是首要环节。在课前，教师以学情确立目标，设计科学合理的导学方案，以导学目标为依据指导学生初步了解学习内容，通过有序先行的课前任务唤醒学生的目标意识，明确学习目标和学习方向，激发学习热情，为进入独学环节做好准备。

#### （二）养习惯：自研自探

在教师的指导下，学生独立学习、自主探究是导学案教学模式的第二个环节。自学是合学的基础，是成果分享的关键。自学时，学生以导学案为载体，以问题为主线，利用"问题发现单""问题生成单"进行独学。在这一过程中，学生解决能自主完成的问题，标记出解决不了和解决不好的问题，教师则根据具体的授课内容，利用导学案，帮助学生发现更多问题，唤醒学生的问题意识，为合作探究打下基础。

### （三）促能力：合作探究

导学案教学模式的第三个环节是合作探究，即学生在自学的基础上开展小组合作学习。首先，组内群学，交流自学时解决不了或解决不好的问题，整理或标记出小组群学后仍然解决不了或解决不好的问题。然后，师生互动，共同交流学习结果。

为保证合作学习的有效性，教师在这一环节应注意以下几点：第一，务必提供合作探究的程序、内容和策略，以便学生能有针对性地质疑、释疑；第二，善于捕捉生成性的问题，以便灵活调整教学计划；第三，要让学生认识到发现问题并提出问题是一种重要的能力，引导学生提出有价值的问题；第四，发挥应有的作用，以精彩的讲解和点拨帮助学生突破难点，建立知识体系；第五，注重训练的广度和梯度，帮助学生实现知识的迁移运用。

### （四）提素养：总结反馈

总结反馈环节是导学案教学模式的最后环节。在这一环节，首先，学生进行独立思考总结，在导学案上总结出要点；接着，全体学生讨论；最后，学生代表发言，并集体确认。对于浅显的内容，学生总结后，教师稍加点评即可；对于重点、难点，教师则要在学生总结后高度概括，画龙点睛。在此环节，教师要做到"眼观六路，耳听八方"，及时对学生的表现做出回应，做到目标明确、指令清晰、过程简约、善于归纳。

教而有法，但无定法；学而有法，贵在得法。在学本课堂教学中，教师利用导学案开展教学活动时，应善于处理导和学、讲和练、思和做、个体与全体、学生与导学案等几方面的关系，在不断探索和积累中完善导学案教学模式，高质量地完成课堂教学任务。

学本课堂坚持"学为中心，成长为本"的理念，将教师的专业成长与学生的知识建构、能力形成、素养发展同等地视为"成长"之根本。受教师固有的教学观念和行为方式影响，受学生固定的学习方式影响，受各级教育管理部门、社会和家长的评价影响，学本课堂教学变革过程中会遇到各种困难和挑战。为此，学校除了应转变教师观念、优化课程设置、创新教学方式和优化资源整合外，还应该建立科学的学本课堂检测和评价体系，完善学本课堂校本研修，畅通学本课堂推进机制，从而保证学本课堂教学改革之路不断走向深入，促进师生成长，推动学校教育高质量发展。

# 第一节　践行学本课堂面临挑战

在传统教育理念的影响下，学本课堂教学改革在推进过程中受到了师生的教学观念和行为、社会和家长对教学变革的期望和焦虑、各级教育主管部门的不同评价等多方面的影响。

## 一、教学观念转变困难

教师是课堂教学的主导者，他们的教学观念、教学方式、教学评价等都直接影响着课堂教学质量和效果。由于受传统教学的惯性、应试教育的压力、教学资源的不足、教学研究的缺乏等因素的影响，许多教师难以转变固有的教学观念，难以从以教师为中心的知识传授模式转向以学习为中心的主动学习模式，难以从注重知识的灌输转向注重能力的培养，难以从单一的教学评价转向多元的教学评价。陈旧的教学观念导致部分教师在面对和实施学本课堂教学时犹豫不决、动摇不定、敷衍了事，甚至抵触反对，难以真正有效推进学本课堂教学改革。

学生是课堂教学的主体，他们的学习观念、学习方式、学习态度等都直接影响着课堂教学的参与度和效果。由于长期受传统教学思想的影响，许多学生形成了被动的、依赖的、应付的学习习惯，缺乏主动的、自主的、探究的学习意识。面对学本课堂教学模式，不少学生难以适应和接受，甚至产生排斥和反感心理，影响了学本课堂教学的有效实施。

家长也是课堂教学的参与者，他们的教育观念、教育方式、教育期望等都直接影响着课堂教学的支持度和效果。由于受传统教育观念的熏陶，许多家长对于学本课堂的理念和目标缺乏了解和认同，他们过分关注学生的分数和排名，忽视学生的兴趣和潜能；对于学本课堂的新型教学活动，他们难以理解和支持，甚至进行质疑和干扰，影响了学本课堂教学的有效开展。

## 二、学科实践推进困难

学本课堂教学改革是指向未来教育的课堂变革，它要求教师和学生从传统的教本课堂转变为以学习者学习为本的课堂，这是一项系统性、复杂性和挑战性的工作，需要教师和学生在理念、方法、技能、态度等方面进行深刻的改变。在实际的学科实践中，推进学本课堂面临着以下一些困难。

一是缺乏对教师的有效培训和对学生的有效支持。学本课堂的理念和教学模式与传统的教本课堂不同，需要教师掌握新的教学设计、教学实施、教学评价等方面的知识和技能，需要学生树立积极主动的学习态度，运用新的学习方法，培养多样的学习能力。目前许多学校对教师的培训和对学生的指导还不够系统、深入和有效，往往停留在表面的介绍和宣传上，并没有形成充分有效的教学资源和教学支持，导致教师和学生在实践中缺乏有效的指导和帮助，难以真正理解和掌握学本课堂的精髓和要求。由于许多教师对学本课堂理念没有形成一个正确而清晰的认识，因而在学本课堂教学实践中，往往只是在形式上遵从"学为中心"的要求，并没有真正践行学本课堂理念，且在思想观念上对其不够认同。这种情况下开展的课堂教学活动，难以取得良好的效果，无法实现推进学本课堂变革的目的。

二是一些教师对改革的态度不够积极，不愿投入时间和精力进行学本课堂教学改革。造成上述现象的原因有多种：第一，在当前的教学环境下，教师教学任务繁重、压力大，他们不愿花费时间学习和实践新的教学方法；第二，由于学本课堂教学需要学生花费更多的时间来进行自主学习、合作探究、问题解决等活动，部分教师误认为这样会浪费学生的学习时间，降低学习效率；第三，部分教师因具有固有的教学经验而故步自封，不愿意改变自己的教学方式和习惯，因而依然采用"一讲到底"的传统教学方式，看似高效，实则低效；第四，少数教师认为改革是一种负担和麻烦，对学本课堂改革教学产生了疑虑或者认知上的偏差，有抵触和排斥的情绪。

三是学生在学习态度和学习能力上存在差异。部分学生已经习惯了被动的学习方式，在课堂教学中不习惯、不懂得如何进行自主学习和合作探究；甚至有部分学生丧失学习兴趣和动力，不愿意承担自己的学习责任，更不愿意面对挑战。这就要求教师关注学生的个体差异，提供有针对性的指导和帮助。

四是教学资源相对匮乏。学本课堂教学改革需要教师根据学生的实际情况和学科特点，对学科内容进行整合和调整，开发适当的教材和教学资源，包含教学设计、导学案、作业设计等，为学生提供多样化的学习资源，以满足不同学生的学习需求和兴趣爱好。还需要教师提供有针对性的学习指导，帮助学生更好地利用学习资源进行自主学习和合作学习。然而，由于许多教师在学科素养、教学能力、时间和精力等方面有所欠缺，往往面临教学资源不足的问题，影响着学本课堂教学改革的顺利推进。

### 三、评价体系有待完善

评价体系是评价方式转变的基础。然而，当前一些学校的评价体系并不完善，缺乏科学、客观、公正的评价标准，这就导致评价方式的转变缺乏必要的支撑和依据，难以得到有效的实施和推广。同时，一些学校在评价过程中存在主观性和片面性，缺乏对评价结果的科学分析和利用，这也制约着评价方式的转变。

#### （一）评价目标不够明确

评价目标是评价活动的出发点和归宿，是评价的指导原则和评价效果的衡量标准。学校评价体系的完善与否，首先取决于评价目标是否明确。评价目标不明确的问题影响着评价工作的开展，有些评价只是为了完成教学任务，或者为了应付考试，没有明确的学习目的和意义，也没有体现学本课堂的理念和要求，导致评价失去了方向和价值。

#### （二）评价指标不够系统

评价指标是评价工作的核心。部分学校在制定评价量表时，没有充分考虑学生全面发展和教师的专业成长，过分以学生的学业成绩来进行教学管理和考核功能，评价结果既无法全面反映教学实际情况，也无法帮助学校进行科学的管理，导致部分教师只教书不育人，部分教师只管成绩不管素养，只管现在不管将来；导致部分课堂只注重学生的知识掌握和技能运用，忽视了学生的学习过程和学习能力，也忽视了学生的情感、态度和价值观，进而使学生的未来发展受限，教师的专业成长也非常缓慢。

（三）评价标准不够灵活

评价标准是评价工作的基础。部分学校在制定评价标准时，没有充分考虑不同学科、不同年级、不同班级、不同学生之间的差异，采取僵硬、统一的评价标准去评价学生的发展和课堂教学效果，导致无法真正发现教学过程中的实际问题，难以帮助师生进行教学改进；无法有效激励学生学习，不利于学生的个性化发展和创新精神的培养。

（四）评价主体不够全面

评价主体不够全面是评价方式不够合理的一个重要方面。在学本课堂教学中，评价主体应当包括教师、学生以及可能的第三方参与者。然而，在实际操作中，过度依赖教师评价，忽略学生自评和互评，缺乏家长和行业专家的第三方参与，导致评价结果存在主观性和片面性。此外，各个评价主体之间没有形成有效的信息交流和合作机制，导致评价结果无法全面整合。

综上所述，学本课堂的学科实践推进缓慢，是多方面因素造成的，需要我们从教师培训、学生指导、教学资源、教学支持、教学评价等方面进行全面的改革和优化，以促进学本课堂教学的有效实施，实现教师和学生的共同成长。

# 第二节　畅通学本课堂推进机制

回望基础教育课程改革历史，许多持续的教育改革创新推动了教育思想、管理体制、课程教材、教学内容、教学方式等的变革，课堂从"讲授"走向了"活动"，从"教"走向了"学"，从"双基"走向了"三维"。在新一轮教育改革背景下，我们还应当立足学生发展核心素养，培养学生的必备品格和关键能力，培养学生终身学习的能力，以使其更好地适应未来社会。"学为中心，成长为本"的学本课堂教学顺应核心素养发展的基本要求，是深化课堂教学改革的重要途径。因此，学校畅通学本课堂推进机制，是深化课程改革、发展素质教育、落实立德树人的必然要求。

### 一、顶层设计，整体规划，提升学本课堂改革战略地位

2023年，教育部印发《基础教育课程教学改革深化行动方案》，要求各地明确责任分工，建立健全推进机制，细化落实措施，加强工作指导，扎实持续推进，不断将课程教学改革引向深入。方案指出，到2027年，"形成配套性的常态长效实施工作机制"，"教与学方式改革创新的氛围日益浓厚，基础教育课程教学改革形成新气象"。深化课堂教学改革、加强机制创新是实现学校高品质发展的重要途径，学校要从顶层设计、整体规划的角度提升学本课堂改革战略地位，切实保障学本课堂改革扎实推进。

"顶层设计"是一个源于系统科学和工程学的概念，其本义是运用系统论的方法，从全局的角度，对某项任务或某项工作的各个方面、各个层次、各要素系统规划，以集中有效资源，高效快捷地实现目标。学本课堂教学改革的顶层设计，就是在新课改理念的指导下，对学校教育教学目标进行重新审视、定位和设计，以及为实现这一目标进行相应的资源配置、制度完善和相关措施的实践等。

从学校教育教学目标来看，学本课堂教学改革应坚持立德树人的根本任务，以"学生学习为中心"，以日常课堂教学改革为抓手，聚焦学生学习全过程，提升学生的学习品质，以促进学生全面且个性化发展。钟启泉教授曾说："教育改革的核心在于课程改革，课程改革的核心在于课堂改革。"这就启发教师抓住"三新"背景下课程改革的关键期，找准落实课堂教学改革的突破点，从学生的视角，以学生的真实感受为依据设计课堂教学方案，回答"学生需要什么""课堂能提供什么"等教育命题。

从推进课堂改革的行动措施看，应从教学常规优化行动、"学为中心"课堂建设行动、有效作业优化行动、学习评价改进行动等方面协同推进。教学常规优化行动是指进一步强化和完善"备、讲、批、辅、考"环节，优化常规检查方式，加强常规管理的力度，强化教师以常规促质量的意识，用常规

管理优化促进教学常规优化。"学为中心"课堂建设行动，强调建构以"学生学习为中心"的课堂，将"疑—学—导—评—悟"作为课堂教学的五个环节，以提升学生学习能力和品质，发展学生批判性思维、创造性思维、问题解决能力为基本目标，打造适合学生学习的能量场。有效作业优化行动是指进一步优化作业的设计与布置、批改与诊断、反馈与总结等，组织作业设计能力提升培训并鼓励教师开展作业设计的校本化研究，优化学生基础性作业，开发拓展性和创新性作业，以作业"提质"促学生"减负"和课堂"增效"。学习评价改进行动是指改变单一的结果性评价方式，运用大数据对学生的学习过程进行全面的信息收集和整理，积极探索并形成科学合理的学习评价机制，以评促教，以评促学。

学本课堂教学改革的顶层设计明晰了课堂教学改革的目标，明确了推进课堂改革的行动措施，强化了教师对学本课堂改革的认识，凸显了学本课堂教学改革的重要意义。

## 二、行政推动，政策配套，健全学本课堂改革保障机制

在当前的教育生态下，由教学任务繁重的一线教师主动参与、主动进行课堂改革难以有效达成目标。课堂改革的持续推进，需要依靠行政力量。此外，在学校全方位实施课堂教学改革，让学本课堂成为学校的常态课堂，需要政策支持和保障。

### （一）行政参与，深度推动课改

行政力量是推动教育教学改革的主要力量。课堂改革若得到学校领导的高度重视，必然也会成为学校工作重心，也更容易举全校之力对其通盘考虑、系统规划、整体推进。

在课堂教学改革进程中，校长参与是基础，教师落实是关键，学生配合是希望，三者相互依存、相互补充，缺一不可。近些年成功推进课改的区域或学校，几乎都离不开行政的推动。如：河南郑州提出并践行"道德课堂"理念，目前已形成覆盖郑州中小学的 180 多种"道德课堂"的有效课堂形态；浙江嘉兴一中通过研究和实践"单元学历案"，走出了一条实现"学为中心"、

落实"教—学—评"一致的教学范式；成都市温江区在区域内全面进行"单元学历案"改革实验的先锋式探索，迈开了从关注"教师如何教"到关注"学生如何学"的关键一步。在当下的教育改革中，行政力量对推动课堂改革的意义不言而喻。因而，学校层面必须发挥好行政对改革的促进作用，形成全校教师全员课改的样态。

利用行政力量深度推动课改，首先需要一支务实高效的课堂改革领导团队，对课堂改革进行科学的顶层设计，并从学术研究和课堂实践两方面协同推进，让课堂改革真正在学校落地生根并开花结果。

其次，学校行政团队应深度参与课堂改革，成为课堂改革的先行者、研究者、实践者、创新者。只有行政团队身先士卒搞改革，才能产生鲶鱼效应。只有行政管理者研究了、发现了、思考了、创新了，学校才能拥有呼吁一线教师进行课堂改革的底气和号召力。

总之，学本课堂改革应当以学校为单位整体推进，学校行政力量在此过程中要充分发挥领导作用和示范作用，持之以恒推行课改，将观念转变与行为转变紧密结合，打造生气勃勃、其乐融融的课堂新样态。

（二）机制创新，激励保障课改

学本课堂改革是保障教育质量、促进学校内涵式发展的重要策略。学校应针对中小学教师的心理特征和工作特点，依靠科学合理的评价激励机制，创新多元化的激励方式和方法，充分激发教师参与课堂教学改革的积极性，实现学校教师的全员参与，以课堂教学改革助力学校办学质量提升。学校可构建"校级—区级—市级—省级—国家级"教师激励金字塔体系，鼓励学校教师在各级各类平台上卓越表现。构建立体多样的学校激励机制，有助于营造教师积极参与课改的教学氛围和奖励先进的文化氛围，激励教师不断实现自我突围。具体而言，有以下措施。

第一，开展学本课堂改革宣传动员活动，点燃教师参与课改的热情。观念是行动的先导，只有转变观念才可能产生破冰行为。学校应积极开展课堂教学改革宣传活动，引导教师理解学本课堂的理念、核心、表现形式等。学校可尝试多样化的宣传手段，将"以学习者为中心"的理论扎根在教师心中。例如，学校可以举办学本课堂教学改革先行者经验报告会活动，请一线教师分享如何从理念到行动全面参与课堂改革，使全体教师认识到课堂改革不是不可触及的高深领域，每一个人都可以参与和践行。再如，学校可以充分利用关于课堂改革的相关网络平台和网络资源，丰富教师对课堂改革的认知，激励教师从教育理论和课堂实践两个方面学习学本课堂建构的理念和实操，使学本课堂改革从"想得到的风景"真正变成"看得到的美丽"。

其次，开展各种评比活动，激发教师参与课改的热情。以赛促学、以赛促教是学校推进教师专业化成长的有效路径，也是推动课堂改革的重要手段。评比活动的类型可以是多样化的，例如：在课堂展评方面，开展新教师学本课堂入格展示课、青年教师学本课堂研究课、骨干教师学本课堂优质示范课、名优教师学本课堂典范课等教学活动；在课改研究方面，将教学叙事、课例研究、课题阶段总结、教学反思、教学设计、教学论文等作为成果物化的展评对象。利用丰富多元的活动和比赛搭建起教师展示课改成果的平台，提升教师参与课改活动的积极性，激发教师为课堂变革而主动学习的热情，从多方案入手促使更多教师加入学本课堂教学改革行列中。

（三）制度完善，管理助力课改

学校是教师学习和工作的主阵地，课堂是教师施展教书育人才华的舞台，课堂教学更是关系学校发展和教师、学生成长的关键一环，课堂教学在整个学校教育工作中的重要性不言而喻。在推动课程改革和课堂教学改革的过程中，学校应该建立、完善各种制度，利用规范性、程序性的制度指导和约束教师行为，鞭策和激励教师进行教学研究，促进学校高质量发展，最终服务师生的个人成长。

为适应课堂改革的需要，学校首先要从完善教学管理制度入手，对教学常规管理制度进行精细化，根据学本课堂建构要求，对教师的备课、上课、作业设计等提出更为明细的要求，以常规管理促进教师观念及行动转变。其次，学校要将教师工作的过程进行详尽记录，并纳入教师年终考核制度中，激励教师在日常工作中坚持学习并紧跟课改步伐，尽职尽责做好课堂改革工作。比如，学校可以进一步完善校本教研工作条例，将教师个人参与教研活动与教研组、备课组捆绑考核，以各教研组围绕课堂改革展开的校本教研的次数、每次参与教研活动的人数、学期教研工作的成效等进行考评打分，以团队协作促进课堂改革。最后，学校应进一步完善教师培训制度，以精细化的培训要求和准则约束教师参培行为，坚持按照培训制度要求每位参培者有始有终、有体会、有收获，向培训问效，让培训发挥学以致用的效果。

### 三、建模引航，规范教学，形成学本课堂改革科学思维

建模思想是指将现实世界的事物抽象成为形式化的数学模型，以便对其进行研究和分析的思维方式，它是解决实际问题的一种强有力的数学手段。建模思想要求人们把现实世界的事物抽象化和简约化，去除复杂的、不确定的因素，利用适当的数学工具将其转化为符号。建模思想的另一个特点是系统性和整体性，即要充分考虑事物之间相互作用的关系，并将其按照一定的规律和关系组合，形成一个完整的系统模型。借用建模思想搭建学本课堂模型，可推动学本课堂改革的实践研究。

#### （一）校级建模：一校一模

基于"学为中心，发展为本"的教学理念，学校层面可以先学后教、任务驱动、问题导学、合作探究为核心要素，建立"疑学导评悟——五环"学本课堂教学模式。"疑学导评悟——五环"课堂教学模式的基本操作程序为"创设情境，质疑导学"→"自主探究，交流互助"→"精讲善导，建构体系"→"反馈评价，拓展运用"→"总结归纳，反思提升"。

这一模式体现了整体建构、先学后教、灵活机动等教学思想。所谓整体建构，是指这一教学模式体现了对学生学习过程的整体规划，以帮助学生学会为出发点，科学设计了拓展运用、总结归纳等环节，注重学生在主动学习中建构知识体系的能力。先学后教是指以学生的"学"为教学起始点，教师基于创设多元情境激发学生主动质疑，通过"导学""点拨"方式，促使师生共同完成学习任务。灵活机动是指教师可以因多次任务驱动而多次循环并形成基于学科特点的多样化的教学模式。

在教学实践中，教学模式往往容易固化为教学环节、教学方法，影响教师在课堂教学中的创新，往往让参与课堂改革的教师无从下手。对此，"疑学导评悟——五环"学本课堂教学模式既保留了教师创新课堂教学的空间，又

为教师提供了建构学本课堂的基本路径，对一线教师进行学本课堂教学实践具有指导意义。

## （二）学科建模：一科多模

目前，单一的教学模式建构已不能适应学校诸多学科发展的需要，因此，在推进学本课堂教学改革时可针对学科特点构建学科模型，甚至可以一科多模。所谓一科多模，是指在校级教学模型的基础上，学科教师结合本学科的特点，形成不同学科不同课型的教学模式。从宏观角度看，任何一个学科都应该有新授课、复习课、讲评课等几种课型，从微观的角度看，学科特点、学习内容和学习目标等的差异性促使每个学科教学的课型有多种划分。以语文学科为例，四川成都的罗晓晖老师以学科知识分类与学科能力培养路径为立足点，着眼于学习内容的差异，把语文课分为七种类型：预习课（预习与语言基础知识学习课）、文本分析课、评价鉴赏课、文学史课、训练课、综合实践课、学科阅读课。由此可见，一科多模在教学实践中是可行的，学习内容和达成的具体路径的差异要求我们基于学科特点对"疑学导评悟——五环"学本课堂教学模式进行变通和创新，以使该教学模式在学科实践中更趋于具体和易于操作。

## （三）个人建模：一模多法

一模多法，是指在学校基本教学模式和学科教学模式的基础上，每位教师可以根据具体的教学对象和教学内容运用多种方法，逐渐形成自己的教学设计和教学风格。

第一，学情不同。学生在学习基础、学习态度、性格特征等方面存在明显的差异，这就要求教师基于学情进行恰当的教学设计和组织。具体到同一章节的学习内容，因教学对象存在差异性，教师也不能机械地套用某一种课型的教学模式开展教学活动。因此，一模多法体现为即使教学内容相同，不同班级的学习方式也有所不同。

第二，教情不同。每位教师的知识储备、性格特征、语言特点等都各有特色，其在教学设计中也会受到自身思维习惯等因素的影响，形成颇具个人风格的教学设计。如：同样是进行战争史的教学，男教师往往擅长对宏大战争场面的渲染，女教师则更喜欢对战争的发生、发展做抽丝剥茧的解读；在"导入新课"环节，有的教师创设情境导入，有的教师喜欢复习旧知，有的教师擅长以"破题"方式导入，有的老师则采用热身活动导入……

第三，教学需要创新性。只有创新教学，才能催生个性化的课堂。教师应形成个人教学风格，但不是要固化自己的教学模式。时代赋予教育的使命是培养个性成长和全面发展的时代新人，在规范化、规模化的工厂制下只能生产出千篇一律的成品，整齐划一的课堂不可能培养出鲜活的生命。在教学过程中，教师应根据实际情况采用适切的教学方式实现教学目标，更好地服务于学生成长。

此外，一模多法有利于反馈和矫正学科模式。不同学科的教学模式在实践中不一定适当，通过个人建模又会发现一些问题，积累一些经验，这些都可以对学科教学模式进行反馈和矫正，使其不断完善。

以上"三级建模"可以较好地解决"教学有法、教无定法、贵在得法"的问题，也有利于教师做到"有模式而不唯模式"。总之，"三级建模"是一个动态的过程，也是一个不断自我验证、反思和调整的过程。对老教师而言，这是一个由经验型教师向专家型教师转化的契机；对新教师而言，这是实现个人快速成长的载体；对学校而言，这是一个形成教学特色、打造名校的重要举措。

### 四、研培驱动，提升师能，促使学本课堂改革实践落地

事实证明，学校要想做好课改工作，培训跟进必不可少；要想深化改革，教科研引领必须跟进。强师必须强训，学校应全力整合教研、科研、培训等方面的资源，开展学本课堂教育教学理论与实践的研究、指导和培训工作，有效推动学校教师队伍专业化发展。

#### （一）设计培训课程

学校要贯彻落实学本课堂理念，推动学本课堂实践落地，必须整体设计和系统推进培训工作。学校可以组织开发以"学为中心"为主题的骨干教师项目培训课程，包含培训前置课程、集中培训课程、培训后置课程，三个阶

段的课程相互联动，将研究与实践相结合，协同推进课堂改革。只有持续推进校级培训，才能实现从观念转变—行为破冰—全面实践—形成课堂新样态的学校课堂教学改革的发展转型。校级培训课程项目的内容如下表所示。

**学本课堂校级培训课程模板**

| 培训课程设置 | 项目内容及要求 | 项目责任人 |
|---|---|---|
| 培训前置课程 | 1. 围绕课堂变革，聚焦学科瓶颈性问题<br>2. 对接"龙头课题"，整合学科问题<br>3. 以个人及小组为单位，构建科研小课题<br>4. 开展文献研究，增加课改知识储备<br>5. 设计项目方案，破解瓶颈问题 | 参培教师本人及教研组、备课组讨论完成 |
| 集中培训课程 | 1. 专家引领，集中培训（讲座）<br>2. 任务驱动，从学术高度破解难题<br>3. 指向课堂变革，交流学习收获<br>4. 模拟课堂推演，总结实操经验<br>5. 专家分组指导，固化培训成果 | 项目培训组组织实施 |
| 培训后置课程 | 1. 投放课堂，验证项目成果<br>2. 成果优化，常态化推进<br>3. 学术研讨，成果展评 | 校内制订方案组织实施 |

## （二）细化培训项目

在课堂改革过程中，教师专业素养提升是关键，因此要建构学本课堂教学体系，对教师的培训必不可少。传统的教师培训，侧重于教师专业知识和教师基本技能等方面，培训的内容具有通识性，其目标是帮助教师不断更新知识和教学技能。在传统的教师培训模式下，教师收获的是具有实操性的经验和方法，获得了提升学科教学设计能力和课堂操控能力的技巧。在学本课堂的建构中，教师不仅需要具有设计优质课的基本学科素养和教学技能，更需要对学本课堂的理念进行深入的理解，对学本课堂的校级建模有深刻的认识，并能基于学科特点和个人能力建构更灵动、更有深意的新课堂。因而，基于课堂变革的培训，必须细化培训项目，准确定位每次培训的内容，如学本课堂理论解读、学本课堂建构策略、学本课堂教学模式解读、学本课堂的教学评价设计和作业设计等。细化培训项目，既能够保证培训效果，也有利于教师对培训内容的深度理解。基于学本课堂建构，从理念到行动实践的系列化、精细化、成果化的培训能保证教师深度参与课堂实践。教师只有理解了学本课堂的精神实质，才可能实现对学本课堂的灵活建构，形成多元化的学本课堂新样态。

### （三）任务驱动培训

终身教育和终身学习是当代教师自身发展和适应职业发展的必由之路，参加教育培训是教师终身学习的重要方式。在职业生涯中，教师参加的各级各类培训数不胜数，但往往是培训时"热血沸腾"，培训后"一动不动"。因此，以培训为抓手推进课堂变革就一定要向培训问效，以任务驱动式培训保证培训效果。如果教师只是把对课堂变革的激情留在培训场，那么培训助力课堂变革就会成为一句空话。因此，一定要将培训任务前置，并持续追踪培训效果，以培训促进课堂转型。以作业设计培训为例，学校要求参培教师必须完成一个课时或一个单元的以"学为中心"为指导的作业设计，以任务驱动教师认真、主动参培。再如持续追踪培训效果，举行校级作业设计大赛、作业设计展评活动、作业设计沙龙、作业设计情况调研等，以多种途径强化作业培训成效。任务驱动培训，有利于教师将知识转化为教学能力，将理念转化为教学行为，促使课堂教学变革真正落地。

### （四）扎实校本研修

课堂变革的关键在教师。只有教师转变观念、改变行为才可能有课堂教学的转型。校本研修在青年教师成长、打造学术型卓越教师团队方面发挥着重要的作用。学校应积极创新校本研修的模式，通过制度为校本研修在时间、空间、经费等方面提供保障，促进各学科组教研有序、有效展开。学校也可以适当拓展校本研修的载体，打破常规的"备课—上课—说课—评课"模式，以"专业引领、骨干示范、自主实践、主题研讨、反思提升"等多种方式推进校本研修的深化。教研组、备课组还可以进一步突破校本教研的时空限制，开展"居家型"线上教研、"充电型"驱动教研等校本研修活动，丰富校本研修形式。

课堂变革是教师不断自我突破并在教育教学中不断创新的过程，唯有加强对教育教学的研究，扎实进行校本研修，以研促改、以改促研、研思并进，才能以自身专业素养提升推进学本课堂改革。

### 五、典型引路，以雁阵效应促进学本课堂改革梯度发展

雁群在迁徙时，一般都是排成人字阵或一字斜阵，并会定时交换左右位置。生物学家经过研究后得出结论：上述阵形能使它们飞得最快、最省力，后一只大雁的羽翼能够借助前一只大雁的羽翼所产生的空气动力，使飞行省力。定时交换位置，可以使它们另一侧的羽翼也能借助空气动力缓解疲劳。当我们将这种有趣的雁群飞翔阵形原理运用于教学改革时，就会产生相应的"雁阵效应"。学校可以通过强化"头雁引领"、激发"群雁活力"、形成"雁阵效应"等方式，推动学本课堂变革由点到面逐渐铺开，实现从"一枝独秀"到"百花齐放"的转变。

（一）选典型，强化"头雁引领"

在学本课堂教学变革过程中，部分教师潜心课堂教学，秉承科研精神开展教学研究，对学本课堂教学理念的研究和实践都走在前列。有的教师创新能力较强，能够实干先行，成为课改路上的"领头雁"。他们深知国家关于新时代学校育人变革的新要求，懂得教育适应学生全面而有个性发展改革势在必行。在课堂变革的浪潮中，他们主动加入，认真挖掘各学科核心素养，在教学模式上坚决落实"疑学导评悟——五环"学本课堂教学模式，带头落实"学为中心"的教学理念。他们努力向课堂要效率，坚持把课堂还给学生，主动给学生留出自主探究的时间，着力培养学生自主学习能力，发展学生的综合素养。有的教师科研素养较高，他们以科研促教学，主动学习、深入研究，积极探索基于学校特点和学科特色的"1＋N"学本课堂建构模式，丰富学本课堂理论，提升课堂教学的高阶性和创新性。有的教师团队凝聚集体力量携手共进，以课堂为载体积极落实"以课促研、以研提质"的理念，积极探索"学科多模"的学本课堂新样态，促进学本课堂教学理念有效落地。以上这些

优秀的教师或教师团队就是当之无愧的课改"头雁"，在学本课堂变革中，学校应及时发现和培养课改典型，积极发挥"头雁"引领作用，引领其他教师认清正确的课改方向，实现专业成长。

（二）树典范，激发"群雁活力"

学校为了形成全员参与、整体推进的课改格局，除了要善于发现"头雁"外，还要充分树立"头雁"的课改典范形象，激发教师群体参与课改的热情。

首先，学校应加强对课改典范的宣传。学校可以采用宣讲活动、交流沙龙、公众号等多种途径宣传推广优秀教师的做法、课改成效等，让其他教师了解优秀教师的先进经验，意识到课改能提升教师的专业能力，进而激发教师参与课改的动力。其次，学校要强化优秀教师的示范作用，以专题讲座、示范课、展示课等方式展示优秀教师课堂变革的成果，树立课堂变革的标杆。再次，学校要适时给予优秀教师一定的表彰和激励，如评选课改优质课、课改优秀论文、课题研究优秀成果等，强化教师参与课改的外部力量。"群雁高飞头雁领"，课堂改革要发挥好"头雁"的示范引领作用，以"头雁效应"激发"群雁活力"，将课改层层落实到位，推动课堂改革取得应有的效果。

（三）强推广，形成"雁阵效应"

推广课改成果是促进学校落实学本课堂改革的重要举措。从"雁阵效应"看，学校可引导普通教师借助同伴的教学智慧建构高品质的学本课堂，也可与同伴相互鼓励、共同应对课改挑战，携手前行。因此，学校要形成课堂教学新样态，必须强化对学本课堂理念、策略及教学模式等的推广，形成"雁阵效应"，让所有教师更加主动地加入课堂变革的队伍中，都能享受课改的红利。只有充分发挥"雁阵效应"，才能调动教师进行课堂变革的积极性。

推广课堂改革，可采取多种途径。第一，建章立制，强化保障。学校应制订学本课堂优秀成果推广计划，明确推广工作时间表、路线图和责任人。组建成果推广团队，建立学本课堂改革项目推进机制，分阶段确定推广的重点工作，为课改指明行动方向。第二，强化校本教研管理，制定学科教研规范。从校本研修层面强化教师团队探索学本课堂理论、学本课堂模型建构、帮助学生学会学习等研究，助力教师主动去研究教学、研究课堂变革。第三，强化成果推广培训，将研究成果内化。培训是实现理论到实践的学习路径，为了推广课堂变革成果，学校可以分层级开展校领导—名师—中层干部—教研组长等成果推广培训活动，设置不同主题，破解关键人物在课改推进过程中的思想痛点、疑点，打通堵点，帮助他们扫清课改认识上的障碍，促使成果内化。第四，依托课改专著，促进课改成果的转化和推广。学校应组织以课改"头雁"教师为代表的教师团队对课堂变革的成果进行梳理，形成学本课堂学术专著，并将专著发放到每一位教师手中，要求教师团队人人学、人人悟。通过学术专著指导教师遵循教育发展规律和学生成长规律，践行"学为中心，成长为本"的理念，建构高品质的学科课堂。

学校通过多路径、多方式对课堂变革成果的推广，有利于促进教师对课堂变革理念的接纳和内化，推进教师课堂教学行为转变，强化教师参与课改的信心，从而形成人人参与、主动实践的"群雁效应"。

课堂教学改革是一场教育思想、教育理念、教育方式和教育行为的深刻变革，对学校工作提出了新的挑战，也为学校发展提供了难得的机遇。因此，学校一定要畅通课堂变革机制，从各层面、多途径保障和推进课堂变革，通过内生动力和外借活力，推动教师队伍在课改之路上不断前行。

# 第三节　建立学本课堂监测体系

建构"学为中心"的学本课堂，关注学生从"学会"到"会学"转变，以课堂教学转型助力人才培养模式的变革，是教育发展的时代要求。在课堂教学中，我们如何更科学、合理地对教师的"导"、学生的"学"进行了解监测，以便更好地开展课堂教学改革工作呢？教育质量的内隐性特征往往导致学校管理者和教师用传统的考试等手段对教学质量进行监测和推理，很难做到客观公正，也难以反映课堂教学的真正样态。因此，基于现实需要，学校应对课堂教学进行持续跟踪，持续采集课堂教学相关数据，建立科学有效的学本课堂监测体系，对学本课堂建构情况进行客观公正的评价。

## 一、学本课堂监测的理论基础

课堂监测的理论基础包括学习理论、教育理论、教育评价理论等，这些理论为学本课堂监测的实施奠定了基础。

### （一）学习理论

学习理论也叫学习心理学，它是揭示人们学习活动的本质和规律、解释和说明学习过程的理论成果。对教师而言，提升自己教学水平的关键因素是对"学习"有深度的理解。教师教学的创新以及教学技巧手段的变革都建立在对学习理论深入研究的基础上，只有了解学生的学习规律，才能引导学生的学习走向科学化和规范化，也才能使学生的关键能力得到培养，以实现立德树人的根本任务。

回顾学习理论的发展历程可知，经验主义、行为主义和建构主义三种学习理论既相互斗争，又彼此妥协，三者的合理因素在不断扬弃中得到发展，对以上三种学习理论的理解对于探究学习的本质和深度学习的发生具有重要的价值。

经验主义者大都持这样一种观点，即所有的概念都起源于经验，所有的概念都要在经验中被证实。也就是说，经验是一切知识的源泉。"经验是人的一切知识或观念的唯一来源"这个观念明显带有局限性，但不可否认经验主义者以"感觉和反省"作为知识获得的主要途径和今天的学科实践的教学理念不谋而合，都注重在"学中做"，鼓励学生参与学科实践活动，通过实践参与进行学生学科素养的培育和提高。

行为主义者认为，人类的思维是人类与外界环境相互作用形成的刺激与反应的联结。学习行为就是学生以适应教学环境而调动躯体积极进行反应的组合，因此，学习的过程就是刺激与反应不断强化和重复的过程，教师需要不断安排相应的教学活动刺激学生行为的发生并促使其将习得的经验不断强化。行为主义者在学生的学习过程中更加关注外界行为，并认为学生的学习动机主要来自外界的刺激，因此可以通过学生的行为表现来预测学习效果。

建构主义学习理论是在行为主义学习理论发展到认知主义理论以后的进

一步发展，它强调"以学习为中心"，强调学习的过程是学生主动参与、主动思考、主动整合、主动理解的过程，学习的过程是学生不断建构自我知识体系的过程，是将新旧知识的关联性不断进行建构、解构、再建构、再解构的反复过程。在建构主义者看来，只有极大地发挥学生的主观能动性，让学生真正发挥学习主体的作用，激励学生以旧知联系新知，基于旧知建构新知，学生才能真正获得学习能力的提升。

综上所述，学习理论为学本课堂监测提供了理论支撑，我们可以上述学习理论为支撑，取其精华，去其糟粕，基于对学生学习行为的判断和理解进行科学的监测。

（二）教育理论

和学习理论不同，教育理论主要揭示了教育活动的内在规律和运行机制，它来源于教学实践，又指导着教学实践。科学的教育理论能够启迪教师的教育教学智慧，能让教师对学生的学习行为和规律有更清晰的认识，也是教师进行课堂教学的理论基础。当下盛行的教育理论较多，如多元智能理论、反向教学理论、项目式学习理论、艾宾浩斯遗忘曲线理论、合作学习理论等，对相关教育理论的认识和掌握既是教师专业素养提升的需要，也是有效促进课堂教学转型的需要。

加德纳的多元智能理论强调人至少存在七种以上的智能，如语言智能、逻辑数学智能、空间智能、音乐智能、身体运动智能、人际关系智能、自我认识智能等，尽管这些智能是相对独立存在的，但每个人都是多种智能的结合体。每个学生都有自己的闪光点，教育工作者既要端正对学生的认知态度，平等地看待每一个学生，又应该努力为每个学生创造自我发现、自我认知、自我认同的机会，这也是教育公平的价值所在。

反向教学理论又称"翻转课堂"理论，它主张将传统课堂教学中的知识传授过程进行反向设计。如：以微课或课前预习的方式将学习任务前置，课堂教学重点则放在学生的互助、讨论、实践、探究、答疑等环节，将课堂真正变成"学堂"。这样一来，学生因疑而学，学习主动性和自主意识大大提升；教师因问而导，师生基于问题进行研讨，提升课堂教学的针对性和有效性。由此可见，"以学习为中心"理念实际就是在反向教学理论支撑下的教学变革。

项目式学习理论主张开展建构式学习，通过学生的主动探究来解决相关问题，实现知识的建构和有意义的学习。项目式学习以任务驱动的方式，将提出问题、动手实践、完成任务、总结反思串联起来，强调学生对知识的深度理解，培养学生的知识迁移应用能力。项目式学习要求教师具有跨学科思维能力，注重本学科与其他学科教学内容的整合，能开发出具有特定教育功能的学习任务，充分调动学生运用多学科知识和技能解决问题的积极性。

（三）教育评价理论

教育评价是教育质量保障体系的重要组成部分，也是教育现代化的重要治理手段。美国学者泰勒在其著名的"八年研究（1933—1940）报告"中首次提出并正确使用了教育评价这个概念。教育评价是指在系统收集、整理、分析相关教育信息的基础上，对教育价值及效果做出判断，其目的在于促进教育教学方式的改进和教学质量的提升。当下教育评价的改进和发展功能日益受到重视，即教育评价的鉴别、评判等功能不再是其主要功能定位，更强调在教育过程中及时发现问题和解决问题。换言之，教育评价不是为了证明什么，而是为了改进教育教学工作。

学本课堂教学监测体系与教学评价理论不谋而合，力求实现过程性评价和结果性评价的统一，从重鉴定功能向重改进功能转变，真正发挥了课堂评价的改进和发展性功能，促进了课堂教学的转型。

**二、实施学本课堂监测的意义**

课堂监测是一种对课堂教学过程中教师的教学行为、学生的学习行为以及学习目标达成度等进行分析、观察和评估，以促进课堂变革和育人方式变革的教育实践活动。它不仅能对教师的教学行为、课堂组织能力等进行评估，而且能对学生的学习行为和学习情况及时进行反馈，是以实证方式优化教育教学的手段，并助力新课程、新教材、新高考"三新"背景下的课堂教学转型。

## （一）增强教育教学的有效性

学本课堂监测能有效诊断学校的教育教学现状以及存在的相应问题，能够给教育教学提供及时的问题反馈，其监测数据能帮助教师进行正确的问题归因，进而针对教育教学问题精准施策。

如通过对学本课堂监测数据的挖掘与分析，我们发现，高三年级学生在历史课堂上的参与度较低，高三学生在最近的几次统考中历史学科成绩呈下滑趋势。于是，我们通过线下课堂调研、线上问卷以及学生代表座谈等方式进一步细化了对高三年级历史学科教学现状的了解和分析。监测结果显示，教师在高三一轮复习中过分重视基础知识的巩固强化，导致课堂容量不足和课堂教学的深度和宽度不够，影响了部分学生对高三复习的正确认知，基础相对较好的学生认为看笔记和教辅足以应对各种检测和考试，因此，历史课堂上出现了学生的思维游离于课堂之外的情况。基于此，高三历史组迅速进行教学方式调整，以"基于学习主题下的高三历史复习教学实践研究"为主题开展校本研究，总结提炼出高三新一轮复习策略：基于课程标准→科学提炼主题→链接新旧教材→创设多元情境→注重学为中心→培育核心素养，提高了高三历史课堂教学的有效性。

综上可知，学本课堂监测能及时帮助教师诊断课堂问题，改进教学策略，提高课堂教学的针对性和有效性，让课堂更有吸引力，学生更有获得感。

## （二）提升教育教学管理的科学性

学本课堂监测是提升学校教育教学质量的重要手段，也是促进学校办学水平提升的重要方式。通过科学合理的学本课堂监测，学校可以在教学管理上找到突破口，不断完善教育管理制度和体系，使学校管理更有的放矢。科学合理的学本课堂监测，有利于学校对教师教学活动全过程做出准确诊断，引领教师和教研团队发现问题、正确归因、改进方法、总结经验、不断成长。

在问题诊断和解决的过程中，学校管理团队应从制度上给予教师专业发展的保障，并基于问题从管理层面寻找补救和改进措施，以期上下齐心共同提升学校的教研和教学水平，助力教师专业成长。学校教研组在教研活动中引导教师审视学情，发现问题，自我追问，自我反思，改进实践，总结经验，有利于促进教师教学诊断能力和专业素养的提升。通过学本课堂监测，广大教师转变了死记硬背、机械训练、重复训练为主的应试教育观念，更加注重对学生学科素养和学科关键能力的培养。多年的学本课堂教学实践表明，学本课堂监测工作能有效促进学校教育质量管理的科学化。

### （三）实现教育教学指导的精准性

教育监测是以政府为主体组织和实施的、利用教育系统日常运行数据或服务于特定目标的专门信息，对教育系统或教育项目以及学校等所做的测量、价值判断和监督等活动。作为教育监测的一种手段，学本课堂监测是指在教学各个环节，通过对学生的参与度、专注度、表现以及教师的讲解、课堂活动、教学资源利用等情况进行观察、记录和分析，评估课堂教学质量和学生学习情况的一种评价方法。

在监测范围上，教育监测关注教育公平、教育质量、教育均衡等宏观教育问题，着力为国家对教育的宏观调控提供支撑；学本课堂监测主要聚焦课堂教学，关注课堂转型和课堂效益，是从更微观的角度关注教育的变革和教育的高质量发展。在监测目的上，教育监测力求为国家教育改革推进和教育政策的实施提供依据，关注教育的方向性、均衡性、有效性等，关注社会热点问题；而学本课堂监测的主要关注点在教学工作上，以期通过课堂观察判断教师、学生的教学状况，助力教学方式的转变，以课堂变革促进育人方式变革。

学本课堂监测从教师教学行为、学生学习行为以及学习目标达成维度三个方面开展，可以为学校提供更精准的教育教学指导。教育教学指导的精准性主要体现在"个性化"服务上，一方面，基于监测数据，学校可以根据教师的授课特点和问题提供有针对性的建议和指导，帮助教师积极调整、提升自我，改善课堂行为。另一方面，教师可以基于监测数据为学生提供个性化服务，帮助学生解决学习难题、培养学习习惯，激发学生学习热情，促进学生个性且全面发展。

### 三、学本课堂监测的目标与内容

#### （一）学本课堂监测的目标

学本课堂监测的主要目标是通过对课堂教学活动的全面追踪和评估，促进"学为中心"的学本课堂建构，以课堂教学变革实现对教育质量的全面提升，助力学生全面发展。

具体而言，学本课堂监测不仅要关注学生的课堂参与度，而且要关注教师的课堂管理水平、课堂教学氛围、教学目标达成度，更要关注学生学习方式的变化等。学校通过收集和分析监测数据，可以及时发现和解决教师在课堂教学中存在的问题，对教师个人提供有针对性的改进意见，提升教师的专业素养和教学水平。同时，学本课堂监测能帮助学校了解教师教学观念转变、学本课堂实践、教学效果达成等多方面的情况，以便从管理层面做出调整，提升办学水平。

总体而言，学本课堂监测是以学习为中心的个性化教学监测，监测的关注点为"学生""学科教学""学习"，其以监测的信息和数据为支撑，促进学生立足学科特点，实现从"学会"到"会学"的转变。

学本课堂教学监测强调以学习为中心的个性化监测，其目标维度包括以下三个方面。

1. 提升学生的学习体验

学本课堂监测的关键词是"学习"，这就要求教师以课堂改革为抓手，从学科特点出发并在问题或任务导向下，构建实践育人新方式。学本课堂教学强调的是学生在真实情境中开展实践活动、解决问题，检验原有知识，生成新经验，再以新经验指导实践活动，从而实现知识的不断内化和经验的不断更新，形成良好的学科核心素养。

学本课堂的建构是对探究式学习的一种深化和发展，"知识性"与"实践性"并重，强调学生通过实践探究建构、巩固和创新自己的学科知识体系。在学本课堂教学中，学生学习的过程就是学生自主进行知识建构和重构甚至创新的过程，它不仅要求学生具有学习积极性和主动性，更强调学生学习的真实性和生成性，以及学生的学习体验感。

2. 转变教师的教学观念

学本课堂监测内容丰富，教师教学行为是监测重点之一，教学观念转变是教学行为转变的先导。为了实现中华民族伟大复兴，教育的使命必然是培养有理想、有本领、有担当的社会主义建设者和接班人。因此，现代教育应当以立德树人为根本目标，以五育并举为手段，实现学生的全面发展。要达成以上育人目标，教师的教育教学观念必须从"教为中心"向"学为中心"转变，教师必须改变"一言堂"的教学作风，把学生的发展作为教育教学的出发点和归属点。

如何让学生爱学、会学、善学呢？首先，教师应在教育教学观念上实现自我突围。"教育学其实就是关系学"，良好的师生关系和生生关系有助于良好的学习场域的形成，学习就在不经意间悄然发生。从某种程度来看，吸引学生的往往不是知识，而是同伴或教师的个人魅力。教师只有将教学设计的重点放在如何让学生"会学"即学习方法的指导上，课堂才能真正成为学生学习能力提升的训练场。注重学科实践其实就是鼓励学生"在做中学"，将学科教学与现实生活、社会实践相结合，建构起直接知识和间接知识之间的桥梁，让学生在真实世界中解决真实问题，实现所学知识的高度迁移。

3. 改进教师的教学行为

学本课堂监测对教师教学行为的追踪将促进教师不断反思自己的教学行为，并以学本课堂建构理念为依据进行调整。与此同时，新课程标准也要求教师转变自己的教学行为，更好地服务于学生的"学"。在建构学本课堂教学体系的实践中，教师教学行为的转变主要表现在以下几个方面。

在处理师生关系方面，学本课堂监测更注重教师对学生的尊重、肯定和关爱。教师应充分尊重每一名学生的人格，以平等和友善的态度与学生真诚沟通，给予学生鼓励和支持。在处理教与学的关系上，教师应将课堂还给学生，用适时和科学的"导"取代"一言堂""满堂灌"。

在学本课堂教学理念的指引下，教师更注重对学生的启发、引导、帮助、评价，着力调动学生学习积极性，助力学生自主发展和主动生长。在育人目标的达成上，教师应以课堂为主阵地，不断优化学科课程目标，提升课程内容的品质，强化教师学科育人使命，从"学科教育"向"学科育人"转变。教师的教学设计和教学组织均应围绕学生特点、学习规律而展开，找准学生的需求点和生长点，将教学知识与教学活动有机融合，让学生在不断参与、不断体悟中完成知识的建构与升华。

## （二）学市课堂监测的内容维度

课堂监测是一种通过对课堂教学过程进行观察、记录和分析，以评估教学质量和学生学习效果的行为。学本课堂监测是指在教学各个环节，通过对学生的参与度、专注度、表现以及教师的讲解、课堂活动、教学资源利用等情况进行观察、记录和分析，以评估课堂教学质量和学生学习情况的一种方法。学本课堂监测旨在通过对课堂的观察、评估等了解课堂教学状况，帮助教师及时调整教学策略，促进课堂教学效率的提升。

要进行课堂监测，首先必须了解课堂。课堂涉及的因素很多，必须有一个简明、科学的监测框架作为"抓手"或"支架"，否则将会使监测陷入随意、散乱状态。课堂主要是由学生、教师、课程目标、课程内容及课堂环境资源等构成的，因此，我们可以从教师教学行为、学生学习行为、学习目标达成来构建一个课堂监测框架。

### 1. 教师教学行为

教师是课堂教学的组织者、引导者、促进者，教师运用各种教学资源、教学方式的灵活性影响着课堂教学的有效性。因此，对教师教学行为的监测是非常重要的一环，主要可从教什么、怎么教、教得怎样三个维度进行监测。

| 监测维度 | 监测指标 | 指标内容解读 | 达成度 |
|---|---|---|---|
| 教师教学行为 | 教学目标设定 | 监测教师是否根据课程目标和学生学习需求，设定明确、可达成的教学目标，并确保教学目标与学生的学习目标相一致 | |
| | 教学内容选择 | 监测教师是否根据教学目标和学生实际情况，选择合适的教学内容，并确保教学内容具有针对性和实效性 | |
| | 教学方法应用 | 监测教师是否采用多种教学方法和手段，如讲解、演示、互动、探究等，激发学生的学习兴趣和积极性，提高教学效率 | |

| 监测维度 | 监测指标 | 指标内容解读 | 达成度 |
|---|---|---|---|
| | 学生参与度 | 监测教师是否关注学生的参与度，通过提出问题、小组讨论、个人展示等方式，鼓励学生积极参与课堂活动，提高学生的参与度和投入度 | |
| | 教师和学生互动 | 监测教师是否与学生建立积极的互动关系，关注学生的反馈和表现，及时调整教学策略，以提高学习效率 | |
| | 课堂氛围 | 监测教师是否营造积极、和谐、有序的课堂氛围，关注学生的情感需求，尊重学生的个性和差异，以激发学生的学习兴趣和动力 | |
| | 教学策略实施 | 监测教师是否根据教学目标和教学内容，制定具体的教学策略，如案例分析、项目合作、自主学习等，并确保教学策略的实施与学生的学习需求相符合 | |
| | 学习成果评估 | 监测教师是否设计合理的评估方式，如作业、考试、作品等，以评估学生的学习成果和掌握程度，并针对评估结果及时调整教学策略 | |
| | 教学效率评估 | 监测教师是否关注教学效率的评估，分析教学过程中的时间分配、资源利用等因素，以优化教学过程，提高教学质量 | |
| | 学生学习困难点监测 | 监测教师是否及时发现学生的学习困难点和需求，针对学生的问题进行有针对性的辅导和指导，以帮助学生克服困难，提高学习效果 | |

## 2. 学生学习行为

学生是课堂学习活动的主体，是课堂学习的主要参与者、主动建构者，学生的学习行为是课堂教学质量的决定性因素。因此，课堂监测不仅是对教师教学行为的评估，也是对学生学习行为的监测。通过观察和记录学生在课堂上的表现，关注其怎么学或学得怎么样，可以了解学生的学习状态、行为和态度，为改进教学和提高学习效率提供依据。

| 监测指标 | 指标内容解读 | 达成度 |
|---|---|---|
| 注意力集中 | 监测学生是否在课堂学习过程中集中注意力，积极参与课堂活动，不分心、走神或做与学习无关的事情 | |

学本课堂：课堂转型新样态

| 监测指标 | 指标内容解读 | 达成度 |
|---|---|---|
| 课堂参与 | 监测学生是否积极参与课堂活动，包括回答问题、小组讨论、课堂展示等，是否主动参与课堂互动，并能够与其他同学进行良好的合作与交流 | |
| 思维活跃 | 监测学生在课堂学习过程中是否能够独立思考、分析问题，并积极进行思维拓展，具有良好的思维能力和创新意识 | |
| 遵守纪律 | 监测学生在课堂学习过程中是否遵守纪律，如是否做到不迟到早退、不喧哗干扰他人等，以维护良好的课堂秩序和学习环境 | |
| 交流合作 | 监测学生是否能够与他人进行良好的交流与合作，包括表达自己的观点、倾听他人的意见、共同解决问题等，以促进学习效果的优化 | |
| 笔记和作业 | 监测学生是否认真记录课堂笔记和按时完成作业，以巩固课堂所学知识，提高学习效率 | |
| 学习态度 | 监测学生对待学习的态度是否积极向上，是否对学习具有浓厚的兴趣和热情，并能够克服困难，坚持不懈地努力 | |
| 创新能力 | 监测学生是否能够在学习过程中发挥创新思维和创新精神，提出新的观点和想法，创造性地解决问题和学习新知识 | |

3. 学习目标达成度

在课堂监测中，对学习目标达成度的监测是核心环节之一。通过评估学习目标的达成度，可以了解学生的学习进展和学习效果，进而对教学策略进行调整和优化。

| 监测指标 | 指标内容解读 | 达成度 |
|---|---|---|
| 知识理解 | 监测学生对所学知识的理解程度，包括对概念、原理、理论等的掌握情况，以及能否运用所学知识解决简单问题 | |
| 技能应用 | 监测学生是否能够将所学技能应用于实际问题解决中，如实验操作、编程、语言表达等方面，以及能否在实践中灵活运用相关技能 | |
| 态度与价值观 | 监测学生对学科态度、兴趣和价值观的变化情况，以及是否形成正确的学习态度和价值观，如勤奋、自信、创新等 | |

| 监测指标 | 指标内容解读 | 达成度 |
|---|---|---|
| 问题解决 | 监测学生是否能够运用所学知识解决实际问题，如进行研究性学习、撰写项目报告等，以及能否在解决问题过程中进行自主学习和合作交流 | |
| 学习策略 | 监测学生是否能够运用有效的学习策略进行自主学习和合作学习，如制订学习计划、整理笔记、合作交流等，以及能否根据学习效果进行自我反思和调整 | |
| 课堂参与度 | 监测学生在课堂上的参与情况，包括回答问题、提出疑问、小组讨论等，以及能否积极参与课堂互动和合作交流等 | |
| 作业完成情况 | 监测学生是否能够按时完成作业，以及作业的完成质量和反馈情况如何，了解学生对课堂知识的掌握程度和应用能力 | |
| 反馈与调整 | 监测学生是否能够根据反馈进行自我调整和学习策略的改进，如听取教师和同学的意见、反思学习过程、调整学习方法等，以及能否在后续学习中改进和提高 | |

### 四、建立学本课堂监测体系的操作要领

#### （一）学本课堂教学监测的方法和技术

##### 1. 课堂观察法

课堂观察法是一种常用的分析课堂行为和评价课堂情况的重要方法。它是指研究者或观察者带着明确的目的，凭借自身感觉以及有关辅助工具，直接或间接地从课堂情境中收集资料，并依据资料进行相应研究的一种教育科学研究方法。课堂观察和传统的听评课相比，更具针对性、选择性、目的性和实效性。课堂观察的优点在于，教师可以根据课堂观察量表或从课堂观察的角度进行更细致、更系统的观察，从而获得更科学有效的数据，为听评课提供依据，也有利于对教育教学问题进行诊断和整改。课堂观察法可分为直接观察法和间接观察法、实验观察法和自然观察法、结构观察法和系统观察法、定性观察法和定量观察法等。比较常用的课堂观察法是定量观察法和定性观察法。

定量观察法是运用一套量化的、结构化的观察量表进行记录，以数字化

的形式呈现相关结果的观察方法。这种方法简单易操作，而且其数据可以直观反映课堂状况。在学校日常教研活动中，定量观察法被广泛使用，观课者往往从教师讲授时间、学生回答问题的人次、教师设计的课堂活动、学生讨论或练习次数等方面进行记录和分析，数据真实且反馈及时，能够为教师评课提供支撑。定量观察法要求观课者在课前明确观课目的、选择观察对象、确定观察行为，在课中基于课前分配的课堂观察点进行真实记录，课后汇总观课数据并进行数据分析，以利于课堂教学的改进。

定性观察法是一种通过非数值化的方式收集、记录和分析数据的观察方法，定性观察法更加注重对教师的教学行为、教学态度、教学情感以及课堂管理等方面的深入了解。观察者往往在课堂现场对被观察者进行多方面的观察记录，并在观察后根据回忆加以必要的追溯性补充与完善，分析手段是质化的，分析方式更注重整体感知和过程体验。相较于定量观察法，定性观察法更具有主观性，其观课结果是观察者的主观感受和理解，不同的观察者对于同一节课可能会得出不同的结论；定性观察法更具有灵活性，观课者可以更灵活地调整观察方式和观察范围，以适应不同的研究目的和研究对象。定性观察法也更具深入性，观课者更注重对被观察者的深入了解，包括其行为背后的动机、情感态度、社会背景等。

因此，在具体的学本课堂检测中，我们应将定量观察法和定性观察法相结合，再辅以其他观课方式，综合多方面的观察数据形成正确的评价。

2. 问卷调查法

问卷调查法是监测课堂教学情况的常规方法之一。问卷是一种研究工具，包含一系列调查者设计的针对性问题，用于科学收集被调查者的感受、观点、态度、行为以及建议等信息。问卷可以分为开放式问卷和封闭式问卷两类，主要用于做定性和定量的分析研究。

学本课堂监测可以通过问卷调查法从教师层面、班级层面、学校层面分层推进。在教师层面，可以设计关于学生学情的课前调查，这样做有利于教师基于学情充分备课并立足学情进行教学设计；教师也可以在课后对学生的学习过程和学习效果进行反馈性调研，从而进行课后反思和二次备课，也可以设计补偿性练习弥补课堂教学的不足。班级层面的问卷调查可以设计对班级整体情况的调研，也可以设计对班级发展愿景和策略的调研，帮助班主任和科任教师及时了解班级学生的心态、动态，发现班级问题并妥善解决，形成班级发展的合力。学校层面的问卷调查可以从微观和宏观两个层面设计问卷，将封闭式问卷和开放性问卷相结合，分别从教师和学生两个方面了解课堂变革的推进情况，完善相关制度，以促进学本课堂建构，将教学改革落到实处。

在编制问卷的过程中，应充分考虑问题设计的科学性、规范性、简洁性以及问题覆盖面的完整性，充分考虑问卷调查实施的具体条件，以保证被调查者有意愿、有时间且能认真完成问卷，确保问卷调查的可行性和有效性。

3. 访谈法

访谈法区别于问卷调查法，调查的样本更小。访谈一般为个别访谈或集体访谈、电话访谈等。访谈法是一种更为深入的监测方法，它能帮助访谈者获得更多有价值的信息，调查者可以从受访者的言行、情绪、表情等外在表现进行分析和研究。访谈法既可以是面对面交流，也可以是线上交流或电话交流。由于可能出现受访者拒绝访问或者因存在陌生感等不愿表达等情况，在运用访谈法时，首先要拟定详细的谈话提纲，以明确交流方向；其次，访问者要在事前做足准备，充分了解受访者的情况，包括其生活环境等，以规避一些敏感问题，顺利完成采访任务；再次，在访谈过程中应注意捕捉细节和适时追问，对受访者的回答进行巧妙回应，以推动访问过程顺利进行。

由于访谈法更为灵活，执教教师和听课教师、教学管理人员等都可以采用此方法及时了解学生学习、教师教学等相关情况，对学本课堂教学进行持续、及时的监测。

4. 数据分析技术与工具

数据分析技术是大数据技术的重要组成部分，在数据的深度利用和价值释放中起着关键的作用。因此，数据分析也是进行学本课堂监测的重要手段。

对教学过程的记录可以生成可量化的评测数据，分析者可以挖掘数据背后丰富的学情和教情信息，使教学过程从基于经验的判断走向基于数据的科学决策，从而对各教学环节进行精确诊断，实施精准化教学。

在"互联网＋教育"不断发展的基础上，各类工具软件实现了对学生全方位、多维度、自动化的数据采集。比如，视频监控可对课堂教学进行实时、自动采集，人机交互可让教师第一时间获知学习效果，还有在线平台对学生各种学习数据的采集、大数据对学生成绩变化的追踪和个性化的分析等。在信息采集的基础上，我们可采用预测分析、建模分析、可视化分析等对数据进行分析处理。从对学习过程的数据处理可以分析学生的课堂行为、认知过程等；从对学习数据的反馈可以了解学生的学习情况并发现学习短板，及时帮助教师调整教学方式和内容；对学生个人情况的追踪有利于教师进行个性化辅导以及构建互补性小组学习团队等。

## （二）学本课堂教学监测的具体流程

要确保学本课堂监测数据的真实性和可靠性，就要从多方面入手，制订科学的监测方案，选取具有代表性的样本，强化数据收集人员的培训和管理，建立数据质量评估和反馈机制，结合多种监测手段和方法进行综合评估和分析，以便更好地改进教学方法，提高学习效率。学本课堂教学监测具体流程如下图所示。

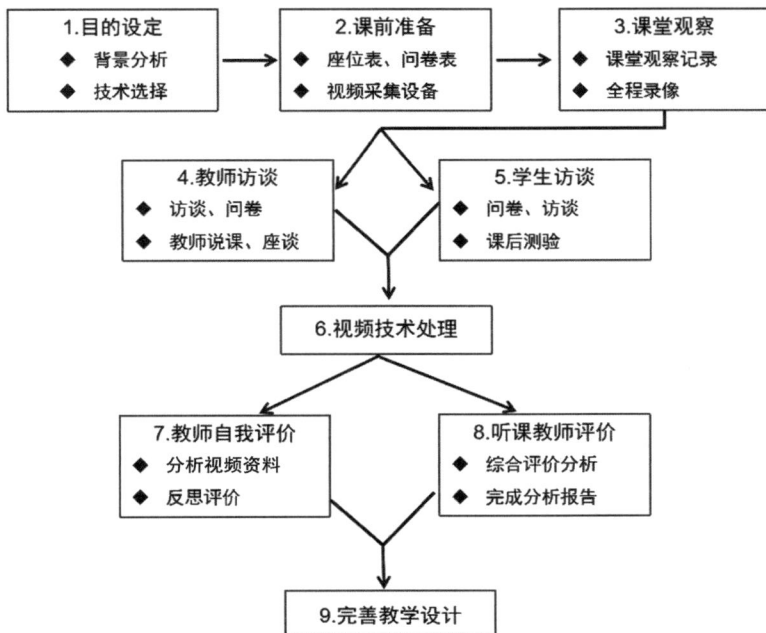

为了更好地了解学本课堂的教学效果和学生的学习情况，就必须对学本

课堂进行监测，进行全面的数据收集和分析。

1. 监测数据的收集与整理

收集数据是学本课堂监测数据分析的基础环节。在收集数据时，必须明确监测目的和指标，并选择合适的工具和方法进行数据收集。例如，可以采用观察表、量表、问卷调查、教学录像等方式收集数据。针对不同指标，可采用不同的收集方法，如下表所示。

| 指标 | 解读 | 方法 |
|------|------|------|
| 课堂参与度 | 课堂参与度是评估学本课堂教学效果的重要指标之一。通过观察和记录学生在课堂上的参与情况，可以了解学生对课堂内容的兴趣和投入程度 | 统计点名、小组讨论、课堂互动次数 |
| 学生个体表现 | 学生个体表现是评估学生学习效果的重要指标之一。通过观察和记录学生在课堂上的表现，可以了解学生对课堂内容的掌握情况和个体差异 | 提问、作业、测验 |
| 小组合作情况 | 学本课堂强调学生的合作学习，因此小组合作情况是评估学本课堂教学效果的重要指标之一。通过观察和记录学生在小组合作中的表现，可以了解学生的合作能力和协作精神 | 收集小组讨论、合作学习报告结果 |
| 课堂互动情况 | 课堂互动情况是评估学本课堂教学效果的重要指标之一。通过观察和记录学生在课堂上的互动情况，可以了解学生的交流能力和课堂氛围 | 观察、问卷调查 |
| 教师教学质量 | 教师教学质量是评估学本课堂教学效果的重要指标之一。通过观察和记录教师的教学过程和效果，可以了解教师的教学方法和效果 | 听课、评课、问卷调查 |
| 学生学习效果 | 学生学习效果是评估学本课堂教学效果的重要指标之一。通过观察和记录学生学习效果，可以了解学生对课堂内容的掌握情况和个体差异 | 作业、测验、考试 |
| 教学资源利用情况 | 教学资源利用情况是评估学本课堂教学效果的重要指标之一。通过观察和记录教师和学生利用教学资源的情况，可以了解教学资源的使用效率和效果 | 调查问卷、数据分析 |

2. 监测数据分析

数据分析是对统计后的数据进行深入挖掘和分析的过程。通过数据分析，可以得出学生学习情况、教师教学质量等方面的结论，有利于提出合理化建议，改善教学质量。在数据分析过程中，应注意以下几点：

一是聚焦观察主题。课堂观察是为诊断并解决教师课堂教学的实际问题服务的，因此观察前不仅要与上课教师协商以确定观察主题，而且要对观察主题进行任务分解，确定具体的观察指标。课堂观察数据应实事求是，不能追求标新立异，若脱离实际需要就会偏离主题，加重教师的工作负担，而且不能有针对性地解决课堂教学问题。

二是规范观察量表。确定观察主题之后，就要设计观察量表，并不断改进、规范，以保证量表的效度与信度。即使所用的是专业量表，在面对不同学科、不同教师时，也应做出相应的调整。若观察量表中的内容过泛、过繁、过度，就会影响观察效果。因此，要不断尝试、改进、规范量表，将其作为一项持续性的工作来做。

三是形成数据互证链。使用科学设计的观察量表进行观察记录，并对所记录的数据进行分析，可找出数据间的联系，发现数据是否能够相互证明。所记录的数据和观察对象的相关性越大，越能积极有效地指导教师调整教学行为；若二者没有关联或关联性不大，教师就要尝试用新的办法解决问题。

四是认清数据的局限性。有了课堂观察数据，就会更加精准地对课堂细节进行描述，但也应该看到表单式、画记式、编码式记录的课堂数据信息比较单一，不能更加真实地还原课堂实际情况，容易丢失相关信息，因此也不能盲目地只相信数据。

3. 监测结果反馈

学本课堂监测结果反馈是实现以学习为中心的教学理念的重要手段之一。及时、准确、有效地反馈，对调整教学策略、优化学习方法、激发学习动力、改善师生关系和提高教学质量等具有非常重要的意义。因此，学校应该重视学本课堂监测结果反馈的作用和价值，不断探索和完善反馈机制和方法，为学生的全面发展和提高教学质量做出更大的贡献。

通过前期的课堂观察、问卷调查和访谈，学校可以获得大量的反馈数据。在此基础上，学校应安排专人从教师、学生、学校、家长等多个层面对数据进行分析统计。

## 某学校"学本课堂教学改革"课堂监测反馈表

| 对象 | 指标 | 反馈意见 |
|---|---|---|
| 教师反馈 | 对学本课堂教学模式的接受程度 | 大多数教师对学本课堂模式持积极接受的态度。他们认为，学本课堂教学模式有利于提高学生的学习兴趣和主动性，能够更好地培养学生的创新能力和终身学习意识。此外，学本课堂教学模式能够帮助教师更好地发挥自身的教学特点和优势 |
| | 对学生学习自主性的支持程度 | 许多教师认为，学生应该在课堂学习中发挥更重要的作用，因此他们非常重视学生学习自主性的提高。通过引导学生自主学习，教师可以更好地激发学生的学习兴趣和动力，帮助他们更好地掌握知识和技能 |
| | 对课堂互动和师生合作的看法 | 大多数教师认为，课堂互动和师生合作对于提高教学效率非常重要。通过与学生的互动，教师可以更好地了解学生的学习情况和需求，以便更好地调整教学策略。同时，师生合作可以帮助学生更好地理解知识和掌握技能 |
| | 对教学评价改革的看法 | 许多教师认为，教学评价改革是非常必要的。传统的教学评价方式存在很多问题，如过分注重考试成绩、缺乏对学生实践能力的考查等。因此，新的教学评价方式应该更加全面和客观，不仅要关注学生的知识掌握情况，还要注重学生的综合素质和能力的发展 |
| 学生反馈 | 对学本课堂教学模式的适应程度 | 大部分学生对学本课堂教学模式表现出积极的适应态度。他们认为学本课堂教学模式能够更好地激发自己的学习兴趣和主动性，也有利于提高学习效率。不过，也有部分学生需要更多的时间来适应这种新的教学模式 |
| | 对学习负担和压力的感知 | 一些学生认为，学本课堂教学模式可能会增加他们的学习负担和压力。特别是在学习任务较重的情况下，这种负担和压力可能会更加明显。因此，他们建议教师在实施新教学模式的同时，也要适当调整教学任务，以减轻学习负担和压力 |
| | 对课堂互动和师生合作的体验 | 大多数学生认为，新的课堂互动和师生合作模式能够更好地促进学习效率的提升。通过与教师和同学的互动，他们可以更好地理解知识和掌握技能。同时，这种教学模式可以帮助他们提高团队合作能力和沟通能力 |

学校应及时将监测结果反馈给相关人员，以便进行后期优化和改进。监测结果的反馈主要通过两个方式：一是将可以用数据呈现的监测结果汇总打包，反馈给被监测的授课教师。数据包中的资料应包括被监测课堂的视频、被监测课堂三个维度的具体数据分析结果解释和说明以及改进建议。二是寻找恰当的时机与授课教师交流，当面肯定优点，指出不足。教师可以通过研

读反馈信息，强化自己的优点，形成个人教学风格；同时可以了解自己的教学情况和不足之处，及时调整教学策略和方法。

# 第四节　完善学本课堂评价体系

教学评价是依据教学目标对教学过程及结果进行价值判断并为教学决策提供服务的活动，是对教学活动现实的或潜在的价值做出判断的过程，是对教师的教和学生的学的价值进行研究的过程。教学评价一般包括对教师、学生、教学内容、教学方法（手段）、教学环境、教学管理诸因素的评价。其中，对教师教学工作的评价和对学生学习效果的评价是主要内容，包括两个核心环节：一是对教师教学工作（如教学设计、组织、实施等）的评价和评估（课堂、课外）；二是对学生学习效果的评价。

建立学本课堂评价体系，旨在以更系统和科学的方式评价教师的教和学生的学，以评价倒逼教师教学行为的转变和课堂的转型，以课堂变革促进学校变革育人方式，提高教育质量，提升办学水平。

## 一、课堂教学评价现状分析

课堂教学评价作为学校教育评价的重要组成部分和教学管理的必要环节，对促进学生的学习、提升教师的教学能力以及提高学校教育质量发挥着重要作用。然而，课堂教学评价是一项复杂的系统工程，具有鲜明的整体性、动态性和协同性等特征。为了充分发挥学本课堂教学评价在教育教学中的重要作用，学校必须反思和纠正当下课堂评价面临的困境和问题，形成相对完善的学本课堂评价体系，推动课堂变革深入发展。

### （一）课堂教学评价方式比较单一

课堂教学评价作为一种对课堂教学进行价值判断的教学活动，其特性体现在根据评价标准来判断、发现和提升课堂教学的价值上。当前的课堂教学评价方式主要包括标准化考试、课堂观察与调查、量表评价等。这些评价方式简单，评价方法单一，重他评轻自评，重量化评价轻质性评价，重结果性评价轻过程性评价。过于简单的课堂教学评价方式，往往导致教师在课堂教学中更注重学生的学习成绩，而忽视了对学生素养的培育。如在课堂教学中，教师往往喜欢使用讲授法、题海战术等代替实践探究、小组讨论等活动，究其原因，前者有利于学生掌握基础知识，能在短期内较为显著地提高学生的应试成绩，但从长远来看，并不利于发展学生的综合素养。可见，相对单一的评价方式难以实现以课堂教学评价引领课堂变革方向的目标，也难以推进课堂教学向"立足学情、遵循规律、以学为本、注重过程、培育素养"方向发展。

在传统的教育体系中，教学评价存在重知识、轻能力，重结果、轻过程，重甄别、轻激励的问题。课堂教学评价往往以学校的升学率和学生的考试成绩为主要依据，注重对学生知识掌握程度的甄别，忽视对学生解决实际问题能力、创新能力、心理素质与科学品质等综合素质的评定，忽视各个时期学生的进步状况，实施过程封闭、静态、缺乏灵活性与动态性。这种评价方式容易导致师生沉陷于应试教育的泥沼，过分关注考试成绩，而忽视学生全面发展。这种评价方式还容易打击学生的自信心和学习积极性，使得部分学生在学习中陷入恶性循环，难以发挥自身潜力；部分教师因循守旧，不愿尝试新的教学方式方法，导致课堂沉闷，学生参与度低。

（二）课堂教学评价主体存在分化现象

当前的课堂教学评价主体主要有学生、同行教师、学校及相关教育行政部门领导等。从当前课堂教学评价的多数实践来看，各个评价主体之间是相对孤立或相对独立的，很多学校尚未形成系统的课堂教学评价机制。

首先，学生评价明显不足。学生是课堂教学的主体，学生对课堂的感受最直接、最真切，也最有发言权。但在实际的课堂教学评价中，学生往往缺席。我们较少能看到在一堂课结束后，授课教师或专家对学生进行调研，请学生进行评价。即便组织学生参与课堂教学评价，也往往更侧重于对教师师德或教师教学素养等方面的评价。

其次，自我评价经常缺位。能坚持进行教学反思评价的老师并不多，能深刻评价反思学生学习过程及效果的教师更少。尤其在公开课、展示课活动中，教师更喜欢将课堂交给同行或教育管理者去评说。教师自我评价的缺位，一方面会影响课堂教学评价结果的客观公正性，另一方面则会影响被评教师作为主体角色对自己的认同，抑制教师自我提升和自主发展动力。

第三，专业评价标准不一。与其他评价方式相比，同行教师或专家对教师课堂教学的评价更具专业性、平等性和指导性。但是，同行教师往往在评课前尚未形成相对科学且统一的评课标准，这就容易导致不同教师因个人好恶或专业素养水平差异等形成对同一课堂的不同评价，甚至出现一边倒的"过分吹捧"或"无关痛痒"等状况。专业评价标准不统一，也可能导致同行教师评价时，囿于成绩排名、绩效考核等很少触碰课堂教学中的实质问题，难以真正促进教师教学方式的改进和完善。

第四，领导评价往往失范。学校行政领导或教育系统行政领导是课堂教学评价的主体，发挥着主导作用。但领导评课的最大问题在于，受学科知识的制约，其难以对非自身专业的学科教师进行专业的评价，甚至会出现课堂教学评价失范的问题。加之，行政领导往往公务繁忙，无法做到对教师课堂教学的全程、深度参与，也会导致课堂评价失范。

## （三）课堂教学评价标准相对僵化

课堂教学评价标准是判断课堂教学价值的标尺和准绳，在课堂教学评价活动中处于核心地位，决定着评价的成败。因此，制定科学、适切的评价标准是学校开展课堂教学评价的关键。然而，大多数学校尚未形成科学、动态的评价标准，课堂评价标准相对僵化。第一，盲从他人。比如上级行政部门制定课堂评价标准后，学校作为下属单位照搬照抄。教育行政部门确实有专人、专家对课堂教学评价标准进行制定和审核，但每所学校课堂变革和课堂建构的理念、方式、策略等是有差异的，全盘照搬不利于学校课堂教学的改革。第二，整齐划一。以赛代培是很多学校促进教师专业发展的重要手段，为了强化课堂教学评价对学科教学的鉴别功能，多数学校均使用同一个课堂教学评价标准。统一标准方便了教师对多学科不同课堂的统一量化，容易在赛课活动中评出等级，但是统一的标准可能带来不同学科课堂教学的雷同，失去了基于学科和学生差异建构多样化的优质课的赛课初衷。优质课的"优"

一定要建立在服务学生、立足学科的前提下，而统一的、僵化的课堂教学评价标准不利于课堂教学的创新。

### （四）课堂教学评价机制比较松散

从系统思维视角来分析当前学校课堂教学评价机制的运行情况，其主要问题是系统协同匮乏，课堂教学评价机制松散，难以形成合力，影响课堂教学评价效果。就目前多数学校而言，课堂教学评价培训机制、反馈机制和评价追踪机制尚不健全，严重影响着课堂教学评价的有序开展和效能的更好发挥。课堂教学评价培训机制不健全，无法培养出一支专业化的课堂教学评价队伍，可能导致课堂教学评价的专业性和引领性不足。课堂教学评价反馈机制不完善，可能影响教学反馈的时效性和针对性，进而影响教师的课堂诊断和整改。课堂教学评价追踪机制不完备，往往使学校无法以行政管理助力教师对课堂教学进行主动变革。由此可见，只有建立系统完善的课堂教学评价机制，才能促进课堂变革的不断优化和持续发展。

学校在课堂教学变革过程中，一定要不断优化课堂教学评价体系，要对各评价要素进行系统性的建构，着力形成一套系统完备、成熟规范、运行高效的课堂教学评价体系。

## 二、建立学本课堂评价体系的意义

教学是一种有目的、有计划的活动，教学评价可以促进教学目标的实现。持续、完善的教学评价，有利于教学活动向着教学目标迈进，而不是走上歧途。依据学本课堂教学目标构建学本课堂教学评价体系，能从工作态度、工作能力、学术水平和工作效果四大方面对教师进行科学有效的评价，能从学习态度、学习行为、思维能力、学习结果等方面对学生进行评价。评价体系中反映的现象、事物是具体的、明确的，是可操作的。它既可使评价者易于观察比较，又可为改进教学提供看得见、摸得着的标准，对促进学生的学习和发展，提高教师的教学质量，推动学校教育改革等都具有重要的价值与意义。

（一）增强学习动力，提高课堂参与度

在学本课堂教学中，学校应将学生作为评价主体，鼓励学生参与到评价过程中来，提高学生的学习主体意识，让学生更加明确自己的学习目标和要求，从而更加积极地参与课堂教学。此外，在课堂教学中，教师应为学生提供及时、有效、激励性的评价反馈，让学生及时了解自己的学习状况，帮助学生发现自己的潜力，明确自己的优点和不足，进而调整学习策略，养成良好的学习习惯。学生回答完问题或完成学习任务时，能得到及时而有效的肯定和表扬，就会产生极大的满足感和认同感，进而激发学习热情和动力，更加积极地参与课堂活动，形成良性循环。

（二）优化学习方法，提升学习能力

学本课堂教学评价不仅关注学生的知识水平、能力素质和情感态度等，还重视学生学习方法的优化和学习能力的提升。学本课堂教学评价有利于学生对学习过程进行自我监控、自我反思，进而提升自主学习能力，得到长远发展。

首先，学本课堂教学评价有利于学生实现自我认知和自我发展。通过学本课堂教学评价对学生的学习成果和表现进行反馈，可以帮助学生更好地了解自己的学习状况和特点，明确自己的优势和不足，从而更好地认识自己，明确自己的发展方向，改进自己的学习策略和方法，有针对性地进行学习。也可以帮助学生发现自己的潜力和优势，为未来的学习和发展打下坚实的基础。

其次，学本课堂教学评价有利于引导学生进行自我评价和反思，及时发现并积极改进不足之处，提高学生的自我监控能力和自主学习能力，培养学生的自主学习意识和自主学习能力，为终身学习打下坚实的基础。这里的"自主"并非指学生在课堂上我行我素、不听老师讲课，而是指学习目标明确，认真听课，主动识别教学目的与内容，充分调动主观能动性。此外，学本课堂教学评价通常包括学生之间的互评和自评，这有助于培养学生的合作精神和沟通能力。

最后，学本课堂教学评价关注学生的个性差异和特长爱好，注重实现个性化学习。针对不同的学生制定不同的评价标准和方法，有助于学生在学习过程中形成自己的学习方法，充分发挥自己的优势和潜力，实现个性化发展。

（三）优化教学方式，提高教学质量

通过学本课堂教学评价，教师可以了解自己在教学内容结构、教材处理、教授方法、教学语言和教学技能等方面的反馈情况，了解学生的理解程度、学习习惯、学习需求等，从而有针对性地调整教学策略，改进自己的教学工作，给学生提供更有教学意义的指导。

（四）提升教学技能，促进教师成长

学本课堂教学评价不仅关注学生的学习效果，而且注重教师的专业发展。

通过教学评价反馈的信息，教师可以进一步明确教学目标，了解教学目标的实现程度和教学活动中所采取的方式与方法是否有利于促进教学目标的实现，反思、优化教学方式、方法，不断提高自己的教学水平。此外，教师可以根据领导、同行、学生的评价，认识自己、了解自己，知道哪些是自己的强项，哪些是自己的弱项，以便进行自我调节，加强自我修养。通过参与学本课堂教学评价，教师还可以与其他教师进行交流和分享，学习其他教师的优秀经验和教学方法，不断完善自身的专业素养，提高教育教学水平。

（五）完善教学管理，推进课堂变革

学本课堂教学评价还具有决策和鉴定功能，是学校管理工作的重要组成部分。首先，学校可以通过教学评价了解教师的教学能力、不同教师的长处和短处等，以便对教师进行全面考察鉴别，为教师的进修、培养和选拔使用提供比较真实客观的依据。其次，学校可以及时了解教师的教学情况和学生的学习情况，从而制订更加科学、合理的课堂计划和管理策略。此外，正确、公平、合理的课堂教学评价，可以实事求是地肯定教师的优点和成绩，找出缺陷与不足，促使教师明确今后努力的方向，从而调动教师努力钻研业务、扩大知识面、加强思想修养、做好教学工作的热情和积极性。

**三、学本课堂教学评价体系的流程**

系统思维是原则性与灵活性有机结合的基本思维方式。只有学会系统思维，才能抓住整体、抓住要害，才能不失原则地采取灵活有效的方法处置事务。系统思维作为处理复杂问题的思维方式，不仅为破解课堂教学评价困境提供了新视角，也为解决课堂教学评价的现实问题提供了优化路径。

在系统思维的指引下，建构、完善学本课堂教学评价体系，主要有以下五个环节：一是确定评价指标体系的对象、主题和原则；二是确立各层次大概的指标，构建初步的指标体系；三是对指标进行修正和优化；四是计算评价指标的权重；五是确定评价指标体系的标准。

（一）明确评价对象

1. 对学习者的评价

在学本课堂教学中，学生和教师均为学习主体。对于学生的评价主要体现在其是否主动学习，以合作学习、探究学习的方式参与教学，并在此过程中获得知识和技能，培养认知和元认知策略，获得发展上。具体地说，评价内容包括学习表现、品德发展、综合能力、学科能力等，这些内容能够直接反映学生对教学的感受和认可程度，对于教师了解学生的学习需求，进行教学工作调整和改进具有重要意义。

在学本课堂教学中，对于教师的评价除了教学水平、教学方法、教学态度和教学效果等几个方面，还特别注重评价教师对学生学习的指导和帮助，包括师生交互程度、作业答疑情况、学习材料的提供等。

2. 对教学内容的评价

学本课堂教学内容是指能够为学习者学习提供服务的所有资源。对教学内容的评价，旨在了解学生对课程的接受程度，判断课程对学生学习的影响，进一步优化课程设计。通过对教学内容的评价，可以全面了解教学的实际效果和存在的问题，为改进教学方式、提高教学质量提供指导和支持。

（二）统整评价主体

构建学本课堂评价体系对教学工作有着至关重要的作用，它既能对学生的学习情况进行全面、客观的反馈，又能帮助教师改进教学方法和策略，促进课堂教学转型和育人方式变革。因此，学本课堂教学评价应从评价的核心目标出发，统整评价主体，充分发挥学生评价、教师自我评价、同行评价和领导评价等各评价主体的作用。

### 1. 注重学生评价

学生是学本课堂教学主体之一，也是课堂教学主要的服务对象，因此学生对课堂教学的评价至关重要。学生对课堂教学的评价不仅可以反映学生在课堂教学中的知识掌握和素养培育状况，更能反映教师在课堂教学中有没有从"教本"向"学本"转移，学生的知识获取和素养提升是否在参与课堂教学实践中主动获得。注重学生评价，不仅关注学生对课堂教学的感受与体验，更关注学生获取知识和培养能力的情况，关注学生的发展。

### 2. 关注自我评价

教师对课堂教学的自我评价是教师对自己的教学设计、课堂组织、教学形式、学生学习效果等进行的分析和判断，具有审视、反思、诊断、改进等功能，对教师改善课堂行为和专业发展具有至关重要的作用。教师自我评价的过程就是教师不断寻求教学精进的过程，因此，一定要重视教师自评，引导教师自我发展和主动成长。

### 3. 强化同行评价

同行互助是教师群体开展教学研讨的主要方式之一，同行互助也是易于操作和推广的教学评价方式。做好同行评价，可以实现授课者和评课者的双赢，既能激励授课者改善或改进教学行动、思路和方法，又能为评课者提供课堂教学的经验、教训、思考等。伴随新课程改革的推进，同行评价除重视"评"之外，还侧重"议"，教学研究的意味更浓。它重在探讨教学改进的可能性，以教师间的交流、研讨与合作促进课堂教学方式改进和教师专业发展。在构建学本课堂教学评价体系时，一定要提高同行教师所占的量化权重，真正发挥同行评价的专业优势，促使评价结果更加客观、公正、合理。

### 4. 完善领导评价

学校管理者往往在课堂教学评价中占据主导地位，既参与课堂教学评价标准的制定，又在课堂教学评价中有较大的权威性。学校领导的评价有可能主导同行教师、授课教师对课堂教学评价的方向，影响对教师课堂教学的专业评价。因此，学校管理者一定要虚心求教，不断学习，提升个人进行课堂教学评价的专业性，同时，学校管理者在课堂教学评价中要弱化甚至屏蔽自己的权威性，积极营造宽松、民主、公正的评价氛围，通过与教师间的公开、平等交流实现课堂教学评价的客观性。

## （三）课堂教学评价原则

### 1. 客观性原则

客观性原则是指课堂教学评价应该符合客观实际，从测量标准和方法到评价者持有的态度，以及最终的评价结果都不能主观臆断或加入个人情感。构建学本课堂教学评价指标体系，应保持不同属性指标之间的平衡，不能出现偏重或弱化的现象。并且，每个属性指标都应当真实、客观地反映事物的本质。

### 2. 整体性原则

整体性原则是指在进行学本课堂教学评价时，要对组成教学活动的各方面做多角度、全方位的评价，而不能以点代面，一概而论。由于教学系统的复杂性和教学任务的多样化，教学质量往往从不同的侧面反映出来，表现为一个由多因素组成的综合体。因此，为了反映真实的教学效果，必须把定性评价和定量评价结合起来，使其相互参照，以求全面准确地判断评价客体，但要把握主次，区分轻重，重视决定教学质量的主导因素。

### 3. 指导性原则

指导性原则强调，教学评价应着眼于学生的学习进步和动态发展，着眼于教师的教学改进和能力提高，以调动师生的教学积极性，提高教学质量。具体而言，在教学评价过程中，要将评价和指导相结合，分析评价结果时，要从不同的角度找出因果关系，并通过提供及时的、具体的、启发性的信息反馈，帮助师生明确改进方向。

### 4. 科学性原则

科学性原则是指教学评价不应当依靠经验和直觉进行主观判断，而要从教与学相统一的角度出发，以教学目标体系为依据，确定合理的统一的评价标准，认真编制、预试、修订评价工具。在此基础上，使用先进的测量手段和统计方法，依据科学的评价程序和方法，对获得的各种数据进行严格的处理。

课堂评价标准的科学性直接影响着评价的有效性和指导性，一方面，学校要组织教学管理者、专家教师、骨干教师等经常开展学本课堂教学评价的学习和研究工作，另一方面，学校要对现有的课堂教学评价标准进行分析、修改和补充、完善，确保课堂教学评价标准的系统性和科学性。

### （四）优化评价标准

学本课堂强调尊重学生的主体地位，以学生为主体，以学习为本位。学本课堂的核心价值就在于实现课堂改革的愿景，促使学生学会学习、适应生活、热爱生活、创造生活，得到良好的发展。学本课堂是理想教育的追求，也是国家育人方式变革的典范，学本课堂教学体系应该体现哪些理念、设计哪些流程、选择哪些教学方法、使用哪些评价手段呢？到底什么样的课堂才是学本课堂该有的样态？这已成为教师最关注的话题。因此，优化学本课堂教学评价标准是指导教师建构学本课堂体系的要点之一。

课堂教学评价具有动态性，它随着课堂教学改革的进程不断发展变化。因此，学本课堂教学评价标准也是动态发展的，它会根据课堂教学变革的需要、学科特点的不同以及课型的不同等进行调整，以增强其科学性和针对性。

1. 基于学本课堂建构要求优化课堂教学评价标准

关于优质课的评价标准，可以是常规性或宏观要求，也可以是基于学校实际情况和要求提出的具体标准。比如，我们可以从以下十个方面对教师课堂教学工作进行评价（见下表）。

**课堂教学评价量表**

| 序号 | 评价标准 | 得分 |
|---|---|---|
| 1 | 仪表端庄，教态亲切、自然（10分） | |
| 2 | 温故到位，导入新课自然、有趣（5分） | |
| 3 | 语言流利，表达顺畅，富有逻辑性，普通话标准并富有情感（语言语调标准）（10分） | |
| 4 | 重点、难点讲练突出、适当，并符合知识建构理论（20分） | |
| 5 | 多媒体辅助教学手段使用得当（10分） | |
| 6 | 在教学方法上基本践行学为主体、教为主导、启发诱导、学思结合的当代教育新理念（15分） | |

| 序号 | 评价标准 | 得分 |
|---|---|---|
| 7 | 课堂气氛活跃，师生活动充分，"收""放"恰当，实现了有效性和可控性的统一（10分） | |
| 8 | 课堂评价新视野的"六种状态"良好（10分） | |
| 9 | 板书工整，书写速度快，板书内容的主、副区布局合理（5分） | |
| 10 | 时间分布合理（5分） | |
| 总分 | | |

这一课堂评价量表为教师课堂教学提出了要求、制定了规则，但是该量表的局限性在于这是一个"放之四海而皆准"的评价量表，无论是哪种课堂教学模式都可以将其作为评价标准，因此它对课堂变革的指导性明显不足。课堂评价标准的科学性直接影响着评价的有效性和指导性，制定和优化学本课堂评价标准对推进课堂变革尤为必要。下表（《学本课堂教学质量观察与评价表》）就客观地提出了学本课堂教学评价的具体要求。

**学本课堂教学质量观察与评价表**

| 维度 | 序号 | 评价细则 |
|---|---|---|
| 学生样态 | 1 | 学生能充分理解课堂核心知识及其与现实生活的关联，课堂状态积极、饱满，学习意愿强烈 |
| | 2 | 学生能适时运用不同学习策略进行有效学习，主动实践，综合运用恰当的策略解决学习中遇到的问题 |
| | 3 | 目标精准，师生和生生互动真实有效，教学环节的开展和过程性反馈始终围绕教学目标有序展开，显性化体现思维培养 |
| | 4 | 点状知识向结构化知识转化，充分体现单元整体设计教学理念，并能充分体现对不同学习能力的学生的观照 |
| | 5 | 知识结构向思维结构转化，围绕主问题设计问题链，实现主题意义和价值引领，体现思维含量，建立思维训练进阶路径（识记—分析—创造—应用；非本质问题—本质问题） |
| | 6 | 知识与思维结构向解决情境性问题转化；课堂情境创设自然、充分、真实，贴近学生实际，引导学生用所学知识解决真实情境中的问题 |
| | 7 | 课堂教学各环节衔接自然，教师语言素养优秀，板书具有生成性和逻辑性 |

| 维度 | 序号 | 评价细则 |
|---|---|---|
| 成效反馈 | 8 | 目标达成度高，学生能顺利完成目标反馈中的各项任务，体现了教、学、评的一致性 |
| | 9 | 学生能利用所学知识分析和解决真实情境中的问题，答案由静态向动态生成转化 |
| | 10 | 学生能通过口笔有效表达学科核心素养某一方面或某几方面的提升 |

2. 基于学科教学的要求完善课堂教学评价标准

建构学本课堂教学体系旨在形成学为中心、灵动有趣的多元化课堂样态，如果学校不能基于学科特点把握好课堂教学评价的共性与个性之间的关系，实现课堂评价标准的统一和谐发展，势必造成课堂教学评价形式单一，进而抹杀因学科、学生等的不同创设个性化课堂的可能。实施教学评价的目的是助力课堂变革，丰富课堂样态，但评价标准的千人一面势必造成课堂教学体系建构的过分模式化，反而造成了课堂的死板和单一。

因此，学校应基于学科课程标准以及学科教学的特点、生源水平等调整和完善课堂教学评价标准，在共性标准的基础上，针对具体学科、课型等适当增加差异性的评价标准，使课堂教学评价更加完整和科学。下表是某学校理、化、生学科实验教学技能大赛的评价量表。

**实验教学技能大赛评价量表**

| 评价指标 | 评分细则 | 得分 |
|---|---|---|
| 实验设计目的 | 1. 准确、简练地表述本实验设计的目的、亮点，清晰地讲解实验目标 | |
| | 2. 实验设计的内容能真正达到本实验设计的目标 | |
| 实验教学实施 | 1. 突出对学生思维方法、科学方法和动手操作能力的培养 | |
| | 2. 教给学生实验设计的方法，注重培养学生的实验设计能力 | |
| | 3. 能及时发现和利用学生学习过程中有价值的"问题点"，并能运用鼓励、表扬、启发、追问等方式增强课堂教学影响力 | |
| | 4. 教具、器械性能与安全准备充分，示范准确，操作熟练 | |

| 评价指标 | 评分细则 | 得分 |
|---|---|---|
| 实验指导 | 1. 能积极通过示范、提问、讨论等方式使学生明确实验目的 | |
| | 2. 技能训练强度适当、方法得当 | |
| | 3. 巡回指导积极、准确、及时，组织能力强 | |
| | 4. 实验现场秩序好，能处理好各种问题 | |
| 学生实验技能 | 1. 积极提问，独立完成 | |
| | 2. 操作规范，数据精准 | |
| | 3. 实验结束后能整理好实验场所，保持仪器设备完好 | |
| | 4. 有创新思路 | |
| 实验成效 | 1. 学生在学习中有积极的情感体验，表现为好学、乐学、会学 | |
| | 2. 学生能基本掌握课程标准所要求的知识和技能 | |
| | 3. 学生认真参与课堂教学评价活动，积极思维，敢于表达和质疑 | |

3. 基于课程改革要求调整课堂教学评价标准

2014 年，教育部颁布了《关于全面深化课程改革落实立德树人根本任务的意见》（以下简称《意见》），对课程改革进行了顶层设计，提出了"研究制定学生发展核心素养体系和学业质量标准"的要求，指明了以学生"核心素养"为目标的课程改革方向。学本课堂教学评价标准必须立足国家课程改革对学生学业水平发展的要求，建构以素养发展为导向的评价体系，使评价标准与课改要求相统一，以课堂变革促进课程改革。具体来说，学本课堂教学评价标准应该包括学生参与课堂讨论、提问、互动等方面的指标，以及学生在课堂上表现出来的自主学习、创新思维和实践能力等方面的指标；包括学生的知识应用能力、问题解决能力、团队协作能力、实践能力和实验操作等方面的指标；包括教师的课程设计新颖性、教学资源丰富度、信息技术应用等方面的指标。

（五）完善评价机制

学本课堂教学评价作为一项需要多主体参与、多要素配合、多阶段联动的系统工程，应在《意见》的指导下，通过价值目标协同、评价方法协同、内部机制协同、外部环境协同来保障其有效实施，实现学校课堂教学评价质效的全面提升。

1. 形成共同的价值判断

价值判断即关于价值的判断，是指某一特定的主体对特定的客体有无价值、有什么价值、有多大价值的判断。更直白地说，就是人们对事物是否满足主体需要或符合主体认知做出的判断。课堂教学评价就是对课堂教学进行价值判断的活动，因此，在开展课堂教学评价前，评价主体和客体双方必须在课堂教学评价的理念、标准等方面达成一致，否则课堂教学评价就失去了其价值意义。

只有主客体双方对课堂教学评价形成了共同的价值判断，才能实现二者在课堂教学上的同向而行，课堂教学评价才能真正发挥助力课堂变革和教师发展的关键作用。为此，学校可以从以下几个方面着手：鼓励教师参与课堂教学评价标准的制定和完善工作，通过交流和研讨增强教师对课堂教学评价标准的价值认同；务必做好课堂教学评价标准的培训学习和推广工作，从而形成对学本课堂教学评价标准的价值认同；强化学本课堂理论的学习，有利于教师真正理解学本课堂的精髓，用"以学习为中心"的理念开展课堂教学评价。

2. 科学选择评价方法

传统的课堂教学评价消解了课堂教学评价的整体性、复杂性、人文性和发展性，严重影响着课堂教学评价的效果。科学的评价方法应当体现在以下几个方面。

他评与自评相结合。教师是课堂教学的设计者和组织者，教师在课堂教学中的观察、体验等能更真切地反映课堂教学的有效性，因此，授课教师应当在课堂教学评价中发挥主体作用。授课教师的自我评价既可以使其处于一种主动积极的参与状态，也促使教师角色发生相应改变，即教师从教学设计者转型为教学研究者，从课堂主导者转变为课堂教学的学习者、反思者。教师角色定位的转变实现了教师自身"教学与评价"的一体化，实现了教师的自我教育与成长。在重视教师自我评价的同时，辅之以同行评议、专家评价、领导评价、学生评价等，从不同层面和不同维度关注教师学本课堂教学工作以及学生学力培养的相关状况，给予教师以全面客观的评价，帮助教师总结经验、提炼方法、发现问题、积极整改。

定性评价和定量评价相结合。定性评价和定量评价是课堂评价研究领域常用的两种评价方法。定性评价主要是通过观察和描述，对事物进行质性评价，强调对现象、行为、过程等的细致观察和深入理解，主要通过描述性语言对人或事进行评价。定量评价则是基于统计数字的分析和量化，从数量上衡量和评估事物的特征和效果。学本课堂评价强调将二者相结合，以满足不同对象对评价的要求，更全面反馈课堂教学状况。利用定量评价，可对课堂教学进行量化和统计，通过客观准确的数据反馈教师建构课堂教学体系的水平；利用定性评价，在对教师课堂教学深入观察和了解后提供更有深度的描述性评价，能更直观地反馈课堂教学效果。

注重过程性评价。这里所谓的过程性评价不是指教师在教学过程中对学生学习情况的评价，而是指对教师课堂教学过程各要素的评价。学本课堂的过程性评价关注课堂教学过程中学生是否为学习主体，学生是否获得了学习方法和能力，教师设计的学习活动是否真实有效，因此，关注学生怎么学的问题成为学本课堂过程性评价的核心要素。

3. 完善评价反馈路径

以人为本的课堂教学评价把评价过程作为教师发现、分析、研究、解决问题的过程，其目的是促进课堂变革，促进教师整体素质的提高，促进每一位教师成长。因此，评价反馈是课堂教学评价的关键环节。

课堂教学评价首先强调评价反馈的及时性，课堂评价的特殊性在于它具有针对性，即使是同一教师在不同的课堂或课型都可能有不同的课堂评价，只有及时反馈评价意见才有利于教师及时整改。

要充分发挥课堂评价的发展性功能，就要完善评价反馈路径。只有真诚、客观地反馈评价信息，才能确保课堂教学评价的效果。具体而言，应该注意以下几点：建立双向交流反馈机制，营造民主宽松的互动交流环境；加强评价反馈的管理，改进反馈方式，综合运用书面评价量表与评价报告反馈、研讨会交流、个别交流等多样化反馈方式；搭建线下线上相结合的便捷评价反馈平台，倡导基于实际的课堂教学评价反馈，全面提高评价反馈的质量。

课堂教学评价是指引师生共同建构有利于教学实践的学习场的外部动力，

但课堂评价也是一把双刃剑。评价得当，就能够激发和鼓励教师的工作热情，反之，则容易伤害教师的工作积极性。因此，无论是什么样的评价，都必须做到客观和公正，为教师营造一个宽松、多元、尊重差异的评价环境，激发教师的工作热情，助力学校课堂变革有序推进。

## 第五节　完善学本课堂校本研修

"校本研修"，顾名思义，它是一种以学校为本位、以教师为主体的研修方式。它以解决实际问题为主要目标，关注教师在教育教学实践中遇到的问题，并以此为载体，努力完善教师的观念和行为，提升学校的教育教学质量。它以学校教育、教师工作中存在的实际问题为切入点，着眼于教学目标和学校、教师的发展规划，以满足教师的专业发展需求为根本目的。在推进学本课堂教学改革的过程中，学校应充分借助和发挥自身资源优势，积极反思教育教学中存在的问题，主动设计与策划安排一系列分阶段、有层次的研修活动。

### 一、学本课堂校本研修的意义

教师是学校可持续发展的关键因素，提升教师专业素养是实现教师职业发展的核心。开展学本课堂校本研修，有利于促进教师专业成长。首先，在校本研修活动中，教师对教育本质进行再认识、再理解，能促使教师转变教育理念，形成并强化"以学习为中心，以学生成长为本"的教育理念。其次，在校本研修活动中，教师以研究者的身份和心态置身其中，以研究者的视角审视和分析教学中的各种问题，有利于不断发现问题、思考问题、解决问题，进而不断增长知识，增长思考力和感悟力。此外，校本研修活动成果能指导教师开展教育教学工作，提高教师的道德修养和学识修养，进而改进教学质量。因此，教师应积极主动地做好教学经验的收集、整理和提炼工作，将个体经验转化为群体的经验法宝，从而在整体上提高教师群体的教学和研修水平。

依据国家对育人方式变革的要求和学本课堂建构的需要，学校应遵循"研训一体"的发展思路，将教学、教研、科研、培训等工作全面整合，务本求实，围绕教师专业发展和课堂教学转型扎实开展校本研修工作。学校制订详尽的校本研修实施方案，努力建构目标明确、全员参与、管理规范、运行有序的学本课堂校本研修工作新机制，有利于提升教师的研究意识和研修水平，打造一支高素质的教师队伍，改善课堂生态，促使学校高品质发展。

## 二、当前校本研修中存在的主要问题

"千培万培，重在校培。"校本研修处于教师培训体系的神经末梢，是教师培训落地生根的关键环节。高质量的校本研修是解决教师培训问题的"最后一公里"，是新时代高素质专业化创新型教师队伍建设的基本路径。目前，各学校在校本研修方面存在认识不一、对教师主体关注不足、目标性和系统性不强、路径和方法不明等问题，导致研修浅表化、效果低下和教师认同度低、参与积极性不高，影响了学校的高质量发展。

### （一）对教师主体关注不足

当前的校本研修实践，存在着教师主体的内在需求和学校实际存在差距等问题，学校对教师主体关注不足，导致校本研修的主体角色模糊，影响了教师对校本研修的认同度和参与积极性。

由于教师的教学风格、学科性质和工作经验存在差异，加之其教学对象和教学内容不断变换，他们在教学过程中遇到的问题千差万别，面临的挑战也不尽相同。如老教师和青年教师在教学方法和资源利用上存在一定差异：有的教师更需要教学理论的引领，有的教师则需要实践经验的传授。针对教师的需求差异和学本课堂教学改革现状，学校应精心设计并积极组织开展具有系统性、针对性、发展性的系列学本课堂校本研修活动，尽可能适应大多数教师的需求。而在现实中，由于受到领导认知、学校资金、专家资源、时间、评价指标等多方面因素的限制，一些学校的校本研修活动存在行政化、形式化等问题，往往过度偏重通识性培训，缺乏针对性，研修主题碎片化，研修活动缺乏系统性和发展性。诸多问题使得教师对研修的关注度和参与度不足，难以将校本研修的成果应用于具体学科或个性化的教学场景中，进而影响了校本研修的实际效果。

（二）目标性和系统性不强

部分学校忽视对校本研修的整体性设计和系统性实施，导致研修活动本身的目标性和系统性不强。

目标性不强表现为一些学校缺乏问题意识，研究处于浅表化状态。目标性不强的校本研修表现为"走流程"——上课、听课、评价，虽然开展了许多研修活动，但由于目标性不强，研修效果不佳。对于部分教师而言，研修活动成为完成学校教研任务而不得已为之的过程，成为教师教学工作之外的负担。系统性不强，主要表现为教学、教研、培训等环节相互脱节、联动不足，教研和培训与日常教学脱节，教学中存在的问题没有提炼为教研问题，教研缺乏学术性。

此外，校本培训缺乏连续性，教研组缺乏对校本研修的系统安排，教研活动间缺乏连续性和逻辑性，也导致校本研修效果大打折扣。校本研究缺乏目标性和系统性，必然导致校本研修出现教学研究浅表散乱、研究环节脱节、研究方向紊乱等问题，甚至会引起教师的职业倦怠感。

（三）路径和方法不够明晰

部分学校没有围绕问题解决建构一体化的研修任务、研修方式、评价标准等，导致研修活动的路径和方法不够明晰。大量的研修活动往往是单一化、重复性的活动，未能建构解决问题的研修内容、方法、策略、资源、工具体系，既没有针对教师的教学真问题展开，也没有真正解决实际问题，出现了研修任务多、研究策略少、操作路径虚等"形式大于内容"的问题。

校本研修本应是一个持续改进的过程，应根据评估和反馈结果系统化地调整研修计划，优化研修内容。然而，许多学校没有充分收集、分析和整合评估和反馈数据，未将其转化为实际改进措施。缺乏有效的数据收集和分析机制使一些学校难以深入了解研修计划的实际效果和教师需求，无法有针对性地优化研修内容和形式，从而制约着研修计划的实效性，使得学校研修主题和内容存在较大的盲目性，可能在不必要的培训内容上浪费时间和资源，从而影响整体教育效果。而缺乏研修计划效果的监控、反馈和改进机制可能使教师失去研修的动力，降低参与校本研修的积极性和投入度，形成一个恶性循环。

（四）资源匮乏和支持不足

缺乏足够的经费、人力资源或技术支持将影响校本研修质量，降低教师参与和专业发展的可能性，对学校发展产生多方面的影响。

首先，学校财政状况不佳往往导致支持不足，限制培训规模和培训水平。由于资金有限，学校难以扩大培训范围，只有少数教师能够参与研修活动，多数教师则错失了专业发展机会。如果学校因资源匮乏忽视了一些重要的教育趋势、新兴教学方法或关键技能的培训，则会制约教师全面发展。

其次，有限的经费可能导致培训无法提供多样化、高质量的学习体验。缺乏实地考察、实践机会或专业人士的讲座可能使培训过于理论化，难以与实际教学场景相结合，也就会影响教师的积极性和实际应用能力。同时，由于资金不足，学校可能难以聘请高水平的培训师资，而缺乏经验丰富、专业水平高的讲师可能导致培训内容表面化，无法学习教育领域前沿知识和最佳实践成果。

此外，经费不足也可能导致学校无法提供必要的设施和资源，如现代化的教室、技术设备、教材等，导致教师无法充分体验实际教学中可能遇到的各种情境，影响培训的实效性。

（五）缺乏校本研修专业人员

为了保证校本研修的顺利实施，学校必须配备专业人员去了解最新教育趋势和本校教师的实际需要，从而确立针对性强的校本研修主题。校本研修专业人员的缺乏，一方面使校本研修主题不能及时跟上新的教学理念、教育技术或政策变化，导致校本研修缺乏专业引领，难以满足教师的学习需求；另一方面则可能使校本研修缺乏过程监督，导致研修活动形式单一、程序混乱、效率低下。

### 三、学本课堂校本研修的系统设计路径

校本研修以学校教师个体或群体为研修主体，立足学校实际采用不同的组织形式，解决学本课堂教学中遇到的突出问题，成为当前促进教师专业成长和课堂变革的有效途径。学校在学本课堂教学改革实践过程中，要以系统观为指引，围绕研修主题一体化建构研修内容、方法、策略、评价体系，实施"学为中心"的主题式校本研修。

#### （一）研修主题聚焦核心问题——"学"

党的二十大报告指出，坚持为党育人、为国育才，全面提高人才自主培养质量，着力造就拔尖创新人才。这为教育发展指明了方向。校本研修必须服从党的教育方针，立足促进学生发展，扎实研究，提升研修效能。

研修主题是对将要解决的主要问题及所涉及的研修内容的聚焦，是对研修内容的高度概括。学本课堂教学倡导以学生的主动探究来获取和建构知识，学本课堂校本研修的重点在于探究如何教会学生学习，使学生获得终身发展能力，因此，基于学生"会学"和"学会"的研究成为学本课堂校本研修的核心。具体来说，应充分关注学生的生理和心理发展基本特点，对活动设计、问题设计、任务设计、流程设计、作业设计、评价设计等主题进行多层次、多角度的深入研究，进而为学生的学习提供支持，扫清障碍，促进学生有效学习，促进学生发展，同时促使教师的教学能力和专业能力得到有效提升。

研究主题的确立要历经聚焦、论证、提出、凝练等阶段。

在学本课堂教学改革推进过程中，首先要按照"从学生中来""从教师中来""从学习过程中来"的思路，聚焦分析关键问题，剖析问题出现的原因和层次、类别及可能产生的各种结果。如学生写作文"难以写清楚"是四年级习作教学的难点、痛点，学生为什么"难以写清楚"？主要是学生没有掌握写景、状物、写人、记事、想象等分类写作知识——这是四年级习作教学研修时应重点关注的目标和内容。

其次，通过查阅学科课程标准、教师培训课程指导标准等国家文件和研究者的有关权威论文、著作，论证关键问题的价值意义和学理依据等。如

《义务教育语文课程标准（2022 年版）》第二学段（3—4 年级）规定："观察周围世界，能不拘形式地写下自己的见闻、感受和想象，注意把自己觉得新奇有趣或印象最深、最受感动的内容写清楚。"这一规定为四年级语文教师研修聚焦于指导学生"清楚表达"提供了学理依据。

再次，要提出解决问题的假设，搭建解决问题的框架，即从哪些角度、采取哪些措施着手搭建解决问题的路线图和初创模型。

最后，凝练研修主题，对聚焦的问题进行清晰梳理，精准选择研修内容并进行专业表达，形成言简意赅、通俗易懂的研修主题，并确定研修目标。如四年级习作教学的研修主题可凝练为"分类指导·清楚表达——教学评一体化导向下四年级习作教学策略研究"。

为了实现研修的系统性和持续性，我们还应该设计连续性、渐进性的"主题链"。这就需要学校建立"上位框架"，梳理问题清单，解构关键问题，并运用生成技术等方法，整体规划层级、梯度与关联的"主题链"。例如，在小学习作教学中，我们可以根据不同年级的难点确定研修子主题，如一年级"大胆说·尝试写"，二年级"先说后写·童心童趣"，三年级"观察发现·放飞想象"，四年级"分类指导·清楚表达"，五年级"抓住特点·突出重点"，六年级"围绕中心·表达真情"。这些子主题构成了一个持续、递进的有机整体，有助于推进校本研修的系统化和持续性。

## （二）基于研修主题的解构设计研修任务

学本课堂校本研修涉及教师、科研小组、学校等多个主体。在将研修主题落实为教师、科研小组、学校的研修行动时，首先要将研修主题的结构和内容拆解和打散，将大的研修主题解构成一个个小主题，将小的主题解构为一个个小专题。经解构后，小的主题或专题就有了自己的实践逻辑和独立结构，但它们之间又有密切联系，共同组成有序的结构（如"主题链"）。例如，"教学评一体化导向下小学习作教学策略研究"这一大主题，可以解构为一至六年级的研修子主题。其中，四年级的主题"分类指导·清楚表达——教学评一体化导向下四年级习作教学策略研究"，又可以进一步解构为多个小专题，如习作教学目标解读与习作知识建构分类、习作教学活动设计与过程指导、习作修改指导和习作评价等。

解构研修主题后，就应从学校、科研小组、教师三个层面一体化设置可操作、可检验的研修任务群，建立全校推进、全组深入、全员参与的研修生态圈。任务驱动性是教师培训的特征之一，通过明晰各培训主体的研修任务，引导教师在有挑战性的任务中通过个体反思或与同事一起反思进行学习，进入诺埃尔·蒂奇描绘的"学习区和恐慌区"。在具体操作上，学校可针对全校学本课堂教学变革中的重大问题或共性问题，提出某一时期（一般为一个年度或学期）全校性研修大主题，将研修大主题解构为研修子主题及"主题链"并分配到研修小组，预设学校、研修小组的成果清单，研制校本研修总方案。学科组应参考全校研修总方案及任务分工，根据本组教师的共性问题，设计某一时期的研修主题，建构具有科研小组特色的操作策略、组织形式等，对研修主题的结构要素进行拆分，提炼具有一定高度和深度的系列化小专题，并将小专题研修任务下达给组员，做到"事事有人做，人人有事做"。每位教师在某一时期内根据研修小组任务分配、自身教学需要及专业发展需求，开展一项小专题研修，提出切合实际、行之有效的小策略，做到"人人有专题，个个出成果"。

## （三）紧扣研修主题和任务设计研修活动

紧扣学本课堂校本研修主题和任务设计关联性的研修活动，是学校校本研修设计的核心。设计研修活动的目的是促进教师从个体学习逐渐变为群体互动，从适时学习逐渐变为适需实践，从知识掌握逐渐变为智慧生成，不断寻找解决问题的方法路径，最终形成最优解决方案。

设计"学习—初建—展示—复盘—提炼"活动闭环。学校首先应围绕研修主题和任务，设计专题学习和分享清单，策划文献学习、案例研习、专题培训和经验分享等学习活动，寻找解决问题的有效知识和经验，为制订解决问题的方案做好准备。然后在研讨的基础上，汇集团队智慧，制订行动方案，初步提出系统解决问题的理念、原理、步骤、方法等，根据行动方案设计示范教学、研课磨课、教学竞赛等活动，通过刻意练习发现、验证和发展新的认识，掌握新的工具、方法和技能，通过反复展示和改进实现迭代、进阶。定期开展回顾和复盘活动，对照研修主题、目标和任务反思得失、查漏补缺，及时发现问题并持续改进，对其他可能性和新方法进行补充。最后，按照

"解决什么问题、怎样解决问题、为什么这样解决问题、问题解决得怎么样"的系统思路，设计结构化反思模型和开展总结提升活动，构成一个完整的研修闭环。

### （四）围绕研修主题和任务的达成设计激励和评价机制

设计促进研修主题、目标、任务达成的激励和评价机制，全流程反馈研修状态、全时段提供改进策略，是学本课堂校本研修设计的重要一环。具体举措有：设计激发教师投入"问题解决"的激励机制，鼓励组团式研修，由骨干教师"揭榜挂帅"，担任解决某个研修主题的项目主持人并享有自主组建团队、开展活动、分配绩效酬劳的权利；实行研修成果奖励，对科研小组或教师取得破解学校重大问题的成果实行奖励，奖金用于支持开展下一个校本项目的研修活动；推行研修学分奖励，对研修针对性强、实效性好的科研小组及教师实行校本学分上浮，体现教师在研修投入和效果上的区分度；实行科研小组研修"捆绑式"评价，适当淡化个人评价，加强团队评价及结果应用，推动团队成员全身心投入和同伴互助、合作共享。

设计过程性与终结性相结合的发展性评价，既是对研修主题、目标和任务达成的评估，也是对教师教学行为改进和工作绩效提升的验证。在过程性评价方面，可设计基于岗位应用和行为改进的"场景式"评价，通过课例研修、个体记录、团队观察、主题研讨、课堂会诊等多种途径，以课堂行为、教学态度、工作绩效"三可见"为主要评价指标，进行持续性的观察、指导、评价。在终结性评价方面，可制定研修评价标准及细则，重点考查教师解决关键问题的理念、行为、策略、效果，重点关注教师的岗位意识和行为。总之，要发挥评价的引领作用，将评价结果作为教师学期评价、年度考核和晋级晋升、评优评先的基本依据。

### 四、学本课堂校本研修的实施策略

学本课堂校本研修是一项系统工程，学校应根据研修主题建立研修团队，学科组应扎根课堂开展主题式课例研修，教师应基于自我导向开展小专题研修，并主动寻求外界的专业引领和资源支持。

（一）文化引领，制度保障，营造良好的校本研修氛围

学校强有力的制度政策支持是推动校本研修顺利开展的基础，系统完备的校本研修计划是保障校本研修有序开展的行动指南，充足的资源供给是促进校本研修深入开展的物质保证，必要的督导评估机制是保证校本研修稳步推进的重要手段。唯有从各个层面为校本研修提供强有力的支持，校本研修才能推动教学创新，才能通过教师的专业成长促进课堂教学转型和育人方式变革。

1. 文化引领：提升学本课堂校本研修氛围

校本研修所追求的不仅是提高教育教学效能，更是为了实现教师的专业发展与价值。从这一意义上讲，校本研修不仅丰富了教师教学工作的内容，更激励着教师不断实现自我突破和主动成长。与此同时，校本研修带来了学校制度和管理模式等方面的改革与重塑，丰富着学校的研修文化，形成了学校教师发展的新样态。有些学校教师不喜欢或不善于研究，更深层次的原因在于学校缺乏一种主动学习、主动求变的研修氛围，缺乏促进教师专业成长的研修环境。强化校本研修文化建设，以研修文化引领教师主动参与到校本研修中来，这是学校持续发展的关键路径。以制度加强管理带有一定强制性，文化的浸润则是润物无声的过程，文化的力量更突出、更持久和深远。学校在发展上一定要致力于校本研修文化的打造，以文化影响教师专业发展。

为营造良好的校本研修氛围，学校必须深入调研教师研修需求，创设多元化的研修平台，提供丰富多样的研修资源，给予研修教师自我发展的资源空间。学科教研组作为校本研修的基本组织，应实行民主化的管理方式，丰富研究形式，以和谐、自由的研究氛围为依托，发挥教师集体的力量，协作解决实际问题。同时，教研组之间要加强学习和交流，彼此协作与切磋，让研究随时随地发生。

2. 制度保障：完善学本课堂校本研修制度

为保障学校校本研修工作有序开展，进一步提升校本研修的规范性和学术性，学校应进一步完善学本课堂研修制度。

学校应对校本研修提出具体细化的要求，比如"四定两全"原则，即定时间、定地点、定主题、定发言人，确保教研组全员和全程参加校本研修

活动。

学校应精准设置研修主题，立足主题课程化、课程系列化原则，逐步建立学科课程、拓展课程与通识性课程相结合的多层次研修课程体系。

学校应选择恰当的研修方式，学科教研组要基于研修主题采用研讨式、案例式、体验式等方式有效开展研修活动，将教师培训、教学研究和课题研究等活动有机整合，促进教师专业提升。

学校应加强对校本研修活动的质量管理，借助信息手段记录校本研修的过程，并建立教师专业发展数据库，对教师的研修情况进行综合评价，以确保校本研修的质量。

学校应定期开展研修评选工作，强化校本研修模式提炼、特色研修活动创建、校本研修先进集体和个人遴选工作，进一步推进校本研修工作，发挥典型的示范引领作用，构建校本研修发展长效机制，扎实推进校本研修工作向纵深发展。

（二）科学统筹，团队研修，共同解决校市研修的关键问题

在学本课堂教学实践中，学校应根据研修主题实施的需要建立研修团队，包括校本研修管理与引领团队和微改进团队。

1. 科学统筹：加强管理引领

学校应科学统筹管理与引领团队，以主题为核心对教师必须参加的研修活动或任务进行"一体化"安排和"一条线"管理，化繁为简，实现教师工作、学习、研究的一体化，提高研修质量，减轻教师负担。

首先，发挥行政力量在校本研修中的督导作用。开展制度化、常态化、特色化、实效化的校本研修工作是学校教学质量和教师专业成长的重要保障，学校行政力量应发挥对校本研修工作的督促和指导作用，持续性和系统化推进校本研修工作。具体而言，包括以下措施：第一，学校应对行政团队进行科学分组，甄别行政学科特点与督导学科校本研修的适切度。第二，明晰行政团队教师的督导任务，如一学期、一学月参与学科教研的次数以及督导的重点。要针对不同学科团队问题进行有效指导，帮助其正确归因和快速整改。第三，建立行政督导反馈机制。除了成立专门的校本研修检查组检查行政人员工作落实情况外，还应实现每学月一"小反馈"、每学期一"大反馈"的反

馈机制，对督导工作及时进行总结汇报。只有在行政教师的外部管理力量的推动下，校本研修工作才可能实现常态化。

其次，做好校本研修的经费保障。对学本课堂校本研修活动而言，充足的经费保障和合理的经费开支是其有序开展的重要保障。除了开展校内研修活动，学校也可以让老师们"走出去"——学习先进地区、先进学校和教师团队的经验做法，还可以"请进来"——请专家名师进校园指导校本研修活动，提升校本研修的学术水平。学校应在财务预算中适当增加校本研修经费的占比，将学校培训经费涵盖教师培训进修、学历提升、参加学术研讨会等方面。学校也可以积极寻找社会资源，吸引社会资金支持校本研修，比如寻找高校资源、企业资源等。相对充足的资金保障有利于推进学校校园信息网、校本研修管理信息平台以及学校校本研修资源平台等建设，为校本研修活动提供各项保障服务。

2. 同心同向：持续优化改进

基于研修主题建立同心同向、共生共赢、知行融合的微改进团队，团队成员积极投入"问题解决"之中，是实施学本课堂校本研修的关键。组建微改进团队时，应以解决问题的兴趣和意愿为基础，可以基于学科教研组或年级组，也可以跨教研组或年级组。在理念上，微改进团队应坚守民主与科学的精神，倡导合作共享的互助精神，提出团队研修的愿景，设计研修文化标识，建立团队价值信念和行为标准，认同研修主题并强化行为动机，形成"我要研修，一起成长"的文化生态。在研修实践上，应采取群体对话方式，鼓励成员发现真问题，共同诊断和确定研修主题，寻找解决问题的有效知识和实践智慧，形成解决问题的方案，在教学实践中执行方案，持续改进方案，最终实现系统提升。

（1）扎根课堂，组织主题式课例研修，积累团队解决问题的群体经验

日本教育家佐藤学认为，教师的专业培训必须在课例中进行。学本课堂研究的重点在课堂，教师的真实工作场景也主要在课堂，课堂是校本研修的主要平台。课例是指一堂课教与学的案例，是教学问题解决和教学行为改进的过程呈现，是将理念方法运用到真实教学情境中的行动示范。课例研修是以课例为教师学习和反思的载体，在教学过程中开展包括专业理论学习在内

的教学研究和培训的活动。课例研修不是常规性的听课评课，而是聚焦主题、剖析解决问题的理念和原理、形成解决问题的方法和策略的深度研修；不是授课教师个人的表演、其他团队成员的围观，而是团队众筹众智、优势互补、互教互学、共创共享的过程；不是基于个人原有认知的重复表达，而是实现教师群体经验与相关理论之间的知行融合；不是只有"课"，更要有"人"，即关注教师的个性化发展、团队的共同成长和学生的课堂习得。

基于主题、扎根课堂开展多人多轮研磨，是主题式课例研修的基本形式。经过多人多轮磨课后，主持人应组织团队成员进行案例梳理、集体反思、总结提升，召开学科总结交流会，形成系统化解决问题的理念、原理和方法、策略及案例。课例研修的关键是通过对教师行为的观察、分析，找到支持其行为的机制、理念，建立教师教学行为与问题解决之间的联系，将教师个人教学行为改进与团队解决关键问题相融合。课例研修的成果是经总结提炼后的、可操作的、可复制的系统化经验，既是提炼解决问题的实用工具、步骤、手段、途径、方法等"术"，又能挖掘其中的学理、规律、思想等"道"。

（2）基于自我导向，开展小专题研修，积累教师解决问题的个性化经验

实施学本课堂校本研修，既要紧紧依靠团队攻坚，又有赖于教师的个体化实施。团队的群体经验最终要转化为教师的个性化经验，落实在教师任教的每一堂课上，作用于教师服务的每一个学生上。教师既可以根据班组的研修任务开展小专题研修，也可以根据自身面临的教学重难点问题开展小专题研修。小专题研修具有"四小"特征：聚焦一个小专题，提出几个小策略，参与几次小展示，产出几项小成果。个体化实施"四小"专题研修是主题式校本研修，教师可以根据自己在课堂教学中的亲身体验或以观察者身份进行课堂观察而获得的"小现象"，发现和聚焦"小问题"并进行归因分析，凝练"小专题"，根据文献学习、优秀案例研习和个人的工作经验提出解决问题的"小策略"，然后以公开课、研究课等方式展示解决问题的策略，经多轮反复验证和完善，形成解决问题的教学片段、教学案例、教学论文等"小成果"，提升复杂情境下解决关键问题的能力。教师开展一个个"小专题"研究，提出一个个"小策略"，解决一个个"小问题"，产出一个个"小成果"，经过一个个学期的持续改进就会产生"累加效应"，形成系统化、个性化经验，进而

一步步走向成熟。

## （三）专业引领，资源支持，增加校市研修的深度和高度

受制于学校力量和资源的局限性，学校要进一步推动校本研修工作，实现研修提质增效和可持续发展，可寻求地方教育行政部门和教师发展机构的专业支持，以区域的力量和资源支持学校的校本研修。

学本课堂校本研修如果仅限定于本校学科教师或跨学科教师团队的教学研究，势必影响其持续性和创新性。学科教师长期共同研讨可能导致思维同化，无法发现新问题或提出新方法，进而影响校本研修水平的提升。因此，学校应主动寻求外界的专业引领和资源支持，统筹学区内、区域内各类研修、培训资源，创新研修形式，提高研修的实效性。

### 1. 学区联动：实现资源共享

首先，学校可以积极组织区域内的教师开展校本研修研讨活动。通过不同学校或学区间的经验交流，实现学校间资源共享，形成更大的教育合力，累积更多的教育智慧。学校间的联合研修既是信息互通的过程，更是携手解决课程改革新问题的有效途径。

其次，学校间可以组建校本研修专家资源库，为教师研修提供系统、科学的指导，也可以通过在线辅导、专家答疑、专题讲座、上示范课等方式解决教师在研修中遇到的难题。校本研修专家资源库建设，是学校间优质教师资源整合利用的尝试，能够解决薄弱学校专家资源匮乏的问题，最大限度发挥专家对教育教学的引领作用。

第三，尝试搭建学校校本研修成果展示平台，充分发挥优质教育资源的辐射带动作用。具有优质教学资源的学校应积极总结提炼校本研修的路径、经验、特色和创新成果，精选校本研修案例，物化校本研修成果，形成校本研修经验资料集。学校校本研修成果展示平台可以定期推广各校研修成果经验，积极学习优秀的校本研修案例，实现校本研修从模仿到创新的转型。

### 2. 校地合作：用好高校资源

教师专业能力的持续发展是学校教育质量稳步提升的重要保障，但由于许多学校缺乏持续、高效的专业引领与理论指导，学本课堂校本研修难以上升到理论高度。因此，学校应充分挖掘周边的高校资源，通过与高校专业化、

全方位、多层次、宽领域的全面协同合作来弥补校本研修学术水平不高的局限，提升学校教师队伍素养与学校教学质量。

（1）基于课题研究的合作模式

课题研究是促进教师专业成长的重要方式，以课题研究为引领能极大地提升校本研修的学术水平，但是一线教师因为工作任务繁重、学科专业水平有限以及课题研究意识薄弱等因素，往往热衷于一线教学而不愿从事课题研究工作，高校教师则具有较强的教育科研能力，又需要中小学一线教师的教学实践案例印证理论。因此，可以充分发挥高校专家对一线教师的指导功能，帮助一线教师开展应用性课题研究。在高校专家指导下，教师将具有一定共性和研究价值的教育教学问题提炼为课题，从备课、上课、听评课等实践活动入手，将研究与教学实践紧密结合，通过应用性课题研究，将研修问题课题化，课题研究任务化，研究任务成果化，提升专业素养。

此外，中小学教师应积极参与高校组织的课题研讨会，感受科研氛围，学习科研方法，了解最前沿的科研成果，努力尝试将科研成果转化为教学实践。

（2）基于研培一体的合作模式

学本课堂校本研修除了应注重校内教师群体间的沟通、学习、研讨外，向外输出研修成果也是助力校本研修成果提升的有效方式。师范类高校往往需要中小学教师对师范生进行实习指导。在与高校合力完成师范生培养任务的过程中，学校应积极开发校本研修资源，如优质课展评活动、基于实证的评课议课活动、基于学科教学的小专题讲座、立足教师成长的专题分享等，促进学校校本研修成果的提炼和研修水平不断提升。

3. 技术赋能：研修方式多元

在信息技术日新月异的今天，"互联网＋教育"已经成为教育事业发展的新样态。用数字化为学校变革赋能，用信息技术为课堂变革提供保障，是学校高质量发展的契机和动力。学本课堂教学变革中的校本研修，一定要充分发挥信息技术的优势，打破常态教研模式，丰富研修内容，利用信息技术开辟学生学习的新道路，提升教师研究能力和教学能力。

第一，全面加强对教师信息技术应用能力的培训，以保障信息技术与教育教学深度融合。学校应帮助教师树立主动运用信息技术优化课堂教学的意识，充分了解多媒体的功能，并能熟练使用常用的设备及通用的学科软件。开展校本研修对教师多途径获取数字资源的能力进行培训，能够帮助教师合理开发和使用数字教育资源。此外，还要加强教师信息道德与信息安全意识的培养，要求教师做遵纪守法的网络公民。

第二，数据赋能凸显校本研修的需求导向。教师对传统校本研修的认同度低，原因在于学校在研究计划制订和问题选择上没有充分赋予教师话语权，没有深挖教师群体的共性问题，行政色彩浓厚。立足教师在课堂变革中的共性问题开展研究，既能解决教师如何教和学生如何学的问题，更是促进教师专业发展和学校发展的重要方式。数据赋能下的校本研修，实现了教师发展与学校发展的紧密关联，为学校发展提供了强大的人力资本。在信息技术支撑下，学校或教研团队可以进行充分的需求调研，通过数据的收集和整理对教师关注的研究问题进行精准定位，以问题为导向，激发教师参与校本研修的积极性。

第三，技术赋能突破校本研修时空限制。校本研修向数字化转型是教育研究顺应时代要求必须做出的改变。数字技术赋能下的校本研修可以打破时空局限，留下过程记录，适合反复回味和思考。也就是说，数字化校本研修是教师专业研修绕不开的新形式。

在网络技术支持下的校本研修，有线下、线上、线上与线下联动等多种方式，例如线上课堂、线上教学视导、线上专题讲座等。线上与线下联动的教研活动，可以以问题或主题为导向，以案例分享、经验介绍、活动直播、分群研讨、线上答疑等为方式进行深入研讨，促使教研形式更多样，参与范围更广泛，对活动资源的利用更持久。

在网络技术支持下，校本研修还可以充分挖掘区域内外专家、名师资源，依托其他区域的教育教学研讨会、名师工作室活动、教师专业提升培训活动等拓宽教师学习的路径，打破学校间、区域间的壁垒，实现联盟学校、区域间教师群体的共同成长。

第四，网络资源不断丰富校本研修的资源。网络资源覆盖面非常广，它是指借助网络环境可以利用的各种信息资源的总和，覆盖了不同学科、不同领域、不同地域、不同语言。网络资源的表现形态也非常多元，如文字、图像、声音、动画、数据库等，它的数量巨大，增长迅速且获取方式非常方便、快捷，已经成为大众收集信息的主要渠道。学本课堂校本研修可以充分利用网络资源的优势，为教师提供获取、甄别、使用网络资源的方法途径，向教师提供丰富的网络资源，拓展教师学习研究的内容、领域，提供更多元的能力提升平台。如以成都七中东方闻道网校为代表的诸多网校的兴起和发展也为广大教师提供了丰富的校本研修资源。成都七中东方闻道网校高中远程直播教学模式的最大特点在于"四个同时"和"四位一体"。"四个同时"是指远端和近端学校同时备课、同时上课、同时作业、同时考试，以实现网校资源的共享；"四位一体"是指前端教师、远端教师、把关教师、技术教师四个主体相互配合，保障远程直播每个环节的有效衔接，共同完成直播教学。这一特点实现了优质课堂教学资源的共享，也实现了备课过程、教学资源的共享，有利于远端学校教师队伍的培养，全方位帮助远端学校提供教育教学质量。这样的网络资源共享方式是数字技术保障下的全新尝试，也是推进薄弱学校发展的有效方式。

总之，提升学本课堂校本研修的质量要从研修内容、研修方式、研修支持等方面转变观念、落实行动，将学本课堂校本研修置于学校高质量发展的整体框架之下，立足学校发展、课堂变革的要求设计校本研修目标、内容，遵循教师专业能力发展的规律，提升校本研修的活动品质。

# 参考文献

［1］韩立福. 学本课堂原理：一种根植中国课堂教学创新的理论建构与实践探索［M］. 长春：东北师范大学出版社，2015.

［2］安德烈·焦尔当. 学习的本质［M］. 杭灵，译. 上海：华东师范大学出版社，2015.

［3］韩立福. 学本课堂，走向学习的世界［J］. 中国教师，2016（5）.

［4］袁振国. 教育新理念［M］. 北京：教育科学出版社，2002.

［5］陈庆."学本教育"内涵探［J］. 基础教育研究，2014（8）.

［6］韩立福. 教育新视野：学本教育［J］. 人民教育，2014（9）.

［7］韩立福. 学本教育视野下的课堂文化特征及创建策略［J］. 教学与管理. 2014（9）.

［8］顾明远. 素质教育要以学为本［J］. 人民教育，2014（16）.

［9］田慧生. 学本课堂推动深度课改［J］. 人民教育，2014（16）.

［10］丁亚萍. 学本课堂的价值意蕴与实践构建［J］. 洛阳师范学院学报，2020（11）.

［11］伍学明. 学本课堂的双减表达［J］. 湖北教育，2022（1）.

［12］曾文婕. 走向学习为本课程：40 年来我国课程观的嬗变与前瞻［J］. 课程·教材·教法，2018（10）.

［13］施良方. 学习论：学习心理学的理论与原理［M］. 北京：人民教育出版社，2000.

［14］张义兵. 理解"学习"的本质［J］. 江苏教育，2022（25）.

［15］查尔斯·菲德尔，等. 四个维度的教育：学习者迈向成功的必备素养［M］. 罗德江，译. 上海：华东师范大学出版社，2017.

［16］约翰·D. 布兰思福特. 人是如何学习的：大脑、心理、经验及学校［M］. 程可拉，等译. 上海：华东师范大学出版社，2013.

［17］张家明，李仁琼. 建构学本课堂培育核心素养［J］. 教育科学论坛，2015（15）.

［18］余小芬. 初中数学作业设计：原则、要素及路径［J］. 教育科学论坛，2023（28）.

［19］付元兴. 核心素养导向下的"学本课堂"教学模式探析［J］. 中学教学参考，2021（2）.

［20］余胜泉. 教学资源的设计与开发［M］. 北京：中央广播电视人学出版社，2011.

［21］叶澜. 新基础教育研究和新型教师的培养［J］. 教书育人，2011（11）.

［22］胡红杏. 项目式学习：培养学生核心素养的课堂教学活动［J］. 兰州大学学报（社会科学版），2017（6）.

［23］余文森. "先学后教"教学模式的理念与实施条件［J］. 中国教育学刊，2011（3）.

［24］王蓝艺. 深度学习视域下作业设计模型的构建与实施：以高中语文写作作业设计为例［J］. 教育科学论坛，2022（14）.

［25］张伟文. 高中数学培优教学. 长春：吉林人民出版社［M］. 2020.

［26］韩立福. 学本课堂：概念、理念、内涵和特征［J］. 教育研究，2015（10）.

［27］郝德刚. "五步导学"初中导学案设计与点评［M］. 济南：山东文艺出版社，2014.

［28］王志锋. 聚焦核心素养的全学科课例［M］. 北京：世界知识出版社，2019.

［29］王月芬. 重构作业：课程视域下的单元作业［M］. 北京：教育科学出版社，2021.

［30］陈颖芳. 基于科学思维进阶的高中生物建模教学实施与思考［J］. 中学生物学，2022（1）.

［31］孙蕊. "双减"背景下初中前置作业设计研究［D］. 沈阳：沈阳师范大学. 2023.

［32］徐敏. "双减"政策下初中语文作业优化设计研究［J］. 中华活页文

选，2023（8）.

[33] 肖蕾. "双减"政策下初中语文作业设计的策略 [J]. 中学语文，2022（26）.

[34] 韩爽. 基于逆向设计的"整式的加减"单元作业设计研究 [D]. 天津：天津师范大学. 2023.

[35] 赵琪. 小学语文教师对家庭作业的反馈现状研究 [D]. 长春：长春师范大学. 2021.

[36] 王宇. 小学语文书面作业评价问题研究 [D]. 延吉：延边大学. 2022.

[37] 中华人民共和国教育部. 中国高考评价体系 [S]. 北京：教育科学出版社，2021.

[38] 王月芬. 透析作业：基于300000份数据的研究 [M]. 上海：华东师范大学出版社，2014.

[39] 霍华德·加德纳. 智能的结构 [M]. 沈致隆，译. 杭州：浙江人民出版社，2013.

[40] 徐淳. 挖掘教材特色，设计单元作业：以统编高中语文教材必修下册戏曲单元为例 [J]. 语文建设，2022（15）.

[41] 叶瑞祥. 简明学习科学全书 [M]. 北京：团结出版社，2017.

[42] 张仁贤. 学习清单式教与学 [M]. 北京：世界知识出版社，2016.

[43] 周小军. 成也问题，败也问题：学习任务单设计小议 [J]. 数学学习与研究，2015（15）.

[44] 王冀宁. 探寻课堂教学的中心与灵魂 [J]. 中学地理教学参考，2018（23）.

[45] 陈君. 学本课堂实施与学生学习力培养案例 [M]. 重庆：西南大学出版社，2022.

[46] 高青兰. 中学思想政治课教学论 [M]. 北京：人民出版社，2013.

[47] 陶恒彦. "先学后导，展示训练"学导课堂教学模式 [M]. 北京：团结出版社，2020.

[48] 郭戈. 改革开放40年之课程教材教学 [M]. 北京：人民教育出版社，2019.

［49］樊瑞科. 中国基础教育研究与探索［M］. 北京：现代教育出版社，2012.

［50］陈立. 重构高效课堂［M］. 济南：山东文艺出版社，2016.

［51］烟文英. 成全是最好的课程［M］. 长春：吉林大学出版社，2015.

［52］黄发国. 翻转课堂导学案编写指导与案例分析丛书［M］. 济南：山东友谊出版社，2015.

［53］杨四耕. 学导式教学［M］. 上海：华东师范大学出版社，2020.

［54］周仕德. 新编课程与教学论［M］. 北京：中国人民大学出版社，2015.

［55］王文彦. 语文课程与教学论［M］. 北京：高等教育出版社，2002.

［56］赵向东. 教与学方式的变革：自主—互助教学模式探索［M］. 北京：现代教育出版社，2013.

［57］白絮飞. 创设情境，优化地理课堂作业设计［M］. 天津：天津大学出版社，2013.

［58］郭元祥. 深度教学，促进学生素养发育的教学变革［M］. 福州：福建教育出版社，2018.

［59］黄俊辉. 高中地理学案导学教学的实践与探索［J］. 福建基础教育研究，2011（11）.

［60］张雪茹. "生本"理念下的高效课堂模式探究［J］. 语文建设，2019（4）.

［61］王红顺. 教育发现：高效课堂技术解码［M］. 济南：山东文艺出版社，2016.

［62］余文森. 一位教育学教授的听课评课与教学断想［M］. 福州：福建教育出版社，2011.

［63］吴中民. 构建高效课堂的理念与方法［M］. 长春：吉林大学出版社，2013.

［64］刘凤军. 课堂突围：一所农村中学的课改探索［M］. 济南：山东文艺出版社，2014.

［65］丁亚萍. 学本课堂的价值意蕴与实践构建［J］. 洛阳师范学院学报，2020（11）.

参考文献

［66］胡文生. 构建自主的课堂："三自"课堂教学模式的实践与思考［J］. 湖北教育（教育教学），2016（26）.

［67］魏锡山. 认知学习理论与教学改革［J］. 教育改革，1996（6.）

［68］田先钰. 认知方式的基本概念及意义［J］. 教育改革，1996（6）.

［69］陈刚."学本课堂"的深度思考［J］. 教育理论与实践，2016（2）.

［70］孟雪飞. 巧设前置性预学单，实现学习增值［J］. 小学教学研究，2015（2）.

［71］黄从俊. 课堂观察中的数据与情景分析［J］. 基础教育参考，2019（1）.

［72］帅亚成. 构建三维课堂模式，提升课堂教学效率［J］. 语文教学与研究，2011（32）.

［73］张晓磊. 浅谈新课程下的课堂教学［J］. 现代教育科学（教学研究），2012（2）.

［74］郭彦芳. 导学案教学的几点见解［J］. 试题与研究（新课程论坛），2014（13）.

［75］娄小明. 指向学生美术核心素养的表现性评价［J］. 教育科学论坛，2023（4）.